KB201179

"걸작품을 보다"

MUD AND THE MASTERPIECE

MUD AND THE MASTERPIECE

by John Burke

"걸작품을 보다"

MUD AND THE MASTERPIECE

존 버크 지음 | 데이비드 여 옮김

세상의빛

예수님의 눈으로 바라보기
SEEING THROUGH THE EYES OF JESUS

목차

추천의 글

모든 상처 입은 사람들의 내면에는 하나님의 걸작품이 그 빛을 발하길 기다리고 있다. 이 책은 예수님께서 우리 안에 있는 하나님의 걸작품을 어떻게 회복시키는지를 잘 보여주고 있다.

마크 배터슨 _ '서클메이커'의 저자

존 버크 목사는 <걸작품을 보다>를 통해 예수님의 관점을 새롭게 바라 보았다. 예수 그리스도의 제자로서 우리가 가져야 할 선교적 관점과 삶의 방식을 재조명해 준다.

마이크 브린 _ 3DM 글로벌 리더

모든 믿는 자들이 존 버크 목사님처럼 하나님을 멀리 떠나 있는 사람들을 사랑하길 간절히 소망한다. 버크 목사님은 이 책을 통해 실패하기 쉬운 선교적 삶을 그리스도 안에서 아주 독특한 측면으로 이끌고 있다. 우리는 잘 못된 선교적 삶을 살아갈 수도 있는데, <걸작품을 보다>는 사람들을 예수님의 제자로 삼는 일에 있어서 예수님의 시선이 절대적으로 필요하다는 사실을 우리로 하여금 상기시켜 준다.

에드 스테저 _ 'Subversive Kingdom'의 저자

이 책에는 소망의 열매가 가득 열려있다. 하나님께서는 우리의 삶을 통해 더 많은 일들을 행하신다는 것을 잘 보여준다. 이 책을 통해 당신의 소망이 다시금 일어날 것이다.

도우 스차우프 _ 'I Once was lost'의 공동저자

헌정사

사랑하는 아내이자 나의 가장 친한 친구 그리고 사역 파트너인 케티에게
이 책을 바칩니다.

케티, 당신은 사람들에게서 하나님의 걸작품을 이끌어 내는 탁월한 은사
를 가지고 있습니다. 그 중에서 내가 가장 큰 혜택을 받은 사람입니다!

서문

당신은 예수를 따르는 자인가?

만약 당신이 길을 가고 있는 행인에게 '오늘날의 기독교인을 한 마디로 표현한다면 무엇이라고 말하겠습니까?'라고 묻는다면 어떤 답변을 듣게 될 것이라고 생각하는가? 나는 이와 같은 질문을 북미와 유럽, 스칸디나비아 및 호주에 사는 기독교인들과 교회 지도자들에게 물어 본 적이 있다. 내가 얻은 답변은 대체적으로 유쾌한 것들은 아니었다. 그 중에는 기독교인을 일컬어 '남을 판단한다', '옹졸하다', '교만하다', '위선적이다', '편견을 가지고 있다' 등의 답변도 있었다.

하나님을 믿지 않는 많은 사람들이 기독교인을 한 마디로 묘사하는 이 같은 표현들에 대해 대체적으로 공감하는 것 같다. 물론 우리 중 어느 누구도 이 같은 평가에 동의하는 사람은 없을 것이다. 아마도 이 문제는 우리가 무엇을 잘못하고 있는가 보다는 우리가 제대로 하지 못하는 것이 무엇인가와 결부되어 있는 듯하다. 문제의 근원은 우리가 전혀 의식하지 못하는 사이에 전염되고 있는 어떤 것인데, 그것은 진정한 믿음과 과거로부터 전해져 내려오는 일종의 전통과 같은 형식적인 믿음이 교차하는 포스트 크리스천[Post-Christian: 자신이 크리스천이라고 말하면서 교회에 나가지도 않으며 성경을 읽지도 않고 기도도 하지 않는 사람들을 말한다] 사회에서 특히 만연되고 있는 듯하다.

> ### [참조] 포스트 크리스천의 지표
>
> ‣ 15개 항목 중 9개 이상 해당되면 포스트 크리스천
> ‣ 15개 항목 중 12개 이상 해당되면 심각한 수준의 포스트 크리스천
>
> · 하나님을 믿지 않는다
> · 무신론자 또는 불가지론자이다
> · 신앙은 삶에서 중요하지 않다
> · 최근 1년간 기도하지 않았다
> · 예수를 위해 헌신한 적이 없다
> · 성경은 사실이 아니다
> · 최근 1년간 교회에 헌금하지 않았다
> · 최근 1년간 교회에 출석하지 않았다
> · 예수는 죄를 범했다고 생각한다
> · 전도에 대한 책임감을 느끼지 않는다
> · 지난주 성경을 읽지 않았다
> · 지난주 교회에서 봉사하지 않았다
> · 지난주 주일학교에 나가지 않았다
> · 지난주 소그룹 모임에 참석하지 않았다
> · 1년간 가정교회에 참석하지 않았다 [출처:Barna group]

예수님이 살던 시대로 돌아가 당신이 예루살렘의 한 평범한 주민에게 예수를 묘사하는 말을 한마디로 표현해 달라고 요청했다면 당신은 전혀 다른 표현들을 들었을 것이다. 그 당시의 사람들이 예수님의 생

걸작품을 보다

애와 섬김을 생각할 때 떠올릴 듯한 표현들 즉, '사랑이 많고', '친절하며', '동정심이 많고', '사려 깊으며', '자비심이 풍부하고', '진실되며', '희망을 주는', '치유하는', '돕는', '보살피는', '생명을 주는' 등과 비슷한 표현들이 어찌하여 오늘날의 기독교인들에 대하여는 적용되지 않는 것일까?

당신에게서 세상 사람들이 가지고 있는 것보다 더 깊은 사랑과 풍성한 삶 그리고 전혀 다른 종류의 자유가 흘러나온다는 것을 사람들은 느끼고 있는가? 그래서 당신을 만나는 사람들이 당신이 믿는 하나님에 대해 호기심을 가지기 시작하는 것을 목격한 적이 있는가? 하나님께서는 이 세상의 망가지고 상처받고 상실된 사람들을 회복하는 일에 당신을 쓰시고 있는가? 만약 그렇지 않다면 당신 자신에게 매우 도발적인 질문을 던져야 할 때이다. "왜, 나는 내가 믿고 따르는 그분의 성품을 가지고 있지 못하는가?"

JFK 공항의 탑승자 대기 구역에서 여기까지 쓴 다음, 나는 스칸디나비아의 기독교 지도자들을 위한 집회에 참석하기 위해 비행기에 올랐다. 그리고 기내 뒤쪽에 있던 마이클이라는 승무원에게 빈 물병에 물을 채워줄 수 있는지 물었다.

"규정상 해드릴 수 없습니다만 이번 한번만 해드리겠습니다." 이를 계기로 마이클과 나는 십 여분 동안 이런 저런 이야기를 나누었다. 그는 내가 어떤 일을 하는 사람일까 궁금했는지 나의 직업에 대해 물어왔다.

"그런데 선생님은 어떤 일을 하시는 분이신가요?"

"난 목사입니다."

"아! 그렇군요. 그런데 전혀 목사님처럼 보이지 않습니다. 정말입니다." 마이클은 내가 목사라는 사실을 알게 된 것이 자신에게 얼마나 뜻밖의 일인지 거듭 강조했다. 그런데 놀랍게도 그 이유는 매우 단순했다. 마이클에게 나는 '그쪽 사람들(목사)'과는 전혀 다른 모습으로 비추어졌기 때문이었다. 그는 기독교인들로 인해 생긴 불쾌한 경험들을 이야기하면서 왜 자신이 불교 신자가 되어야 했는지 설명하기 시작했다. 그리고 나에게 질문을 던졌다.

"왜 기독교인들은 그래요?"

"마이클, 솔직히 말하면 기독교인들이 다른 사람들을 대할 때 모두가 다 예수님의 마음을 가지고 대하지 않기 때문이라고 말할 수 있습니다." 이때부터 마이클과의 대화가 진지해지기 시작했고 기독교인들을 경멸하는 듯했던 마이클은 마치 내게 잠 잘 틈을 주지 않으려는 것처럼 쉬지 않고 말했다. 그는 예수님에 대해 더 알기를 원했고 심지어는 우리가 진행하는 인터넷 예배에 관심을 보이기까지 했다. 왜일까?

마이클은 나와의 대화를 통해 흘러가는 하나님의 마음을 감지하기 시작했던 것이다.

지난 25년 동안, 나는 세계 도처에서 마이클과 같은 사람들을 많이 보아왔다. 그들은 예수님을 닮은 사람들을 통해 믿음을 발견하고 예수님을 따르게 되었으며, 어떤 사람들은 다른 이들을 회복시키는 일에 참여하기도 했다. 이러한 변화가 수 천명의 사람들에게 일어나는 것을 목격한 나는 우리에게 필요한 것이 더 많은 복음주의적 도구와 방법, 기독교 변증을 위한 논쟁, 혹은 선교 전략이 아니라는 것을 알게 되었다. 사실, 예수님의 눈으로 우리 자신과 다른 사람들을 바라보지 않는 한 이와 같은 것들은 아무런 의미가 없는 것이다. 사람들은 우리가 그들을 어떻게 생각하는지 단 십 분의 대화를 통해서도 직감적으로 알 수 있을 거라고 나는 생각한다. 그리고 그들의 직감인 느낌은 우리 크리스천들이 어떠한 사람인지를 금새 판가름할 것이다.

　본서는 예수님이 만났던 모든 사람들과의 만남에 대한 세심한 관찰의 산물이다. 하나님으로부터는 멀리 떨어져 있는 것처럼 보였던 사람들은 무슨 이유로 예수님 앞에 몰려 들었을까? 어떻게 예수님은 자석이 금속을 끌어당기듯 사람들을 자신에게로 이끌 수 있었을까? 나는 예수님의 말과 행동, 사람들에게 몸으로 전한 언어 그리고 사람들이 그분에게서 경험했을 사건들을 관찰하고 분석하는 작업을 해왔다. 그 결과 사람들이 예수님의 눈을 통해 무엇인가를 보았으며 그것은 바로 오늘날 우리가 갖추어야 하는 어떤 태도라는 것을 깨닫게 되었다.

　나는 예수님의 행동과 자신을 따르려고 했던 제자들에게 요구했던 것들을 주의 깊게 살펴보았다. 예수님이 했던 다정한 말과 꾸짖는 말 그리고 그 말들이 전해진 시점에 대해서도 관심을 기울였다. 또한 사복음서에 담긴 예수님의 생애와 가르침을 연대기 순으로 연구했다. 이것은 복음의 조화(a Harmony of Gospel)라고 불리는 성경 연구법이다. 이 과정에서 나는 예수님의 말과 행동이 행해진 시점에 대한 상황해석적인 통찰을 얻게 되었다. 그리고 전혀 뜻하지 않았던 무엇인가에 주목하게 되었다.

그것은 예수님이 만났던 사람들을 바리새인들도 만났다는 사실이다.

예수님이 당시의 바리새인들을 한 마디로 규정했던 것과 오늘날의 평범한 사람들이 그리스도인들을 묘사하는 것이 매우 유사하다는 점을 발견한 나는 소스라치게 놀랐다. 그래서 당시의 바리새인들이 자신들의 '교회 울타리' 밖에 있는 사람들에 대해 생각하고 말하고 대하는 방식에 주목하게 되었다. 그들의 방식은 내가 이전에 속해 있었던 기독교 단체들 가운데서 종종 발견되었던 것들과 동일한 것들이었다. 나 자신도 때때로 예수님을 닮은 사람처럼 보여지기 보다는 바리새인처럼 보여진 적이 있었음을 깨닫게 되었다.

그 누구도 의도적으로 바리새인이 되는 것은 아니다. 바리새인적인 모습으로 변하는 현상은 여러 해에 걸쳐 자신도 모르게 서서히 그리고 점진적으로 진행되며, 결국 우리로 하여금 하나님께서 의도했던 사람이 되는 것으로부터 멀어지게 만든다. 예수님께서 의도한 사람이란 삶의 태도와 방식, 행동 양식, 사랑의 표현에 있어 예수님을 닮아가고 사람을 자유케 하는 진리 안에서 예수님을 따라가는 사람이다. 우리는 비열한 바리새인의 방식에 맞서 싸워야 하며, 이 전제에는 누구도 예외가 없다고 확신한다. 우리가 하나님께서 의도하신 사람이 되기 위해서는 하나님의 걸작품으로 만들어 가시는 그분의 손길에 우리 자신을 맡겨야 한다. 그리고 우리 자신을 예수님의 눈으로 바라볼 때 다른 사람을 회복시키시는 그분의 일에 동참할 수 있게 된다.

<걸작품을 보다> 1권에서는 새로운 각도에서 예수님을 경험할 수 있도록 당신을 도울 것이다. 먼저, 모든 사람(불완전한 사람, 자신이 꽤 괜찮다고 생각하는 사람)을 대하는 예수님의 태도가 어떠했는지 탐구할 것이다. 당신은 이제부터 만나게 될 불완전한 사람들의 이야기를 통해서 예수님의 시대부터 오늘날까지 죄로 얼룩지고 망가진 걸작품들을 복원해 가시는 자비롭고도 능숙한 하나님의 손길을 경험하게 될 것이다. 또한 이를 통하여 당신의 마음이 새롭게 변화될 것이다.

나는 실제로 있었던 많은 일들을 본서에 기록했는데, 그 이유는 내가 직접적으로 그리고 간접적으로 경험한 이야기들이 오늘날 불완전한 사람들을 향한 하나님의 자비로운 모습을 잘 드러내기 때문이다. 바리새인들의 눈에 희망이 없다고 여겨진 사람들을 예수님께서 어떻게 회복시키는지 그분의 적극적인 모습을 보게 될 것이다. 우리가 결단하기만 하면 하나님께서는 생명을 전하는 자들로 우리를 회복시키실 것이다. 그래서 사람들은 우리 곁에 머물기를 원할 것이며 오래 전 사람들이 예

수님 안에서 보았던 것을 우리에게서도 보게 될 것이다.

　하나님께 우리 자신을 내어 드릴 때, 우리는 그분의 가장 위대한 복원작업에 참여할 준비를 마치게 되는 것이다. 그것은 바로 하나님의 걸작품을 복원하여 새롭게 하는 일이며, 우리가 삶에서 만나는 모든 사람들 안에 창조주의 솜씨로 아름답게 심겨진 그분의 형상을 되찾는 작업이다. 예수님께서는 자신을 따르는 사람들을 위해 참고할 모범을 남기셨으며 우리 주변에 있는 모든 사람들의 복원작업을 위한 마스터 플랜도 남겨두셨다. 2권에서 우리는 제자들을 향한 예수님의 가르침을 연구하고 배울 것이다. 또한 성령님과 동행하는 방법을 탐구할 것이며, 이를 통하여 예수님께서 손상된 세상에 가지고 오셨던 바, 생명을 주는 사랑의 효과가 어떠했는지 보게 될 것이다.

　예수님께서 가지셨던 삶의 태도에 우리 자신을 동조시키기 위해서는 새로운 방식으로 사람을 바라보는 자세가 반드시 필요하다. 각 장의 끝부분에서는 당신에게 영향을 준 예수님의 삶을 기도 가운데 묵상할 수 있는 기회가 주어질 것이다. 그런 다음 나는 당신 안에 있는 바리새인과 같은 기질과 성향에 도전하는 새로운 일을 시작하도록 권면할 것이다. 다소의 위험 부담이 따르는 일을 수행함으로써 당신의 마음은 하나님의 마음과 같은 선상에 놓이게 될 것이다. 당신에게 그와 같은 일이 일어났다고 생각하면 다음 단계로 옮겨가기 위해 www.mudandthemaster-piece.com 을 참고하도록 권한다.

전 세계에 산재해 있는 회복된 예수님의 추종자들의 평범하고도 흥미진진한 이야기들을 통하여 당신은 하나님과 동행하는 모험적 삶의 비전을 보게 될 것이다. 그리고 이 비전에는 전염성이 있다는 것을 발견하게 될 것이다. 나는 당신이 이 책을 통하여 모든 사람에게 소망이 있음을 보게 되기를 기도한다. 이 일이 가능한 것은 우리 하나님께서 그분의 '최고의 걸작품'인 인간이 회복되기를 갈망하시는 '최고의 예술가'(Master Artist)이시기 때문이다. 당신도 하나님의 복원작업에 함께 참여하는 복을 누리기 바란다.

예수님의 눈으로 바라보기
SEEING THROUGH THE EYES OF JESUS

Chapter *1*

먹기를 탐하고 포도주를 즐기는 자요, 죄인의 친구로다

The return of the Prodigal Son, Rembrandt (1668-69)

Photo: Album / Art Resource, NY

"우리를 위해서 기도해 주시겠어요? 당신의 도움이 필요합니다."
예배를 마친 후 데릭과 조에가 내게 다가와 말을 건넸을 때, 나는 믿기
지 않는 상황 때문에 당황했지만 그런 내 마음을 들키지 않으려고 조심
하면서 그들의 말에 귀를 기울였다. 나는 두 사람(조에는 우리 교회에 한 두
번 나온 것이 전부였다)이 교회에 출석했다는 사실에 놀랐고 기도와 도움을
요청하러 왔다는 사실에 다시 한 번 놀랐다. 이들에 대해 내가 알고 있는
사실을 당신도 알고 있었다면 내가 왜 그들을 보고 놀랐는지 충분히 이
해가 되었을 것이다.

조에는 두 아이의 엄마이다. 그녀는 자신이 보냈던 유년 시절보다
더 나은 삶을 자녀들에게 주고 싶어했다. 조에가 말을 마쳤을 때, 나는
그녀의 두 눈에 가득 고여있는 슬픔을 보았다. 그렇지만 무슨 말을 해 주
어야 좋을지 도무지 생각이 나지 않았다. 사실, 조에는 자신이 데릭과
동거 중이라는 사실을 내가 이미 알고 있다는 것을 짐작하는 듯했다. 아
무튼 내가 그녀를 만난 것은 그날이 처음이었다.

오래 전, 나는 데릭으로부터 그녀에 대한 이야기를 들었다. 내가 그
를 만난 것은 1년 전이다. "이봐, 젊은이… 좀 기다려요!"라는 목소리가
뒤에서 들려왔을 때, 나는 어머니를 만나러 가던 중이었다. 목소리가 들
린 쪽으로 몸을 돌리자 휠체어를 탄 노파가 복도를 따라 열심히 달려오
는 모습이 눈에 들어왔다. "당신 혹시 젊은이들로 항상 북적거리는 그
교회 목사가 아닌가요?"

"네, 맞습니다. 제 이름은 존인데요. 그런데 누구시죠?"

"난, 수잔이라오. 내 손자가 지금 병원에 있어요. 그 아이를 좀 만나 주시겠소? 최근에 교도소에서 나왔는데 당신의 교회에 나가야 합니다. 매우 중요한 일이라오."

이런 요청은 언제나 나를 어색하게 만든다. 아마도 그 노파의 손자가 가장 꺼려할 일은 본 적도 없는 어떤 젊은 목사가 할머니의 부탁으로 자신의 면전에 나타나는 일일 것이다. 나는 수잔에게 내 입장을 설명하려고 했지만 그녀는 막무가내였다. 결국 나는 내가 갈 수 없는 상황이 생기더라도 반드시 다른 사람을 보내겠다는 약속을 할 수 밖에 없었다.

다음 주는 아들의 열 세 번째 생일이었기 때문에 하루 종일 'Man Quest(맨 퀘스트)'를 하기로 예정되어 있었다. 이는 예수님을 닮은 청년으로 성장하기 위한 기본적인 소양을 가르치는 과정으로 몇 개의 과제물을 완성해야 하는 일종의 훈련이다. '용기'를 갖추는 것이 첫 번째 관문이고 이어지는 것이 '다른 사람을 향한 긍휼'이다. 우리는 동네 푸드 뱅크에서 함께 봉사할 계획이었는데, 우리가 예정한 그날이 문을 닫는 날이었던 것을 미처 알지 못했다. 난감한 상황에서 아들에게 '긍휼'이라는 것을 어떻게 가르쳐야 할지 고민하던 중 순간 데릭이 머리 속에 떠올랐다.

그날 데릭은 우리가 병실로 찾아간 것에 대해 무척이나 반기는 듯했다. 그는 약물 남용으로 인해 자신이 겪어야 했던 뼈아픈 경험을 들려 주

Chapter 01. 먹기를 탐하고 포도주를 즐기는 자요, 죄인의 친구로다

었다. 데릭과 이야기를 나누면서 그가 얼마 전 예수 그리스도를 영접했다는 사실을 알게 되었다. 그래서 우리는 이달 말 병원을 퇴원하는 데릭에게 교회에 나오라는 초대의 말을 건넸다. 병원을 퇴원한 그는 예배에 참석하기 시작했고 오래지 않아 데릭의 아버지와 형도 우리 교회에 나오기 시작했다. 그리고 수 개월 후, 데릭은 조에를 만나게 되었다. 둘은 곧 사랑에 빠졌고 함께 생활하기 시작했다. 그리고 나를 찾아 온 그날 아침까지 수 개월 동안 나는 데릭을 볼 수 없었다. 하지만 나는 그가 처해 있을 곤경에 대해 어느 정도 짐작은 하고 있었다.

데릭이 지난 4개월 동안 조에의 아이들과 함께 지내면서 그 아이들을 정말 사랑하게 된 것 같다고 그의 아버지가 내게 말해 주었다. 하지만 한편으로 조에와의 관계는 점점 요동치고 있었고 때로는 폭력적인 상황에 이르기도 했다. 데릭의 친구인 테드는 조에가 미혼모가 아니라 남편이 있는 몸이라는 사실을 내게 귀띔해 주었다. 그녀의 남편은 집에 들어오는 날이 거의 없으며 혼외 교제에 대해서도 개방적인 남자라는 사실도 알려 주었다. 나는 상황이 좋지 않다는 것을 알고 있었지만 당시 내가 할 수 있는 일은 없었다.

주일 아침, 데릭이 "우리를 위해서 기도해 주시겠습니까?"라는 말을 하는 동안 이 모든 생각들이 번개처럼 내 머리 속을 훑고 지나갔다. 경험으로 미루어 보건대 이런 순간은 영적인 생명을 출산하든지 아니면 유산하든지 하는 시점에 놓인 것과 같았다. 이런 상황에 내가 하는 한 마디 말, 아니 더 중요하게는 '내 영의 눈과 내 심령이 이 두 사람을 향해 품고 있는 것이 어떤 것인가?'하는 것은 대단히 중요하고 결정적인 문제라고 할 수 있겠다.

"누군가로부터 우리를 위해서 기도해 주시겠습니까?"라는 말을 들을 때, 우리는 정말 기도만 해야 하는 것일까? 기도만이 답일까? 당신이라면 이러한 상황에서 어떻게 하겠는가? 당신이라면 무슨 생각을 할 것 같은가? 마음속에서 무슨 일이 일어나고 있을 것 같은가?

이와 같은 질문들에 답하는 것이야 말로 진정으로 예수님의 삶을 따라 살고자 하는 이들에게 중요한 일이 될 것이다.

진흙과 걸작품

하나님과 동떨어진 삶을 사는 사람들과 대화를 나누다 보면, 많은 이들이 예수님께 호감을 갖는 것을 보게 된다. 단지 그들은 예수님을 따르는 사람들(크리스천)을 좋아하지 않을 뿐이다. 예수님은 사람들을 끌어당기는 묘하고 신비로운 매력을 가지고 있다. 그러나 예수님을 따르는 크리스천들 중 다수가 사람들의 반감을 사고 있는 것은 너무 가슴 아픈 일이 아닐 수 없다. 이와 같은 상황은 우리를 힘들게 하는데, 바로 데릭과 조에의 경우가 이에 해당한다. 예수님의 살던 시대에 데릭과 조에 같은 사람들은 예수님에게 놀라울 만큼 강력한 끌림과 호감을 갖게 되었지만 비판하고 정죄하기를 좋아하는 종교지도자들은 그들을 거부했다.

이에 대해 누가는 다음과 같이 기록했다. "모든 세리와 죄인들이 말씀을 들으러 가까이 나아오니"[누가복음 15:1], 세리와 죄인들이 예수님의 말씀을 듣기 위해 그분께 가까이 왔다고 했다. 반면 바리새인들은 예수님의 명성에 먹칠을 하려는 의도로 "먹기를 탐하고 포도주를 즐기는 사람이요 세리와 죄인의 친구로다"[누가복음 7:34]라는 말로 예수님을 폄하했다. 그들의 악평은 예수님께서 데릭이나 조에와 같은 사람들에게 생명을 부여하시는 엄청난 영향력을 가지고 계신 분이라는 사실을 시기하는 데에서 비롯된다.

오늘날, 사람들이 예수님께는 호감을 가지면서도 그분의 제자들에게는 호감을 갖지 않는 이유는 대부분의 기독교인들이 예수님을 닮지 않았기 때문이다. 하나님을 떠나 방탕한 생활을 하는 사람들을 향해 예수님께서 느끼셨던 것과 같은 안타까움이 우리에게는 없다. 그래서 오늘날의 기독교인들은 자신도 의식하지 못하는 사이에 바리새인과 같은 위선자가 될 수 있는 가능성이 있다.

궁극적으로 말해, 우리가 주변에 있는 사람들에게 미치는 영향을 보면 우리가 예수님을 닮은 사람인지 아니면 바리새인을 닮은 사람인지 알 수 있게 된다. "나무는 각각 그 열매로 아나니"[누가복음 6:44], "무릇 온전하게 된 자는 그 선생과 같으리라"[누가복음 6:40]라고 예수님께서 말씀하셨다. 본서의 중심축은 복음서 안에 등장하는 예수님의 모든 만남을 심도 있게 연구한 결과이다. 예수님께서 사람들을 어떻게 대하셨나? 그분의 느낌과 생각은 어떠했나? 그분의 태도는? 그분은 무엇이라 말했나? 그리고 무엇을 행하셨나? 예수님께서 전하신 것 중에 바리새인들과 극명하게 대조되는 것은 무엇인가? 본서에 실린 예수님의 만남을 연구해 나가면서 이 질문과 씨름해 볼 것을 권면한다. '나는 내 주변의 사람들에게 예수님처럼 대하는가 아니면 바리새인처럼 대하는가?' 이 질문에 대한 대답은 당신이 생각하는 것보다 복잡할 수 있다.

내가 아내와 러시아의 세인트 피터스버그에 살고 있을 때, 내가 좋아하는 회화 작품 중 하나가 헤미티지 박물관에 소장되어 있다는 사실을 알게 되었다. 그 그림은 렘브란트의 작품으로 세계적으로 유명한 '돌아온 탕자'이다. 이 그림은 예수님의 감동적인 비유를 묘사하고 있는데 "탕자를 보고 측은히 여긴"[누가복음 15:20] 아버지(하나님)가 그의 아들을 향해 달려가는 모습이다. 탕자는 방탕한 생활로 물려받은 유산을 모두 탕진하고 아버지의 자비를 구하며 돌아온다. 아버지는 아들을 껴안으며 "내 아들은 죽었다가 다시 살아났으며 내가 잃었다가 다시 얻었노라"[누가복음 15:24]라고 말한다. 예수님은 이 아름답고 비할 데 없는 장면을 통해 "죄인을 영접하고"[누가복음 15:2]라는 종교적인 사람들의 불평에 답변하고 계신다. 이 그림의 금전적인 가치는 상상하기 조차 어려울 정도로 높다.

어느 날, 당신이 세인트 피터스버그를 방문한다고 상상해 보라. 그리고 당신은 렘브란트의 걸작품이 어느 뒷골목의 쓰레기통에 버려져 있는 것을 발견한다. 그림은 흙과 먼지로 뒤덮여 있고 얼룩진 캔버스도 찢겨져 있어 램브란트의 작품인지 조차 식별하기 어려운 상태이다. 당신은 그 그림이 램브란트의 작품이라는 것을 전혀 인식하지 못했지만 아들의 등에 얹혀진 아버지의 손을 보고 이 그림이 어떤 작품인지 어렴풋이 짐작할 수 있게 된다.

쓰레기 통에서 발견한 그 그림을 당신이라면 어떻게 하겠는가? 쓰레기와 다름없이 여기겠는가? 그림은 진흙과 얼룩투성이이고 찢겨져 있기까지 하다. 과연 이 그림은 무가치한가? 당신은 이 그림을 무가치하다고 여기겠는가? 아니면 세심하게 복원될 필요가 있는 수 백 만불 짜리 걸작품으로 대하겠는가? 우리 모두는 결국 진흙으로 얼룩지고 파손된 흔적 뒤에 숨은 이 그림의 무한한 가치를 볼 것이다. 왜냐하면 이 그림이 다름 아닌 램브란트의 손에 의해 그려졌으며, 그래서 다른 것과 비교할 수 없는 유일한 가치를 지니고 있기 때문이다. 당신은 스스로 그 그림을 복원하려고 노력하기 보다는 미술품 복원 전문가에게 맡길 것이다. 그리고 그림은 전문가의 능숙한 손에 의해 원래의 상태로 정교하게 복원될 것이다.

그렇다면 우리가 하나님께서 창조하신 무한한 가치의 걸작품인 사람들을 대하는 데에는 왜 그토록 어려워하고 힘겨워 하는가? 예수님의 생애 그리고 예수님과 죄로 얼룩진 사람들과의 만남에 대해 연구하면 할수록 예수님께서는 그분이 만난 모든 사람들에게서 자신의 생명을 던져서라도 건질만한 그 무엇을 바라보고 있었음이 확실해 졌다. 예수님은 사람들을 덮고 있는 진흙(죄) 너머로 하나님께서 복원되길 원하시는 걸 작품을 보고 있었던 것이다.

세상에서 데릭과 조에 같은 사람을 만났을 때, 당신은 그들에게서 무엇을 보는가? 당신은 거울을 통해 비춰진 자신에게서 무엇을 보는가? 진흙투성이의 모습을 보는가? 아니면 하나님께서 회복시키기 원하시는 걸작품을 보는가? 당신이 어떤 것에 집중하느냐에 따라 당신의 가치가 결정되며 당신 주변에 있는 사람들에게 미치는 영향력의 크기가 결정된 다. 바로 이것이 본서의 핵심이다.

바리새인들은 주로 비종교적인 사람들의 삶을 뒤덮고 있는 '죄'라 는 이름의 진흙에 주목했다. 그들은 자신들의 삶에서 진흙을 발견할 수 없다는 것에 대해 대단한 자부심을 가졌다. 그들은 죄라는 진흙에 집착 했다. 그들은 다른 사람들의 삶을 덮고 있는 진흙을 자신들의 먼지로 씻 어내려 했지만 전혀 통하지 않았다. 그러한 일은 지금도 통하지 않는다.

그러나 예수님의 방법은 달랐다. 예수님께서는 우리에게 나누어 주 시고자 했던 영적 안목을 보여주셨다. 영적 안목을 통해 우리 안에 있는 하나님의 걸작품을 발견하고 우리가 하나님께서 의도하신 바를 반영할 수 있는 심령의 소유자로 성장되기를 원하신다. 우리의 삶이 아무리 죄 로 얼룩져있다 할지라도 말이다. 예수님께서는 우리 안에 있는 하나님 의 걸작품이 은혜 가운데 온전히 드러나기를 기다리셨으며, 그 결과 많은 사람들이 예수님께서 마음에 그리신 대로 빚어지는 축복을 받았다.

은혜가 빚어낸 예술품

하나님의 걸작품으로 온전히 회복되는 것, 그것이 바로 하나님의 은혜이다! 당신이 결단하기만 한다면 하나님의 은혜가 당신을 정결하게 하고 온전한 하나님의 걸작품으로 회복시키실 것이다. 우리는 하나님의 은혜를 신뢰한다고 말하지만 과연 그 은혜 안에 거하고 있는지 점검해 보아야 한다. 그리고 다른 사람들에게 은혜를 끼치고 있는지도 점검해 보아야 한다. 우리는 진흙투성이인 하나님의 걸작품들에게 예수님께서 보이셨던 것과 같은 태도와 방식으로 대하고 있는가?

바울은 예수님을 통해 비춰진 하나님의 은혜를 다음과 같이 설명하고 있다.

"긍휼이 풍성하신 하나님이 우리를 사랑하신 그 큰 사랑을 인하여 허물로 죽은 우리를 그리스도와 함께 살리셨고 (너희는 은혜로 구원을 받은 것이라) 또 함께 일으키사 그리스도 예수 안에서 함께 하늘에 앉히시니 이는 그리스도 예수 안에서 우리에게 자비하심으로 그 은혜의 지극히 풍성함을 오는 여러 세대에 나타내려 하심이라" [에베소서 2:4-7]

이 성경구절에서 우리가 주목해야 할 것이 있는데, 그것은 우리가 모두 영적으로 죽은 존재였다는 것이다. 우리는 마치 진흙투성이의 죄로 얼룩지고 망가진 그림과 같이 버려진 존재들이었다. 우리들 중 그 어느 누구도 하나님의 도우심 없이는 우리 자신을 영적으로 소생시킬 수 없을 뿐만 아니라 정결케 할 수도 없으며 하나님께서 의도하신 모습으로 우리를 회복시킬 수도 없다. 우리에게 거저 주어진 과분한 배려와 선의, 사랑, 친절함과 같은 하나님의 은혜로 인해 우리는 회복될 수 있는 것이다.

하나님의 마음을 표현하는 글들을 주목해서 보라. 그분께서는 당신과 나 그리고 데릭과 조에를 향한 위대하고 지대한 사랑을 가지고 계신다. 그리고 그분의 자상함과 다정함을 통해 드러나는 풍성한 은혜와 넘치는 자비를 우리에게 주시려고 한다. 우리는 예수님의 삶에서 풍성히 흘러 나오는 사랑과 친절과 자비를 보게 될 것이다. 반면, 자비에 대한 바리새인의 우물은 물 한 방울도 남김없이 완전히 말라버린 것을 보게 될 것이다. 바울은 에베소서에서 다음과 같이 말하고 있다.

"너희는 그 은혜에 의하여 믿음으로 말미암아 구원을 받았으니 이것은 너희에게서 난 것이 아니요 하나님의 선물이라 행위에서 난 것이 아니니 이는 누구든지 자랑하지 못하게 함이라 우리는 그의 만드신 바라 그리스도 예수 안에서 선한 일을 위하여 지으심을 받은 자니 이 일은 하나님이 전에 예비하사 우

리로 그 가운데서 행하게 하려 하심이니라"[에베소서 2:8-10]

'그의 만드신 바'(masterpiece) 즉, 하나님의 걸작품으로 번역된 단어는 헬라어(그리스어)로 '포이에마'(poiema)인데, 이 단어에서 '시'(poem)이라는 단어가 유래되었다. 이 말은 최고 장인의 예술 작품이라는 의미를 가지고 있다. 당신은 하나님의 걸작품이라는 사실을 알고 있는가? 이제부터 누군가가 당신을 향해 "와, 당신은 정말 대단하군요!"라고 감탄할 때마다 "네, 저는 하나님의 걸작품이니까요"라고 당당하게 말하라.

"그 은혜로 말미암아 구원을 받았으니"[에베소서 2:8]. 예수님 시대에 살고 있던 사람이라면 '구원을 받았으니'라는 표현을 헬라어 'sodzo'로 들었을 것이다. '구원받다'로 번역되는 이 말은 '원래의 상태로 안전하게 회복되고 복원되다'라는 의미를 가지고 있다. 하나님께서는 우리를 구원하셔서 그분과 바른 관계를 회복하도록 하시며 우리를 양자 삼으심으로 안전하게 보호하신다. 그리고 우리가 태어나기도 전에 구상하신 창조원형의 모습으로 회복하기 위한 작업을 시작하신다. 사실, 하나님께서는 이 작업이 이미 성취된 것을 보고 계신다. 다시 말해, 하나님께서는 우리가 그리스도와 함께 부활 승천하여 하늘 보좌에 앉아 있는 것을 보고 계시다는 것이다[참조:에베소서 2:6].

하나님께서 우리에게 요구하시는 것이 단지 '믿음'이라는 것을 우

걸작품을 보다

리는 은혜를 통해 알 수 있다. 믿음이라는 것은 창조주 되신 하나님에 대한 '신뢰'를 다시 돌려드리는 것을 말한다. 또한 우리 안에 있는 그분의 걸작품을 회복시키시고 생명을 불어 넣으시도록 그분께 우리 자신을 내어드리는 것을 말한다. 이 진리는 모든 인류에게 적용된다[요한복음 12:32]. 하나님께서는 당신이 상상하는 것 이상으로 아름답고 멋있는 존재로 당신을 바라보고 계신다. 그렇다면 당신은 하나님이 보시는 관점으로 스스로를 보고 있는가? 살아 숨쉬는 최고의 걸작품으로서 당신이 가지고 있는 원래의 가치를 회복시키시기 원하시는 하나님의 관점 말이다. 그리고 당신은 다른 사람들을 동일한 관점으로 바라보는가? 만약 그렇지 못하다면 하나님의 관점으로 바라보는 것을 방해하고 있는 것들은 무엇인가?

예수님과 함께 하는 스카이 다이빙

내가 네이트를 처음 만났을 때, 그의 삶을 통하여 하나님께서 그토록 많은 사람들을 변화시키시리라고는 상상도 하지 못했다. 네이트의 삶은 엉망진창이었다. 하지만 아직 그에게는 희망이라는 것이 남아 있었다. 백만 장자가 되어 보겠다는 탐욕스러운 열망에 사로잡힌 이 이십 대의 젊은이는 증권거래 회사에 다니게 되었다. 그곳에서는 윤리나 도덕 같은 것은 상황에 따라 선택적으로만 수용하는 곳이었다. 그는 두 명의 상사가 모두 교도소에 들어가기 직전까지 머니 게임의 현장에서 열심히 일했다.

이후 네이트가 텍사스 오스틴으로 이주하게 되었을 때, 그는 자신의 모든 자산을 투자하여 사업을 시작했고 작은 성공을 거둘 수 있었다. 네이트는 오직 자신의 욕망을 충족시키는 일에만 돈을 사용했다. 3만 피트 상공에서 비행중인 비행기에서 뛰어 내리는 것과 같은 짜릿하고 아찔한 모험을 즐기거나 캔쿤이나 라스베가스 같은 곳에서 밤새 놀고 마시며, 이튿날에는 전혀 알지도 못하는 여자와 함께 침대에서 아침을 맞이하는 식의 인생 말이다.

방탕한 생활을 즐기던 그의 인생에 어느 날 예수님께서 찾아 오셨다. 내가 네이트를 만난 것은 그가 예수님을 믿기 시작한 지 얼마 되지 않았을 때였다. 우리는 그의 집에서 소그룹 성경공부를 시작했는데, 이것이 후일 '게이트웨이 교회'가 되었다. 네이트는 기지가 번뜩이는 사람이었으며 항상 파티를 즐기는 생활을 했다. 나는 그에게서 하나님이 주신 몇 가지 은사를 발견할 수 있었는데 위험을 감수하는 열정, 모험, 유머, 재치가 그것이다. 이러한 재능은 하나님의 선물이자 드러나지 않은 보석과도 같은 믿음의 요소들인데, 다만 이것들이 잘못 활용되고 있었던 것이다. 하나님께서 네이트를 회복시키는 일을 시작했음에도 그는 여전히 진흙탕에서 뒹굴고 있었다.

그 해, 나는 네이트에게 사랑이 담긴 단호한 어투로 말하기 시작했다. 하나님께서는 네이트 안에 있는 걸작품을 드러내시고자 했지만, 그

걸작품을 보다

는 진흙으로 걸작품을 덮어버리려는 시도를 끊임없이 했다. 나는 네이트가 주로 의지가 박약하고 거식증 환자처럼 보이는 여자들과 데이트하면서 그녀들을 자기 뜻대로 이용하는 경향이 있음을 알게 되었다.

어느 날 저녁, 나는 네이트의 집 앞에서 이런 질문을 던졌다. "네이트, 왜 당신은 허약해 보이는 여자들만 골라서 데이트를 하고 그들을 성적으로 이용하는 겁니까? 당신도 그 여자들처럼 되고 싶은 건가요?" "난 내가 허약한 여자들만 만난다고 생각해 본적이 없습니다." 그는 자신의 행동에 어떠한 문제가 있는지 모르고 있는 것 같았다.

후일 네이트는 나와 나누었던 대화가 자신으로 하여금 진흙대신 걸작품에 주목하게 만든 계기가 되었다고 했다. "저는 그날 저녁까지도 저의 문제가 무엇인지 의식하지 못하고 있었습니다. 하지만 저의 과거를 뒤돌아보았을 때, 나의 행동이 깊은 질병으로 인한 증상이라는 것을 깨닫게 되었습니다. 내가 내 삶의 주인 노릇을 하려고 했던 것 같습니다. 이제야 말하지만 제가 선호했던 대상은 마르고 섹시하며 상처 입은 여자들이었습니다. 왜냐하면 그런 여성들은 내 맘대로 조종하기가 매우 쉬웠기 때문입니다. 내 안에 내재하고 있던 불안이 저로 하여금 돈을 축적하려는 욕망을 불러 일으켰고, 여자를 통제하고 조종하려는 데에 몰두하게끔 만들었습니다. 그리고 다른 사람들을 사랑하고 필요를 공급하며 진실된 관계를 맺는 일에 실패하도록 만들었습니다."

네이트와 조는 영적인 러닝 파트너로서의 만남을 시작했다. 처음 몇 주간은 자신들의 실패한 삶에 대해 솔직하게 나누었는데 뚜렷한 변화가 있는 것 같지는 않았다. "나는 형편없는 사람이에요." 어느 날, 조가 부끄러운 듯이 네이트에게 말했다. 네이트도 조와 마찬가지로 자신이 형편없는 사람이라고 느끼며 살아 왔었다. 그러나 그리스도 안에서 자신들이 어떤 존재인지에 대하여 말씀을 읽고 암송하는 중에 이전까지와는 전혀 다른 느낌이 네이트에게 들기 시작했다. "너는 형편없는 사람이 아니야. 너는 그리스도 안에 있는 모든 약속들을 받은 사람이야. 너는 하나님께서 만드신 최고의 걸작품이야. 서로를 사랑하면 하나님 안에서 온전히 회복될 수 있어."

우리는 하나님의 형상대로 창조된 최고의 걸작품이다. 이 같은 사실을 믿을 수 있도록 서로를 도와야 하며, 하나님께서 태초에 의도하셨던 우리의 모습에 어울리지 않는 성품들이 있다면 그것들을 제거하시도록 우리 자신을 내어 드려야 한다.

영적인 러닝 파트너*로서 만난 네이트와 조의 삶에 변화가 나타나기 시작했다. 나는 마치 맨 앞자리에 앉아서 하나님께서 놀라운 개혁을 이루시는 것을 지켜보는 행운을 잡은 듯했다. 그리고 이 친구들이 탐욕스러운 모습에서 관용적인 사람으로 변해가고, 위험천만한 사람에서 위험을 기꺼이 감수하는 믿음의 소유자로, 비윤리적이고 비도덕적인 사람

---

* **영적 러닝 파트너(Spiritual Running Partner)**는 2-4명으로 구성되며, 정기적인 만남을 통해 '믿음의 경주'를 하는 동안 영적으로 서로를 돕는다. 자신의 죄를 서로 고백하며 삶에서 영적인 열매를 맺도록 격려하고 각자가 믿음의 성장을 이룩하도록 실제적인 훈련을 한다.

에서 이제는 자신의 행동이 다른 사람에게 어떤 영향을 미치는지 세심하게 배려하는 사람으로 변해 가는 것을 목격하게 되었다. 그와 같은 믿음의 선물이 효과를 내기까지는 그리 오랜 시간이 걸리지 않았다.

이제 네이트는 다른 진흙투성이의 남자들을 자신이 경험했던 믿음의 모험에 초청하는 일을 시작하게 되었다. 나는 하나님께서 네이트의 삶을 통해 수 백 명의 인생을 변화시키시는 것을 지켜보았다. 하나님께서는 우리 삶에서 하나님의 걸작품이 빛을 발하기 원하시며 더 나아가 다른 이들을 변화시키는 하나님의 도구가 되기를 바라신다

태도를 바꾸라

당신의 인생은 장인의 손에서 변화를 일으키는 도구로 부름 받았다는 사실을 이제부터 보게 될 것이다. 그러나 우리가 변화의 도구로 사용되기 위해서는 바리새인이 아닌 예수 그리스도를 닮은 모습이 먼저 갖추어져야만 한다. 이 일은 올바른 마음의 태도로부터 시작된다. 예수님께서는 분명 사람들이 창조원형의 모습으로 변화되길 바라고 계셨을 것이며, 그런 그분의 비전은 사람들을 대하는 태도와 관점에 영향을 미쳤을 것이다. 그리고 사람들은 자신들을 대하는 예수님의 태도에 감동 받았을 것이다. 사람들을 향한 예수님의 태도 때문에 그토록 많은 진흙투성이의 무리들이 예수님께로 나아왔던 것이다. 그들은 자신들이 이 세상에 태어난 목적에 부합한 자로 살도록 이끌어 줄 희망의 빛을 자신들을

바라보는 예수님의 눈에서 볼 수 있었던 것이다.

나는 사람들이 그들을 바라보는 우리의 태도, 즉 우리가 그들을 어떻게 생각하는지를 본능적으로 감지한다는 것을 알게 되었다. 우리가 사람들과 대화할 때 그들을 향해 품는 우리의 감정이 어떠한지 그들은 바로 감지해 버린다. 우리 자신에게 다음과 같은 질문을 해보자. 우리는 모든 사람들을 향해 선의의 마음 가지고 있는가? 우리는 과연 모든 사람들을 위하는가 아니면 그들 중 일부에 대해서는 적대적인 감정을 가지는가? 그들 하나 하나가 하나님께 중요한 가치와 의미가 있다는 사실을 우리는 과연 믿고 있는가? 아니면 그들의 삶에 대해 정죄하고 그들의 행동이 조금은 충격적이라고 생각하며 편치 않은 마음을 가지는가? 심지어 혐오스럽다고 판단하여 그들을 변화시키는 일에 열심을 내고 있지는 않은가? 나는 많은 기독교인들이 예수 그리스도를 따르지 않는 사람들을 자신의 삶으로부터 밀어내고 있다는 것을 알게 되었다. 그 이유는 불신자들을 향한 하나님 아버지의 마음을 가지고 있지 않기 때문이다.

어쩌면 우리 가운데 상당수는 '회복시키시는 은혜의 복음'에 의해서라기 보다는 '죄를 관리하는 복음' 차원에서 예수 그리스도께 인도함을 받았는지도 모른다. 그리고 하나님께서 우리를 구속해 주신 사실에 감사한 나머지 죄를 멀리하려고 노력하면서 우리 스스로 정결하게 한다고 착각하고 있는지도 모른다. 그러나 그런 일은 절대 일어날 수 없다. 우리가 우리 스스로를 정결하게 할 수 없기 때문이다[참조:갈라디아서].

걸작품을 정결하게 회복시키고 복원하는 일은 오직 창조주만이 할 수 있는 일이기 때문이다.

옳고 그름을 판단하는 일에 익숙한 사람들에게는 이와 같은 생각이 받아들여지기가 무척 힘들 것이다. 그런 사람들에게는 남의 흠집을 골라내고 실수를 찾아내며 실패를 기대하는 일들이 오히려 자연스러울 수 있다. 나의 아버지는 엔지니어였으며 나 또한 엔지니어링을 전공하고 그 분야에서 일을 했었다. 그래서 무엇인가 오류를 찾아내는 일은 나에게 익숙하다. 나의 이런 특기가 문제를 분석하는 데에는 효과가 있지만 사람을 상대로는 아무런 효과를 낼 수 없다는 것을 알고 있다. 내가 개인적으로 깨달은 것은 예수님께서 보시는 것을 볼 수 있는 '관점'이 내 안에 회복되기 위해서는 주님께서 일하셔야 한다는 것이다. 예수님께서 하신 것처럼 나도 다른 사람들 안에 있는 소중한 가치를 보기 시작하면서부터 하나님께서 어떻게 사람들을 그분께로 이끄시는지 설명할 수 있게 되었다.

칩과 댄 히스는 그들이 공저한 책 '스위치'(Switch)에서 일의 진전을 적절히 지적해 주는 것이 업무를 수행하려는 의지에 어떻게 영향을 미치는지 여러 가지 사례를 들어 설명했다. 예를 들면, 데이브 램지라는 재정 전문가는 깊은 부채의 수렁에 빠져있는 사람들이 어떻게 그 수렁에서 올라 올 수 있는지 보여주고 있다. 그의 접근 방식은 반직관적이다. 대부분의 재정 분석가들은 가장 액수가 크고 이자율이 높은 부채부터 청산해 나가도록 충고하는 것이 상례이다. 당신이 지불하는 금액의 대부분을 이자가 차지하고 있다는 점을 감안하면 타당한 충고라고 할 수 있다. 하지만 데이브는 이와 같은 충고가 거의 실효성이 없다는 것을 발견했다. 그는 부채상환을 위해 필요한 액수가 얼마나 큰지 여부에 따라 사람들은 동기를 상실하고 제자리 걸음을 하게 된다고 했다. 이에 데이브는 '스노우 볼' 방식을 내 놓았다. 가장 작은 액수부터 큰 액수까지 부채 별로 열거한 다음 가장 작은 부채(이자율은 상관없다)만 제외하고는 각 부채의 최소 상환금액만을 납부하는 것이다. 그리고는 사용할 수 있는 모든 재정을 가장 작은 부채의 상환에 투입하는 것이다. 다음은 두 번째로 작은 부채를 갚을 순서이고 그 다음은 세 번째로 작은 부채의 차례가 되는 것이다. 데이브가 주목하게 된 것은 부채가 하나씩 정리 되는 것을 볼 때 가시적인 진전이 목격된다는 점이다. 따라서 동기도 유발된다. 데이브는 이와 같은 방식으로 사람들을 도와주었는데, 일례로 십만 불에 가까운 부채를 안고 수 년간 허덕이던 사람이 결국은 산처럼 느껴지던 부채를 정리할 수 있었다고 했다. 목표에서 얼마만큼 떨어져 있는가에 주목하기 보다는 작은 진보에 주목하고 격려함으로써 목표를 향해 갈 수 있는 동기를 부여하는 것이 중요하다.

　나는 예수님과 사람들의 만남 속에서 동일한 패턴을 발견했다. 또한 이 같은 방식이 오늘날 수많은 사람들로 하여금 믿음을 소유하도록 동기를 부여하고 격려했음을 알게 되었다. 진보가 보일 때마다 예수님께

결작품을 보다

서는 "네가 하나님의 나라에서 멀지 않도다"[마가복음 12:34]라고 말씀하셨고, 로마 백부장을 보시고 "이만한 믿음은 만나보지 못하였노라"[누가복음 7:9]라고 말씀 하셨다. '죄를 관리하는 복음'은 오직 죄에만 집중하게 하는 반면 '은혜 회복의 복음'은 우리 안에 있는 하나님의 진보와 소망에 주목하게 한다. 왜냐하면 우리의 모든 죄값(빚)을 하나님께서 이미 치르셨기 때문이다. 우리는 이 사실을 받아들이기만 하면 되는 것이다.

당신이 어느 복음을 선택하느냐에 따라 당신 자신과 진흙투성이의 사람들을 바라보는 관점에 영향을 미치게 될 것이다. 사람들을 향한 하나님의 목표를 '죄의 관리'라고 받아들인다면 우리는 진흙이 여기저기 묻어 있는 사람들을 재빨리 판단하고 밖으로 밀어내려고 할 것이다. 혹은 자신에게 묻은 진흙을 털어내거나 다른 이들이 가까이 오지 못하도록 함으로써 그들의 진흙이 내게 묻지 않도록 할 것이다. 하지만 그런 방식은 예수님께서 취하신 태도가 아닌 바리새인들의 방식이었다.

무엇을 위한 열정인가?

우리의 삶 속에서 '예수님 닮은 영향력'을 행사할 수 없다면 우리 자신을 그리스도를 따르는 자들이라고 말할 수 없을 것이다. 예수님은 "내가 진실로 진실로 너희에게 이르노니 나를 믿는 자는 내가 하는 일을 그도 할 것이요 또한 그보다 큰 일도 하리니 이는 내가 아버지께로 감이라"[요한복음 14:12]라고 말씀하셨다. 하나님께서는 당신의 삶이 마치 성령님과 함께 연주하는 공연이 되기를 바라신다. 그래서 예수님께서 하신 것처럼 당신 주변의 세상에 거룩한 영향력을 끼치는 삶이 되기를 갈망하신다.

"우리는 그의 만드신 바라 그리스도 예수 안에서 선한 일을 위하여 지으심을 받은 자니 이 일은 하나님이 전에 예비하사 우리로 그 가운데서 행하게 하려 하심이니라"[에베소서 2:10]. 삶 속에서 하나님의 인도하심을 따라가는 일은 마치 시가 살아 움직이듯이 그 자체로 '행위예술'이 되는 것이다. 당신 자신과 주변의 사람들에게 목적과 성취와 영원한 아름다움을 가져다 줌으로써 그분의 뜻에 따라 살아가게 하는 것이 바로 하나님의 목적이다. 예수님께서도 하나님의 뜻을 따르는 삶을 사셨다. 그러한 삶을 살기 위해 예수님에게 필요했던 것은 오직 믿음뿐이었다. 우리도 예수님의 리더십을 신뢰하기 위한 믿음이 필요하다. 그것이 바로 내가 당신을 돕기 원하는 부분이며, 이 믿음을 통해 당신도 예수님의 영향력을 소유할 수 있게 된다.

그러나 이 일을 당신 혼자 해서는 안 된다. 하나님께서는 그리스도 인들이 이 세상에서 한 몸으로 협력하기를 원하신다. 당신이 당신의 교회나 기독교 단체들과 한 몸이 되어 사역할 때, 예수님께서는 우리 주변의 세상을 회복시키는 일에 그분을 드러내실 것이다.

나는 예수님께서 수많은 평범한 사람들을 통해 이러한 일을 하신 것을 보아왔다. 평범한 그리스도인들이 사람들과의 만남에서 예수님의 관

걸작품을 보다

점으로 그들을 바라보고 성령님의 인도하심을 따라감으로써, 결코 평범하지 않은 영향력을 그들에게 미치는 것을 이 책을 통해 보게 될 것이다.

오늘날 기독교계에서는 '사명적인 그리스도인'이 되어야 한다는 말을 자주 듣게 된다. 교회는 더 이상 사람들이 찾아와 설교를 듣기만 하고 세상에서는 아무런 선한 영향력을 끼치지 못하는 그런 곳이 되어서는 안 된다는 의미이다. 교회는 예수님과 함께 사명을 부여 받아 한 몸을 이룬 성도들의 모임이다. 한편, 나는 그리스도인들이 잘못된 일에 사명감을 가지고 있으면서도 그것을 제대로 인식하지 못 할 수도 있다고 생각한다. 이 책에서 다루고자 하는 또 하나의 과제가 바로 이 점이다.

그렇다면 우리가 바리새인들과 같은 사명의식에 빠지지 않고 예수님께서 주신 진정한 사명을 따라가고 있다는 것을 어떻게 확인할 수 있는가? 우리 가운데 바리새인 같다는 말 듣는 것을 좋아할 사람은 아무도 없을 것이다. 하지만 바리새주의에 빠지지 않는 삶을 살아간다는 것이 그리 쉽지만은 않다는데 문제가 있다. 예수님께서 회복시키시기 원하는 사람을 향하여 어느새 바리새인처럼 대하고 있는 우리 자신을 발견하게 된다는 것이다.

잘못된 사명에 몰두하다

바리새인들이 다 나쁜 사람들만 있는 것은 아니었다. 우리가 색안경을 끼고 그들 모두를 한 통속으로 여긴다면 예수님 시대의 선량하고 종교심 깊은 사람들을 기만했던 바리새인과 동일한 성향의 사람으로 우리를 몰아가게 되는 것이다. 바리새인들은 사실 개혁가들이었다. 그런 그들을 거칠게 대하신 예수님의 방식은 많은 사람들을 놀라게 했다. 당시 바리새인들은 로마 제국의 영향으로 인해 도덕적 타락이 증가하는 현상을 보이고 있었기 때문에 모세를 통해 받은 하나님의 율법이 변질될까 염려했다[마태복음 9:11]. 오늘날 대다수의 기독교인들도 도덕적 개혁에 대한 염려와 더불어 대단한 열의를 가지고 있다. 하지만 예수님께서 하신 방식에 따른 변화를 어떻게 이룰 것인가가 남아 있는 과제이다.

바리새인들은 말씀을 사랑하여 열심히 연구했다[요한복음 5:39]. 그들은 모세와 다른 선지자들의 가르침을 고수하고 있는 자신들에게 대단한 자부심을 가지고 있었으나 말씀의 진정한 의미는 놓치고 있었다[마태복음 23:1-3]. 받아들이기 어려운 사실이지만 우리가 눈여겨 살펴보아야 할 것은 성경을 열성적으로 연구하면서 동시에 예수님의 사명을 완전히 상실하는 일도 가능하다는 것이다.

우리가 또 하나 기억해야 할 것은 바리새인들이 복음주의적이었다는 사실이다. 그들은 유일하신 참 하나님께로 회심하게 하는 일에 가치를 두고 있었다. 그런데 예수님께서는 "화 있을진저 외식하는 서기관들과 바리새인들이여 너희는 교인 한 사람을 얻기 위하여 바다와 육지를 두루 다니다가 생기면 너희보다 배나 더 지옥 자식이 되게 하는도다"[마태복음 23:15]라고 비난하셨다. 바리새인들은 복음주의적이기는 했지만 잘못된 사명에 헌신적이었던 것이다!

　도덕적 개혁을 꿈꾸고 하나님의 말씀을 사랑하며 진리를 가르치는 자신에게 자부심을 느끼는 오늘날의 많은 그리스도인들이 이처럼 잘못된 사명에 헌신하는 일이 가능한 것일까? 망가진 세상을 향한 하나님의 안타까운 마음을 제대로 표현하지 못하는 일이 가능한가?

　물론이다!

　예수님께서는 베드로를 '반석'이라고 부르셨다. 그런 그도 잘못된 언행으로 인해 예수님께 꾸지람을 받았고 야고보와 요한도 여러 차례 예수님의 마음을 읽지 못했었다. 하나님을 향한 열정으로 불타올랐던 바울도 그리스도인과 교회를 핍박했었다. 그렇다면 당신은 "나는 아니야!"라고 스스로에게 자신 있게 말 할 수 있는가? 잘못된 사명에 헌신하는 바리새주의는 우리가 의식하지 못하는 사이 삶에 스며들 수 있다. 그렇다면 바리새인들로 하여금 옳지 않은 사명에 그토록 열심을 내게 만든 것은 무엇인가?

　그들은 우선 죄로 물들고 망가진 사람들을 향해 자비나 동정심을 가지고 있지 않았다. 그들은 많은 일에 있어서 옳았지만 그들 자신이나 다른 사람들을 정확하게 바라보고 있지는 않았다. 바리새인들에게는 '우리'와 '그들'이라는 이분법이 있었다. 그들의 생각은 이러했다. 하나님께서는 항상 '선한 사람(우리)'들의 편이시며 '나쁜 사람(그들)'을 위해서는 아무런 일도 하지 않는 분이시다. 바리새인들은 이런 식으로 그들 스스로를 구분했으며, 이 점이 바로 예수님과 바리새인들이 충돌한 부분이었다.

예수님의 마음

마르크는 6가(6th street)에 두 개의 술집을 운영하고 있었는데, 오스틴에 사는 사람들이 파티를 할 때 항상 찾는 곳이었다. 마르크가 가는 곳에는 항상 파티가 있을 정도로 그의 인생은 파티를 위한 인생이었다. 그리고 자신이 운영하는 트리플 플레이(스포츠 바)와 로프트 양쪽에서, 마치 락뮤직 스타나 할 수 있는 습관적인 마약 투약을 따라 하기에 충분한 돈도 벌어 들이고 있었다. 수 년 동안 술과 마약과 섹스에 젖어 살던 마르크 주변에는 그와 비슷한 모습의 삶을 살아온 친구들이 있었다. 그들과 어울리면서부터 마르크는 인생에 있었던 공허감과 깊은 불안을 떨쳐버릴 수 있었다. 그러나 스물 여덟이라는 젊은 나이에 상실과 불안이라는 감정의 포로가 되고 말았다.

어느 날 밤, 가게 문을 닫은 후 마르크는 두 손으로 자신의 머리를 감싼 채 깊은 생각에 잠겼다. '이것 보다 더 나은 인생은 없는 것일까?' 그의 음주와 마약 습관은 더 이상 통제할 수 없는 상태에 이르렀지만 마르크는 그와 같은 사실을 인정하고 싶지 않았다. 그것이야 말로 '파티인생 마르크'의 유일한 정체성이었기 때문이었다. 급기야는 마르크의 여자 친구도 걷잡을 수 없는 그의 행동을 더 이상 참아내지 못하고 떠나 버

걸작품을 보다

렸다. 의기소침해진 마르크는 인생에 변화가 필요하다는 생각을 하기에 이르렀다.

마르크는 자신이 운영하는 술집에서 '게이트웨이'라는 교회에 대해 이야기하는 몇몇 사람들을 만난 적이 있었다. 그들은 게이트웨이 교회의 성도들에 의해 '예수님과 함께 하는 인생'으로 초대받은 사람들이었는데, 자신들이 경험하기 시작한 새로운 인생에 대해 이야기하고 있었다. 더 나은 삶을 갈망해온 마르크는 그 사람들의 이야기를 듣고 난 후 희망을 안고 게이트웨이 교회에 나가기 시작했다.

네이트(앞에서 언급한 청년)는 마르크가 유창한 스페인어를 구사한다는 것을 알고는 자신이 준비 중이었던 멕시코 단기 선교여행에 그를 초청했다. 네이트가 속해 있는 단기 선교팀은 소득이 낮은 가정을 위하여 집을 지어줄 계획을 가지고 있었다. 마르크가 네이트를 처음 만났을 때만 해도 선교 여행을 갈 마음은 전혀 없었다. 그런 일은 마르크에게 시간 낭비로 여겨질 뿐이었다.

"네이트가 나를 처음 본 순간 '당신이 마르크군요, 멕시코에서 우리를 위해 통역을 해 주실 수 있으신가요? 그렇게 해 주신다면 저희에겐 더할 나위 없는 영광입니다!'라고 했습니다." 마르크는 지난 날을 떠올리며 말했다. "네이트는 멕시코 선교여행에 너무나도 열정적이었고 기대감으로 가득 차 있었어요. 그래서 차마 안 가겠다는 말을 할 수 없었습니다. 그런데 그날의 초대에 응한 일로 인해 내 인생의 모든 것이 변

Chapter 01. 먹기를 탐하고 포도주를 즐기는 자요, 죄인의 친구로다

하게 되었습니다."

예수님께서 오셔서 "나를 따르라"[마태복음 9:9]고 말씀하셨을 때, 마태는 그 당시 가장 수지 맞는 자리 중 하나인 세금 징수원의 자리에 앉아 있었다. 예수님은 1년 가까이 마태의 관할 지역인 갈릴리에서 활동하고 계셨으므로 마태는 예수님의 소문을 익히 들어 알고 있었을 것이다. 어쩌면 그는 다른 사람들 틈에 끼어 예수님을 따라가 본 적도 있었을지 모른다. 하지만 마태는 종교심이 깊은 사람들 사이에서는 부도덕하고 비윤리적인 죄인들이나 가담하는 혐오스러운 직업으로 여겨지던 세금 징수원의 자리를 떠날 생각이 아직 없었다. 그날 마태에게 일어났던 일을 오늘날의 표현으로 하자면 예수님께서 바(bar)에 걸어 들어오시면서 마르크를 향해 "나를 따르라"고 말씀하신 것과도 같은 일이었다.

마태는 과연 그날 예수님의 눈에서 현재의 자신보다 더 나은 그 무엇이 될 수 있다는 희망을 발견했던 것일까? 아무튼 그날 예수님의 말씀에 무척이나 고무되었던 마태는 그의 저택에서 새로 만난 예수라는 랍비를 위하여 큰 파티를 열었다. 그의 저택은 부도덕한 일을 통하여 축적한 부의 상징이었으리라. 비록 마태는 예수님께서 발견하신 걸작품의 흔적만을 감지하고 있었을 뿐이었지만 그것만으로도 그의 모든 친구가 자신과 같은 것을 소유했으면 하고 바랄 정도로 고무적이었다.

마태는 예수님을 따라다니면서도 한편으로는 파티를 즐기고 술에 만취되어 부도덕한 일상을 사는 그의 부정직한 친구들과 여전히 사귐을 이어가고 있었다. 그런 친구들이 마태의 파티에 여전히 찾아오고 있었기 때문이었다. 그래서 "많은 세리와 죄인들이 예수와 그의 제자들과 함께 앉았으니 이는 그러한 사람들이 많이 있어서 예수를 따름이러라"[마가복음 2:15]라고 마가는 기록하고 있는 것이다. 그리고 이와 같은 상황이 당시 종교적인 사람들로 하여금 예수님께 문제가 있다는 확신을 품게 했던 것이다.

> "바리새인들이 보고 그의 제자들에게 이르되 어찌하여 너희
> 선생은 세리와 죄인들과 함께 잡수시느냐 예수께서 들으시고
> 이르시되 건강한 자에게는 의사가 쓸 데 없고 병든 자에게라야
> 쓸 데 있느니라 너희는 가서 내가 긍휼을 원하고 제사를 원하
> 지 아니하노라 하신 뜻이 무엇인지 배우라 나는 의인을 부르러
> 온 것이 아니요 죄인을 부르러 왔노라 하시니라"
>
> [마태복음 9:11-13]

예수님의 통렬한 풍자를 주목하여 보자! 예수님께서 말씀하신 '건강한자, 의인'은 과연 누구를 지칭한 말인가? 그렇다. 바리새인들이다. 예수님을 죽음으로 몰아간 바리새인들을 빗대어 하신 말씀이다. 그들은 결코 건강한 자들도 의로운 자들도 아니었다. 그들은 오히려 숨어있는 자들이었으며 종교적인 편가르기 게임을 즐기는 자들이었다. 그들

은 이 게임을 통하여 스스로 만족을 얻고자 했을 뿐, 사실상 그들의 마음은 하나님으로부터 떠나 있었다[마가복음 7:6]. 예수님께서는 바리새인들이 자비심이 없다는 것을 가리기 위해 사용한 종교적 가면을 지적하신 것이다.

예수님께서는 바리새인들에게 그분이 말씀하시는 진정한 의미를 배우라고 하신다. 예수님께서는 호세아 6장을 인용하시며 하나님께서 이스라엘의 사랑을 아침 안개로 부르신다고 하셨다. 나타났다가 이내 사라지고 마는 아침 안개처럼 하나님을 향한 이스라엘의 사랑은 신뢰할 수 없는 것이라고 말이다. "나는 인애를 원하고 제사를 원하지 아니하며 번제보다 하나님을 아는 것을 원하노라"[호세아 6:6]. 하나님께서 그분의 백성들에게 원하시는 것이 무엇인지 아는가? 그것은 종교적인 희생제사나 헌금이 아니다. "나는 저 사람들이 하는 것처럼 신앙생활을 대충 하지는 않습니다. 나는 봉사하고 십일조 헌금을 드리며 모든 예배에 참석한답니다. 이 정도면 꽤 괜찮지 않나요?" 그러나 하나님께서 진정 원하시는 것은 따로 있다. 그분은 우리가 하나님의 마음과 같은 마음을 갖길 원하신다. 자비와 긍휼이 하나님께로부터 강물처럼 흘러 나오듯 우리에게서도 그런 자비가 흘러나와 주변의 사람들을 적시기를 원하시는 것이다.

복음서 전체에 걸쳐서 우리가 볼 수 있듯이 예수님께서는 사람을 대하실 때, 우리 편과 다른 편으로 구분하신 적이 없다. 그분은 한번도 '건강한 사람'과 '다른 사람들'(회복을 위해서 하나님의 자비와 도우심이 필요한 사람)이라는 이분법을 사용하지 않으셨다. 예수님께서 보신 것은 다름 아닌 사람 그 자체였다. 그들은 망가지고 죄로 얼룩지고 훼손되어 쓰레기통에 버려진 걸작품으로서, 오직 최고의 장인에 의해서만 복원될 수 있는 자들이었다. 예수님께서는 하나님의 복원작업이 필요하다는 사실을 알고 그것을 간절한 마음으로 요청하는 모든 사람들을 위해서 오셨다. 당신은 어떠한가? 당신도 하나님의 도움이 필요한 사람인가? 만일 당신이 도움이 필요한 존재라는 사실을 알고 있다면 그것은 매우 다행스러운 일이다. 예수님의 생애와 그분의 만남을 자세히 살펴보면서 당신의 마음이 하나님과 조율되도록 기도하라. 그리고 당신 안에 충만해진 이 마음이 주변 사람들에게 흘러가도록 하라.

한 사람 한 사람을 소중하게

앞으로 살펴보겠지만 1년간 예수님을 따라 다녔던 마태와 그의 친구들은 예수님께서 자신들에게 행하셨던 바로 그 일을 하기 위하여 보냄을 받게 된다. 2년 반이 지난 후, 예수님께서는 마태와 그의 친구들에게 주님의 교회를 이끄는 사명을 주셨으며, 그들이 가는 곳 어디에서든 세상을 회복시키도록 하셨다. 나는 오늘 예수님께서 당신과 당신의 친구들에게 동일한 사명을 부탁하고 계신다고 확신한다. 만약 지금부터 짧게는 3년, 길게는 5년의 시간이 흐른 뒤에도 당신의 이웃 가운데 '죄로

Chapter 01. 먹기를 탐하고 포도주를 즐기는 자요, 죄인의 친구로다

물들었던 세리와 같은 자'가 예수님을 따르는 일이 생기지 않는다면, 그럼에도 불구하고 여전히 예수님으로부터 부여 받은 회복 사역을 계속하고 있다면, 과연 그것이 진정 예수님으로부터 주어진 사명인지 재고해보아야 할 것이다. 나는 지금까지 전 세계의 교회와 기독교 네크워크에 속한 수 백 명의 평범한 사람들이 각기 다른 방식이지만 하나님의 걸작품으로 복원되는 과정을 지켜보았다. 당신도 이 놀랍고 아름다운 사역에 동참할 수 있다.

마르크는 다음과 같이 회상했다. "멕시코로 향하는 동안 선교팀원 모두는 각자의 인생 이야기로 꽃을 피웠습니다. 그들 중에는 나처럼 방탕한 생활을 했던 사람들도 상당수 있었습니다. 하지만 중요한 것은 이제 그들은 더 이상 혼자가 아니라는 사실이었습니다. 그들은 하나님께서 의도하신 각자의 모습으로 빚어져 가는 여정에 함께 하고 있었으니까요. 나 역시 그들 가운데 하나이고 싶었습니다. 그래서 마음의 문을 열고 그리스도를 영접하고 세례를 받았습니다. 이후에는 회복이 필요한 사람들의 모임과 남성 소그룹 모임에 참여했습니다. 그곳에서 나는 마약 중독을 극복하고 믿음이 성장하는 놀라운 경험을 하게 되었습니다."

마르크는 여전히 술집을 운영하면서 큰 돈을 벌고 있었다. 그런데 어느 순간 하나님께서 술집을 그만 두게 끔 자신을 이끌고 계시다는 것을 느끼기 시작했다. 정말 큰 믿음의 결단이 필요한 시점이었는데, 깊은 묵상 가운데 그는 다른 편에 하나님의 큰 축복이 있다는 것을 깨닫게 되었다. 마르크의 여자친구는 그의 변화된 모습을 보고 난 후, 최근 그가 새로 사귄 친구들이 어떤 사람들인지 궁금해졌다. 그녀는 마르크의 새로운 친구들이 모두 예수님을 믿는 자들이라는 것을 알게 되었다.

몇 년이 지나 네이트는 마르크에게 남자 소그룹 모임을 이끌어 가도록 권면했다. 그리고 마르크는 자신이 이끄는 소그룹에 코레이라는 친구를 초대했다. 그는 물리치료사였는데 마르크가 살았었던 삶과 비슷한 삶을 살아가고 있었다. 코레이는 마르크에게서 자신도 그렇게 될 수 있다는 희망을 보았다. 그는 소그룹에 모임에 나가면서 예수님을 알아가기 시작했고, 마침내 예수님께서 자신을 회복시키시도록 내어드리게 되었다. 2년도 채 안되어 코레이는 최고의 예술가이신 하나님의 회복의 도구가 되겠다는 급진적인 결단을 하게 되었다.

게이트웨이 교회의 동역자들과 함께 노숙자와 난민을 돌보고 섬기는 일을 하던 코레이는 자비와 소망을 주는 사역을 하기 위해 저소득층이 사는 지역으로 이사를 가기로 결정했다. 마르크는 코레이가 소그룹을 이끌 수 있도록 준비시켰다. 코레이는 지금 그 지역에서 남자 소그룹을 이끄는 영적 리더가 되어 그룹 구성원들과 함께 자비와 사랑을 베푸는 사역을 감당하고 있다. 그들은 퇴직한 어르신들의 모임에 찾아가서 섬기는 일을 시작했는데, 그 모임이 바로 내가 데릭의 할머니를 만났던 곳이었다.

그 모임에서 코레이는 데릭을 만났다. 그리고 그들은 친구가 되었

Chapter 01. 먹기를 탐하고 포도주를 즐기는 자요, 죄인의 친구로다

다. 앞으로 어떻게 이야기가 전개 될지 모르지만, 코레이가 데릭과 조에에게 사랑과 긍휼을 베푸는 것을 보면서 진흙 속에 가려진 하나님의 걸작품을 드러나게 할 것이라는 확신이 들었다. 랜디 워랠이 나에게, 내가 네이트에게, 네이트가 마르크에게, 마르크가 코레이에게 행했던 것처럼 말이다.

주일 아침, 조에와 데릭이 기도를 받으러 왔을 때 그들의 눈에서 하나님의 걸작품을 보았다. "조에 그리고 데릭, 당신들을 보게 되어 정말 기쁘군요. 환영합니다. 당신들을 위해 기도할 수 있어서 정말 행복합니다. 하나님께서는 당신들을 위한 멋진 계획을 가지고 계십니다. 그분을 따르기로 결정만 한다면, 그 계획은 반드시 이루어지고 성취될 것입니다." 위대한 예술가이신 하나님께서는 그분의 작품 하나 하나를 소중하게 여기신다. 당신이 기꺼이 그리고 온전히 하나님을 따르기로 결단하는 순간, 그분께서는 동일한 일을 당신 삶 가운데 행하실 것이고, 당신을 통해 엄청난 영향력을 드러내실 것이다. 하나님께서 당신과 함께 원형 회복 작업을 시작하시도록 당신의 의지를 드리겠는가?

1. 묵상 과제

당신이 자신을 바라 볼 때 당신에게 묻어 있는 진흙(죄)에
더 신경을 쓰는 편인가? 아니면 걸작품(하나님의 원형)에
더 관심을 갖고 보는 편인가? 그럼 당신이 다른 사람을 볼
때는 어떤가? 사람들의 죄 된 모습과 깨어진 모습을 먼저 보
는가? 그렇다면 왜 그런가?

2. 실천 과제

당신이 보기에 죄로 얼룩진 것처럼 보이는 사람을 이번 주
에 만나게 해 달라고 기도하라. 그리고 그들과 대화를 나누
어 보라. 당신의 목표는 최고의 예술가에 의해 창조된 유일
한 걸작품인 그들에게 질문하고 듣고, 그들이 어떤 사람인
지 알아 가는데 있다.

예수님의 눈으로 바라보기
SEEING THROUGH THE EYES OF JESUS

흔들림이 없으신 분

Supper in the House of th Pharisee, Pieter Ruvens (1618)

Photo: scala / Art Resource, NY

"우리 장난 좀 쳐 볼까? 저 사람들을 얼마나 놀려줄 수 있는지 한 번 보자구." 에이미가 자신의 여자 친구를 부추기고 있었지만, 사실 그녀의 여자 친구는 기독교인들과 어울린다는 발상이 썩 내키지 않았다. "뭘 망설이는 거야. 빨리 가자!" 에이미가 재촉했다. "그 사람들은 항상 '있는 모습 그대로 오십시오'라고 했어. 난 그들이 자신들의 슬로건을 잘 지키고 있는지 확인하고 싶어졌단 말이야. 비록 네가 동성애자일지라도 말이야."

에이미는 '내면 깊은 곳의 갈망이 왜 채워지지 않을까'하는 의구심을 뒤로하고 9년 동안의 동성애자로의 삶을 청산했다.

에이미와 레이첼이 서로 사귀기로 결정한 것은 교회를 같이 가보기로 한 어느 주일 아침이었다. "사람들에게 충격을 주기 위해 교회에 갔고, 레이첼과 나는 사람들 앞에서 서로 손을 꼭 잡고 있었어요. 그러나 우리가 예상했던 그들의 경멸 섞인 역겨운 눈초리는 보이지 않았습니다. 그들은 아무런 거리감 없이 우리와 눈을 마주쳤고 보통 사람들처럼 대해 주었습니다. 그래서 그 교회에 나가기 시작했어요. 우리는 점점 앞자리로 가서 앉았습니다. 그 이유는 우리가 동성연애자라는 것에 대한 그들의 거부 반응을 빨리 얻고자 했기 때문이었습니다. 동성애자들이 교회에 왔다는 것으로는 사람들에게 충격을 줄 수 없다는 것을 알고 난 후, 우리의 무모한 실험을 그만두고 그들에게 무엇인가를 배우기 시작했습니다."

"얼마 지나지 않아 레이첼과 나는 헤어졌지만 보이지 않는 무엇인가에 갈급해 있었던 나는 계속해서 교회에 나왔습니다." 에이미는 자신이 한 행동과 자신이 느끼는 감정에 대해 이야기했다. "내가 보기에도 나는 변화될 것 같지 않았어요. 내가 하나님 앞에 가지고 갔었던 것은 나의 레지비언(동성애) 생활방식에 대한 것이 아니라, 나의 내면 깊은 곳에 풀리지 않는 갈망에 대해 하나님께서 해답을 주실 수 있을까에 대한 것이었습니다. 그런데 문제는 내가 전적으로 하나님을 신뢰하지 않았다는 데 있었습니다."

"예수님의 가르침에 대해 듣고 배울수록 하나님께서 나를 정말 사랑하셨고 지금도 사랑하고 계시다는 것을 믿게 되었습니다. 그리고 하나님의 걸작품이 되는 것에 대해서도 점점 더 많이 듣게 되었죠. 그러던 어느 날, 내가 하나님의 걸작품이란 것이 정말로 믿어지기 시작했습니다. 내가 하나님을 신뢰하면 할수록 내 안에 귀중한 무엇인가를 볼 수 있었습니다. 그래서 하나님을 더 믿고 신뢰하게 되었습니다."

하나님과의 신뢰관계가 어느 정도 쌓여갈 때쯤 에이미는 마음을 열어 자신이 겪고 있는 내면의 갈등을 예수님께 보여 드렸다. "이렇게 하기까지는 몇 년의 시간이 걸렸습니다. 예수님께 가까이 나아가면 갈수록, 그분께서는 나를 깜짝 놀랄만한 여정으로 인도하셨는데, 나의 유년시절 아버지는 무려 아홉 번의 불륜을 저질렀다는 것을 알 수 있었습니다. 그 비밀스런 일은 나의 유년시절의 세계를 송두리째 흔들어 버렸죠.

Chapter 02. 흔들림이 없으신 분

예수님께서는 나의 성적인 문제의 뿌리가 아버지의 성적인 문제와 결부되어 있다는 사실을 보여 주셨습니다. 나는 편안함을 찾기 위해 아버지가 그랬었던 것처럼 하나님의 사랑이 아닌 사람을 의지하고 이용했죠."

에이미는 성경적인 지식으로 믿음이 성장해 갔고, 주님과 더 깊은 사랑에 빠져들었다. 다음 해, 하나님께서는 그녀에게 또 한번의 놀라운 경험을 하게 하셨다. "나는 '들을지어다'라는 주제로 열리는 세미나에 참석했었는데, 하나님께서 나의 내면의 상처를 어떻게 다루실지 궁금해졌습니다. 그런데 그분께서 내게 보여주신 것은 실로 놀라운 것이었습니다." 에이미는 지난 과거의 일을 떠올렸다.

"강사분이 따돌림이란 주제로 설교를 하고 있을 때, 갑자기 어릴 적 스쿨버스에서 내리고 있는 나의 모습이 생생하게 떠올랐습니다. 나는 지미라는 아이가 사는 집 바로 아래에 살고 있었어요. 지미는 일년 내내 나를 괴롭히고 따돌림을 하던 아이였는데, 어느 날 내가 스쿨버스에서 내렸을 때 아주 상냥하고 친절하게 대해 주었습니다." 에이미는 다시 지난날을 회상했다. "지미는 자신의 잘못된 행동에 대해 내게 사과하며 자신의 집에 나를 초대했어요."

그날 세미나에서 과거의 생생한 악몽이 에이미의 삶에 슬며시 찾아들더니 다른 모든 것들도 어둡게 변해 버렸다. 에이미는 지미의 집 현관문을 지나는 자신의 모습을 보는 순간 소스라치게 놀랐다. 현관문이 '꽝' 하고 닫히자마자 두 명의 십대소년이 탐욕스러운 눈빛으로 그녀를 바라

보고 있었기 때문이었다. 에이미는 소리를 질러댔지만 집안을 가득 채우고 있는 사악한 어둠을 뚫고 나가지는 못했다. 그들은 그녀를 꼼짝 못하게 바닥에 눕히고는 성폭행했다.

당시 에이미의 나이는 아홉 살이었다.

그녀는 예수님께서 찾아오신 거룩한 경험으로 인해 눈물을 멈출 수가 없었다. 예수님께서는 계시를 통해 여러 해 동안 진흙 층 밑에 감추어져 있었던 에이미의 성적인 갈등의 근원을 보여주셨다.

"이러한 일을 체험한 후, 내가 깨달은 것은 내가 내 자신을 아는 것보다 하나님께서는 나를 더 잘 알고 계신다는 것과, 나의 상처를 치유하기 원하신다는 것이었습니다. 그래서 나는 나의 마음과 몸을 주님께 드리고 그분께 모든 것을 의지하고 의탁했습니다. 내가 계속해서 주님과의 친밀함을 구했을 때, 동성애에 대한 문제와 정체성은 사라져 버렸습니다. 내가 하나님과의 친밀함과 사랑에 초점을 더 맞추면 맞출수록 그리고 내 안에 있는 그분의 걸작품이 드러나는 것을 보면 볼수록 내 안에 있는 그분의 걸작품을 회복하는데 그 어떤 장애물도 있어서는 안 된다는 생각이 들었습니다."

7년이 지난 현재, 에이미는 우리 사역팀에서 치유가 필요한 사람들 돕고 성(性)에 대한 문제와 인간관계의 문제를 상담하는 리더로 섬기고 있다.

흔들림이 없이신 분

예수님께서는 사람들이 저지르는 경악할만한 일에도 절대 놀라시지 않는다는 것을 알고 있는가? 예수님께서는 삭개오가 비윤리적인 행동과 방법으로 부를 축적하고 사람들의 돈을 갈취했다는 것을 알고 있었지만 그러한 그의 삶에 대해 전혀 놀라지 않으셨다. 예수님께서는 그의 잘못된 행위를 꾸짖으시고 바로 잡기 보다는 오히려 그와 인간적인 관계를 먼저 맺으셨다. "삭개오야 속히 내려오라 내가 오늘 네 집에 유하여야 하겠다"[누가복음 19:5]. 예수님의 말에 사람들 모두가 적잖이 놀랐다. 그러나 예수님의 '관계 맺기'로 인해 삭개오의 삶은 변화되기 시작했다.

예수님께서는 우물가에서 만난 사마리아 여인이 다섯 번의 결혼과 이혼을 했다는 것을 이미 알고 계셨다. 또한 그녀의 사생활 그리고 현재 같이 살고 있는 남자와 얼마나 성적으로 문란한지도 알고 계셨다[요한복음 4장]. 그럼에도 불구하고 예수님께서는 그녀를 거부하지 않으셨다(예수님이 살던 시대의 사마리아인들은 오늘날 기독교 단체가 동성애자들을 이상하게 여기고 지탄하는 것처럼 종교 단체로부터 모욕과 위협을 당했었다). 예수님께서는 그리스도를 따르는 자들이 바리새인이 아닌 예수님을 닮기 원하신다.

누가복음의 저자 누가는 바리새인인 시몬이 예수님을 저녁식사에 초대한 이야기를 기록했다. 예수님과 제자들은 시몬의 집에 초대되어 그의 바리새인 친구들과 같은 식탁에 둘러 앉으셨다[누가복음 7:36]. 그의 친구들은 모세의 율법을 지키는 것보다 죄인을 더 사랑하신 예수님의 행동에 예수님의 진짜 정체가 무엇인지 의구심을 가졌다(예수님께서는 바리새인들이 말한 것이 잘못되었다는 것을 입증하셨으며, 예수님은 모세 율법의 취지를 완성하기 위하여 이 땅에 오셨다). 그들은 예수님으로부터 무엇인가를 배우기 위한 목적이 아니라 예수님을 판단하기 위한 목적으로 저녁식사에 초대했다.

중동 지역의 식탁 문화는 바닥에 방석을 깔고 무릎 높이 정도의 탁자에서 식사를 하며 다리를 쭉 펴서 앉는 게 일반적이다. 식사가 나오자 초대받지 않은 죄 지은 한 여인이 들어왔다. 그리고 그녀는 조심스레 예수님께서 앉아 계신 앞까지 다가왔다. 누가는 기록을 통해 이 여인이 죄 많은 인생을 살아왔음을 우리에게 말하고 있다[누가복음 7:37]. 그녀의 삶은 몇 가지 잘못된 실수에 그친 것이 아니라 성적으로 아주 문란한 삶을 살았다. 그리고 그러한 그녀의 이야기와 좋지 않은 평판은 공공연한 사실이었다. 그녀는 종교계 기득권층들이 자신의 삶을 판단하고 정죄한다고 느꼈다. 그럼에도 그녀는 자신을 괴롭히고 곱지 않은 시선을 보내는 자들의 집에 용기를 내어 들어갔다. 그곳에 예수님이 계셨기 때문이다.

많은 사람들이 오고 가는 거리에서 대부분의 시간을 보내는 이 여인에게 죄 많고 타락한 사람들에게 절실히 필요한 소망과 희망이 바로 예수님이란 분께 있다는 소문이 들려왔다. 그리고 그분이 가까이 오고 있다는 소식도 들렸다. 알 수 없는 강력한 힘이 내면에서부터 올라오더니 그녀를 예수님의 발 앞까지 이끌었다. 그녀가 예수님 앞에 섰을 때, 모든 고통의 벽을 뚫고 희망이 찾아 드는 것을 느꼈다. 그녀는 참을 수 없는 기쁨 때문에 흐느껴 울기 시작했고 눈물이 먼지 묻은 예수님의 발등에 떨어졌다.

방 안의 긴장감은 더욱 고조되어 갔다. 그녀가 무릎을 꿇고 눈물로 젖은 예수님의 발을 자신의 머리카락으로 닦았을 때, 그곳에 있던 사람들은 자신도 모르게 어깨에 힘이 들어갔을 것이다. 그녀는 나드 향유를 꺼내 예수님의 발에 붓고 부드럽게 문지르기 시작했다. 그리고 예수님의 발에 입을 맞추었다.

예수님께서는 그러한 그녀의 돌발적인 행동에 뒤로 물러서지 않으시고 그 자리에 앉아서 바라새인들에게 시선을 고정했다. 그리고 그 광경을 보고 놀란 그들의 반응을 지켜보셨다. 그들의 눈에는 자비라고는 찾아볼 수 없었고 다만 경멸 어린 차가운 눈초리만 가득했다.

시몬은 더 이상 참을 수가 없었다. 그리고 혼잣말로 중얼거렸다. "이 사람이 만일 선지자라면 자기를 만지는 이 여자가 누구며 어떠한 자 곧 죄인인 줄을 알았으리라"[누가복음 7:39].

시몬의 생각을 좀 더 정확히 표현하면 이렇다. '만약 예수가 진정한 선지자라면 공공연히 알려진 그녀의 성적 문란함에 대해 알고 있어야 하며, 그로 인해 충격을 받아야 하는 것이 마땅하다. 그러나 예수는 그 사

실을 알지도 못했고, 그녀의 돌발적인 행동에 충격을 받지도 않았다!'

이 상황은 충분히 논란의 여지가 있을 수 있다. 오늘날 우리가 사는 시대에 이런 일이 일어났다고 가정해보자. 주일 예배 후, 창녀라는 사실이 공공연하게 알려진 한 여인이 담임 목사님에게 와서 발에 입맞추고 기름을 발라 닦아 주었다고 상상해 보라. 그 여인의 행동을 저지하지 않으면, 아마도 그날 주일 설교가 그 목사님의 마지막이 설교가 될 수도 있을 것이다. 그렇다면 예수님께서는 무엇을 생각하고 있었을까? 우리 모두에게는 충격적인 장면이었을 죄 많은 여인의 행동이 왜 예수님에게는 아무렇지도 않았을까?

예수님께서는 사람의 중심을 보신다. 이것은 마음에 관한 것이다. 죄 많은 여인이 마음에서부터 나오는 넘쳐 흐르는 사랑을 보여준 반면 예수님을 초대한 집주인과 그의 친구들은 사랑 없는 마음을 여실히 드러내 보였다. 예수님께서는 다음과 같이 말씀하셨다.

"시몬아, 내가 네게 이를 말이 있다. 빚 주는 사람에게 빚진 자가 둘이 있어 하나는 오백 데나리온을 졌고 하나는 오십 데나리온을 졌는데 갚을 것이 없으므로 둘 다 탕감하여 주었으니 둘 중에 누가 그를 더 사랑하겠느냐?"

"시몬이 대답하여 이르되 내 생각에는 많이 탕감함을 받은 자니이다 이르시되 네 판단이 옳다 하시고 그 여자를 돌아보시며 시몬에게 이르시되 이 여자를 보느냐 내가 네 집에 들어올 때 너는 내게 발 씻을 물도

주지 아니하였으되 이 여자는 눈물로 내 발을 적시고 그 머리털로 닦았으며 너는 내게 입맞추지 아니하였으되 그는 내가 들어올 때로부터 내 발에 입맞추기를 그치지 아니하였으며 너는 내 머리에 감람유도 붓지 아니하였으되 그는 향유를 내 발에 부었느니라 이러므로 내가 네게 말하노니 그의 많은 죄가 사하여졌도다 이는 그의 사랑함이 많음이라 사함을 받은 일이 적은 자는 적게 사랑하느니라"[누가복음 7:40~47].

그렇다. 예수님께서는 사랑에 대해 말씀하고 계신다. 우리는 예수님께서 말씀하시는 요지를 결코 간과해서는 안 된다. 왜냐하면 주님께서 우리를 향해 말씀하고 있기 때문이다. 하나님께서 당신의 죄를 용서해 주시기 위하여 얼마나 큰 대가를 지불하셨는지 깨닫게 된다면, 하나님과 타인을 향한 사랑이 마음에서부터 넘쳐날 것이다. 주님께서는 '사랑이 전부'라고 말씀하고 계신다! 사랑이 없으면 하나님의 걸작품을 망가뜨리게 되며 상처와 악영향을 끼치는 것들에는 무관심하게 된다. 그러나 사랑은 나처럼 못난 사람에게도 하나님께서 사랑과 자비를 주셨다는 것을 깨닫게 한다. 이러한 위대한 사랑은 용서와 회복이 필요한 세상에 희망을 불러 일으키기 위한 은혜와 진리를 가져다 준다.

예수님께서는 시몬의 집에 들어온 여인의 죄를 간과하시지도 않으셨을(예수님은 '죄 많은' 여인이라고 하셨다)뿐만 아니라 바리새인들의 작은 죄(사랑이나 자비라고는 찾을 볼 수 없고 남을 판단하며 감사하지 않는 마음)도 간과하시지 않으셨다. 예수님께서는 도저히 갚을 수 없는 빚을 진 이 여인과 식탁에 둘러 앉은 종교인들 모두를 향해 하신 말씀은 이렇다. '여기 있는 사람들 모두가 각자 진 빚을 탕감 받을 수는 있으되, 그 어느 누구도 빚을 갚을 수는 없다.'

예수님께서 살던 시대에 빚을 진 사람이 갚을 능력이 없을 때에는 채무자의 감옥에 갇히거나 노예가 되었다[누가복음 18:30]. 빚을 많이 진 사람이나 적게 진 사람이나 액수에는 상관없이 빚진 자들의 처지는 모두 같다는 논리가 성립된다. 이러한 맥락에서 볼 때, 그 여인과 바리새인들 모두는 같은 처지에 있다는 결론에 이르게 된다. 우리가 감사함을 느끼지 못하거나 하나님의 은혜가 필요함을 느끼지 못하는 것이 다소 충격적일 수 있는 이유이다. 다시 말해, 우리는 우리 자신(죄인)이 어떠한 자들인지 정확하게 보지 못한다는 것이다. 그래서 하나님의 사랑과 은혜가 어떤 것인지 깨닫지도 경험하지도 못하며, 우리 마음에 사랑과 자비가 충분하지 않기 때문에 필요한 자들에게 흘려 보낼 수 조차 없는 것이다.

당신이 그런 자는 아닌가? 당신의 삶의 태도는 바리새인들을 닮았는가? 아니면 예수님을 닮았는가? 당신이 아는 사람 중에 지은 죄가 너무 많아 더 이상 구제할 길이 없다고 여겨지는 사람들이 있는가? 자신이 그런 사람들보다 낫다고 스스로 은밀하게 판단해서 하나님께 진 빚이 적다고 여기지는 않는가? 당신은 자신이 진 빚을 스스로 갚을 수 없음을 깨닫는가? 물론 당신이 구제 받을 수 없다고 여기는 사람들도 스스로 빚을 갚을 수 없는 것은 마찬가지이다. 예수님께서 말씀하신 요지는 죄의 무게와는 상관없이 우리 모두는 예수님 보시기에 빚진 자요 죄인이라는 것이다. 다만 죄사함의 대가가 어떤 것인지 깨닫는 사람과 그렇지 못한 사람이 있을 뿐이며, 감사함이 많은 사람과 그렇지 못한 사람 있을 뿐이다. 이러한 결과로 인해 사랑이 많은 자들과 그렇지 못한 자들이 생겨나는 것이다.

수치

예수님께서는 시몬의 집에 모인 사람들이 보인 행동에 대해 전혀 놀라지 않으셨다. 왜냐하면 주님께서는 그들을 덮고 있는 죄의 먼지 보다는 죄가 덮고 있는 하나님의 걸작품이란 그들의 본질을 보셨기 때문이다. 예수님께서는 자신을 따르는 자들이 죄를 미워하느냐 미워하지 않느냐의 문제와는 상관없이 어떠한 환경에도 움츠려 들거나 충격을 받지 않기를 원하신다. 이것은 죄라는 것을 어떻게 바라보느냐에 관한 문제인데, 우리의 본성과는 전혀 다른 '죄'라는 것이 우리에게 혼입된 것임을 알아야 한다. 죄는 우리의 참된 본질이 아니다. 그렇기 때문에 우리는 사람들 안에 있는 하나님의 형상(본질)을 느끼고 볼 수 있도록 도와야만 한다.

바울은 다음과 같이 말했다. "이제는 그것을 행하는 자가 내가 아니요 내 속에 거하는 죄니라"[로마서 7:17]. 사람들은 자신이 죄인(본질은 죄인이 아닌데)이라고 여기면 죄인처럼 행동하고 살게 된다. 반면 자신이 하나님의 걸작품이라 여기면 걸작품처럼 살아가려고 노력하며, 하나님께서 망가진 걸작품의 복원작업을 하실 수 있도록 기꺼이 자신을 내어드리게 된다.

수치(Shame)는 우리에게 이렇게 말한다. '너의 잘못된 행동처럼 너도 똑같이 잘못된 사람이야! 네가 한 모든 일들을 좀 봐! 자랑스러워할 만한 것이 하나도 없어! 이것만 봐도 네가 어떠한 사람인지 충분히 알 수 있어! 너는 추하고 더럽기 때문에 사랑 받을 만한 가치가 없어. 너는 어떠한 가치도 없는 인간이야! 너는 형편없는 진흙(죄) 덩어리에 불과할 뿐이야.' 문제는 수치가 우리를 진흙(죄) 덩어리처럼 행동하게 만들어 진흙탕 속에서 살아가게 하며, 다른 사람들을 진흙탕 속으로 끌어 들인다는 것이다. 그러나 예수님께서는 우리의 모든 수치를 도말 하시고 완전하게 회복시키셔서 고귀하고 사랑 받는 하나님의 자녀인 것을 확증하신다. "전에는 우리도 다 그 가운데서 우리 육체의 욕심을 따라 지내며 육체와 마음의 원하는 것을 하여 다른 이들과 같이 본질상 진노의 자녀이었더니 긍휼이 풍성하신 하나님이 우리를 사랑하신 그 큰 사랑을 인하여 허물로 죽은 우리를 그리스도와 함께 살리셨고 너희는 은혜로 구원을 받은 것이라"[에베소서 2:3-5]. 하나님께서 각 사람들을 어떤 존재로, 어떤 목적으로 창조하셨는지 볼 수 있도록 돕는 일은 대단히 중요하다. 왜냐하면 자신의 본래 모습(창조원형)을 보는 것은 하나님께서 개개인의 삶에 행하시는 '복원작업'을 촉진시키는 역할을 하기 때문이다.

정체성

세상에서 가장 아름답고 매력적인 새 중의 하나인 루시앙 앵무새는 한때 멸종 위기에 처해 있었다. 1977년에 보고된 바에 따르면 지구상에 약 100여 마리 정도만이 카리브해 동부에 위치한 세인트 루시아 섬에 남아 있다고 한다. 아름다운 청록색, 라임 초록색, 붉은색의 깃털을 가진 루시앙 앵무새는 애완용, 식용으로 사용되었기 때문에 인간들의 사냥감이 되었다. 그 때문에 루시앙 앵무새의 서식지는 수십 년 동안 인간의 손에 훼손되어 왔다. 한 생물학자는 루시앙 앵무새가 2000년 정도에 멸종할 것이라고 예측하기도 했었다.

바로 그때, 스물 한 살의 폴 버틀러라는 청년은 자신에게 아무런 권한이나 재원이 없었지만, 세인트 루시아 섬의 원주민들에게 그들 스스로가 루시아 섬의 자연을 보호해야 하는 사람들임을 설득하는 일에 뛰어들었다. 그는 원주민들에게 루시앙 앵무새가 그들의 일부분이며, 어디에서도 찾아 볼 수 없는 희귀종이기 때문에 소중히 여기고 보호해야 한다는 것을 스스로 인식하도록 그들을 도와 주었다. 폴은 인형극단을 초청해 공연을 하고 티셔츠를 제작해 사람들에게 나누어 주었다. 그리고 음악밴드를 설득해 루시앙 앵무새에 관한 노래를 만들어 홍보를 하고 고위 관료들에게 앵무새를 보호하고 관리해야 한다는 내용의 연설을 부탁했다. 그의 관심사는 오직 세인트 루시아 섬의 원주민들이 앵무새가 자신들의 일부임을 깨닫고 잘 보호해야 한다는 것을 인식하도록 설득하는 것에 있었다. 마침내 세인트 루시아 섬의 원주민들은 그들 스스로가 앵무새를 보호하는 자들임을 깨닫기 시작했다. 폴 버틀러가 캠페인을 시작한 이후, 루시앙 앵무새의 개체 수는 600% 이상 증가했으며 멸종 위기에서 벗어났다.

우리가 어떤 사람인가에 대한 관점, 다시 말해 우리가 우리 스스로를 어떤 사람으로 보는가에 따라 우리의 행동이 달라지고 변화된다. 바리새인들은 시몬의 집에 들어온 여인을 그녀가 저지른 죄와 동일하게 여기며 죄인 취급했다. "예수를 청한 바리새인이 그것을 보고 마음에 이르되 이 사람이 만일 선지자라면 자기를 만지는 이 여자가 누구며 어떠한 자 곧 죄인인 줄을 알았으리라 하거늘"[누가복음 7:39]. 바리새인들은 단지 그녀가 저지른 죄만 보고 어떠한 사람인지를 판단했다. 그래서 그들은 그녀를 죄인 취급했다. 그러나 예수님께서는 죄 안에 숨겨진 그녀의 본래 모습, 창조의 원형의 모습을 보셨다.

이것은 정체성에 대한 문제이다. 사람들을 볼 때, 당신은 그들 안에 있는 하나님의 형상을 보는가? 그리고 각 사람을 향한 하나님의 창조의 목적이 무엇인지 짐작할 수 있는가? 이것이 바로 예수님께서 사람들을 대할 때 그들에게서 보셨던 것이다! 예수님께서는 사람들이 자신의 정체성을 확인하고 하나님께서 창조하신 목적대로 살아가게끔 도우셨다. 바리새인들은 시몬의 집에 들어 온 여인이 간직한 창조원형의 모습을 볼 수 있는 영적인 눈이 뜨이지 않았었다. 그래서 의도하지는 않았지만 사람들을 죄의 노예로 만들어 버리는 실수를 범했던 것이다. 그렇다면 당신은 어떠한 사람인가? 바리새인과 같은 사람인가? 아니면 예수님과 같은 사람인가? 우리에게 있어 이 질문은 대단히 중요한 문제이다. 과연 우리는 우리 자신과 사람들을 어떠한 시선으로 바라보는가?

비난은 당연하다

모든 사람들은 수치 그리고 비난의 목소리와 더불어 성장한다. 우리 모두는 살아가면서 비난과 수치심을 느낄 때가 있는데 하나님의 은혜를 떠나 있는 삶은 비난과 수치를 느낄 수 밖에 없다. 이에 대해 바울이 마음속 깊이 느꼈던 것을 글로 표현한 구절을 우리는 잘 알고 있다.

"내 속 곧 내 육신에 선한 것이 거하지 아니하는 줄을 아노니 원함은 내게 있으나 선을 행하는 것은 없노라, 내가 원하는 바 선은 행하지 아니하고 도리어 원하지 아니하는 바 악을 행하는도다, 오호라 나는 곤고한 사람이로다 이 사망의 몸에서 누가 나를 건져내랴"[로마서 7:18,19,24]

바울은 수치심이 기분 나쁜 감정과 죄의식을 갖도록 우리를 조장한다는 것을 밝혀냈다. 이것이 사실이라면 우리에게 어떤 희망이 있는가? 사람들은 이러한 소망 없는 감정을 자연스럽게 갖게 되고 이로 인해 하나님을 멀리하게 된다. 하나님께서 망가지고 상처 난 걸작품을 회복시키실 수 있는 소망을 주시는 분이라는 것을 알지 못하는 사람들은 자신이 구제받을 길 없는 사람이라는 느낌으로 살아갈 수 밖에 없다. 하나님의 은혜를 모르는 사람들도 이와 마찬가지이다. 사람을 판단하는 것은 그들을 원래 모습으로 회복시킬 수 있는 창조주이신 하나님께로부터 더 멀리 달아나게 만든다.

불가지론적 회의론자인 스티브, 그는 종교 단체에 대해 좋은 감정을 가지고 있지 않았다. 스티브는 하나님이란 존재와 예수가 주장한 것에 대해 생각하는 것 조차 싫어했다. 그러던 어느 날, 그의 아내는 스티브에게 자신이 다니는 교회에 나오라고 권유했다. 내키지는 않았지만 아내의 마음을 더 이상 불편하게 만들고 싶지 않아 교회에 출석하기 시작했다. 가랑비에 옷 젖듯 스티브는 자신의 삶을 향한 하나님의 비전을 이해하기 시작했다. 그리고 자신이 이해하고 느낀 점에 대해 메일을 보내왔다.

나는 내 자신이 하나님의 존재에 대해 이렇게 진지하고도 심도 있게 고민한다는 것을 생각해본 적이 없었습니다. 지금도 그러한 마음은 변함이 없습니다. 하나님의 존재를 인정하게 되면 이제껏 내가 했던 모든 일들이 잘못되었다는 것을 인정하는 것이 될 뿐만 아니라 오히려 내가 주장했던 것들에 맞서야 하기 때문입니다. 내가 상처 주었던 사람들, 내가 했던 모든 잘못된 일들, 심지어 머리 속에서 생각했던 것들 조차 나는 마주하고 싶지 않습니다. 왜 내가 그런 것에 집착하는 사람으로 살아가야 하는지 모르겠습니다. 그런데 이러한 갈등이 계속해서 생기는 것을 보면 무엇인가가 내 마음에 변화를 주려고 한다는 느낌이 듭니다. 나는 좀 더 나은 사람이 되고 싶지, 남에게 상처 주는 사람이 되고 싶지는 않습니다. 나는 잘못된 일을 행하려는 욕망으로부터 자유하고 싶습니다. 아직 내가 했던 모든 잘못된 일들을 청산할 준비가 되지 않았지만 때가 되면 내 본래의 모습과 함께 평안을 찾을 수 있겠지요. 어쨌든, 나는 무엇인가에 이끌려 앞으로 나아갈 준비를 하고 있는 것 같습니다. 하나님께서 나를 위해 준비하신 그 길을 따라 갈 준비가 되어 있는 것 같다는 생각이 듭니다.

관계가 곧 해결책이다

사람을 회복시키시는 하나님의 은혜, 그러한 은혜와 멀어지게 하는 수치와 비난을 당신은 받을 수 있는가? 사람들은 수치와 비난을 받으며 살아간다. 그런데 예수님께서 이러한 수치와 비난을 상쇄시키는 천국복음을 우리에게 전해주셨다. 예수님께서 전하셨던 하나님의 은혜, 그 은혜를 우리가 전하지 않는다면 사람들은 하나님께로부터 점점 더 멀어지려고 할 것이다.

우리는 반드시 예수님의 삶을 좇아 살아가야만 한다. 예수님께서 출발하셨던 출발점에서 우리의 삶도 시작되어야 한다. 예수님의 출발점은 죄 많은 사람들 그리고 비참한 심경의 사람들이 있는 곳이었다. 예수님께서는 상처받은 사람들에게 '하나님의 은혜'라는 천국복음을 전함으로써 그들이 하나님께서 의도하신 창조원형의 모습으로 살아가게 하는 소망을 주셨다. 우리 모두에게도 걸작품(창조원형)을 회복하고 하나님의 뜻대로 살아가고자 하는 소망이 절실히 필요하다.

다음에 나오는 이야기를 심도 있게 생각해 보자. 예수님께서는 삭개오의 행위에 대해서는 어떠한 말씀도 하지 않으시고 관계적인 측면에서 그에게 다가가셨다. 그리고 예수님의 그러한 행동으로 인해 삭개오의 삶은 완전히 변화되었다. 예수님께서는 우물가에서 만난 사마리아 여인에게도 그녀가 저지르고 있는 부도덕한 문제, 즉 혼외정사가 죄라는 것을 단도직입적으로 말씀하지 않으셨다. 대신 영원히 목마르지 않는 생수를 주셨다. 생수를 맛 본 여인은 더 이상 진흙탕 같았던 예전의 삶으로 돌아갈 수 없었다. 또한 예수님께서는 간음해서 잡혀온 여인에게 십계명을 어겼다는 죄를 상기시키지 않으시고 그녀가 받을 비난과 정죄로부터 자유케 하셨다. 그렇게 함으로써 그녀가 다시는 죄를 짓지 않고 살도록 하셨다[요한복음 8:11]. 예수님께서는 죄인들에게 새로운 삶을 살 수 있는 기회를 주신 것이다. 죄의 문제를 해결하기 위한 방법으로 예수님께서는 관계(Relationship)를 선택하셨다. 예수님께서 보여 주셨던 관계, 회복을 부르는 관계를 우리는 죄로 얼룩진 사람들과 나눌 수 있는가? 예수님을 닮기 위해서는 이러한 도전이 우리에게 필요하다.

수니는 백미러를 응시했다. 맑고 큰 눈망울을 가진 아이의 웃는 모습을 본 수니는 마음이 아파왔다. '이 아이는 내가 가진 것보다 더 많은 것과 더 좋은 것을 누려야 해'라고 생각했다. 밝은 햇살이 비치는 아름다운 날씨는 수니의 어둡고 암울했던 청소년기의 기억과 뚜렷한 대조를 이루었다. 수니가 십대시절을 지날 때, 그녀의 어머니는 마약 과다복용으로 인해 세상을 떠났다. 수니는 딸이 태어났을 때 생계를 위해 했었던 스트립퍼 일을 그만 두었지만 술과 마약을 끊는 일은 결코 쉽지 않았다.

'찬란한 보석과도 같은 내 딸은 건강하지 못한 관계 속에서 마약 중독자로 살아가는 엄마보다 더 나은 삶을 살아야 해. 어떻게 하면 이 삶을 청산할 수 있을까?' 수니는 자신의 삶을 들여다보며 예전에 동거했었던 사내들을 떠올렸다. 그녀는 항상 백마 탄 왕자가 나타나기를 꿈꾸어 왔지만 거짓말쟁이에 남을 교묘히 조정하는 사람, 술주정뱅이, 사기꾼 같은 남자들과 살아왔다. 그 당시 수니는 누군가의 사랑에 굶주려 있었기 때문에 교제하는 사람이 어떤 사람인지 자세히 살피지도 않은 상태에서 그들과 동거를 시작했다. 수니는 그런 자신의 삶이 힘들고 어두웠었다고 생각했다. 그리고 아직도 자신의 삶에 무엇을 잃어버린 것 같은 공허함이 있다고 느꼈다.

"엄마, 언제 다시 교회에 갈 수 있어요?" 네 살 된 아팀의 목소리가 수니의 상념을 멈추게 했다. 수니는 어린 시절 이모와 함께 교회에 가던 좋은 기억이 떠올라 1년 전부터 교회에 나가려는 노력을 하고 있었다. 예배를 마치고 나면 자기 자신이 작고, 더럽고, 하나님의 사랑을 받을 자

결작품을 보다

격이 없는 것처럼 느껴졌다. 어떠한 방법으로도 구원받을 수 없을 것 같은 생각을 안은 채 항상 교회 문을 나섰다. 그리고 교인들이 자신의 과거를 알게 되면 분명 자신을 멀리할 것이라고 생각했다.

"아직 모르겠구나, 아가야." 수니는 딸에게 말했다. 그리고 운전을 하던 중 라디오에서 흘러 나오는 광고에 그녀는 피식 웃음이 나왔다. "그 광고는 놀랍게도 교회 광고였답니다. 그런데 그 광고의 마지막 문장이 내 머리에 깊숙이 꽂혀 버렸습니다. '있는 모습 그대로 오십시오. 완전한 사람은 이곳에 없습니다.'"

수니는 오리건 주에 있는 선데오스 교회에서 신앙생활을 시작했다. 담임목사인 숀은 수니를 처음 만났었던 주일을 떠올렸다. "수니가 처음 이 교회에 왔을 때, 교인들이 진실하다는 사실을 알았지만 과거의 일들이 여전히 그녀를 괴롭혔습니다. '교회 사람들이 겉으로만 좋은 인상을 풍기는 것이지, 실상은 그렇지 않을지도 몰라' 수니는 그녀가 마지막으로 다녔던 교회의 교인들이 실제로는 자신들의 본 모습을 가장하며 남을 판단한다는 느낌을 받았었기 때문에 이 교회 사람들도 자신의 과거를 알게 된다면 동일하게 행동할 것이라는 결론을 이미 내리고 있었습니다." 몇 주가 지난 어느 주일 아침, 수니는 숙취 때문에 오는 탈수증세로 몸을 떨었다.

"'있는 모습 그대로 오십시오'라는 문구가 계속 마음속에 떠올랐습니다. 그래서 그들이 정말 나를 외면하지 않는지 시험해 보기로 결정했

75

Chapter 02. 흔들림이 없으신 분

습니다." 담임목사 숀은 그녀가 교회에 들어오는 것을 보고 자신을 소개하며, 그 동안 어떻게 지냈는지 안부를 물었다.

"아직도 술이 안 깼어요." 수니는 담임목사로부터 오는 반응을 보려고 의도적으로 그렇게 말을 건넸다.

"그럼, 커피를 좀 드려야겠군요. 제가 한 잔 가져다 드리죠." 숀이 대답했다.

수니는 목사의 반응에 다소 충격을 받고 어리둥절해 졌다. 그녀는 자신이 기대했었던 반응을 보기 위해 다른 교인들에게도 같은 방법으로 말을 건넸다. 그러나 교인들은 술이 덜 깼다는 자신의 말에는 관심을 보이지 않고 오히려 '나'라는 사람에게 관심을 더 보이는 것 같다는 느낌을 받았다. 이러한 사실이 그녀를 혼란스럽게 만들었다.

"나는 계속해서 선데오스 교회에 나오게 되었고 교인들과 아주 친밀한 교우 관계를 쌓기 시작했습니다. 믿음과 신뢰를 바탕으로 한 관계 말이죠. 그리고 사람들이 내게 다가와 상처를 주려고 할 때, 그들을 멀리하려고 사용했던 방어장치인 충격요법, 말하자면 상대방의 심기를 상하게 하는 말들을 거의 하지 않게 되었습니다. 시간이 지나면서 내 자신이 연약한 존재라는 것을 인정하기 시작했고 숀, 콜릿, 챈디 그리고 다른 몇 명의 교인들이 마치 한 가족처럼 그들이 살아내고 있는 삶 가운데로 나를 이끌어 주었습니다. 내가 어떤 말을 하건, 어떤 행동을 하건 간에 그들은 한결 같은 반응을 보였습니다. '수니, 우리는 당신이 어떤 모습을 하든지, 어느 장소에 있든지 상관없이 당신을 사랑합니다. 예수님께서 그러시는 것처럼요.' 그러나 아홉 달이 지난 어느 날, 나는 어머니가 그랬던 것처럼 마약 과다복용으로 인해 육체적으로 정신적으로 어려움을 겪고 있었습니다. 도움이 필요했던 나는 울부짖으며 하나님을 찾았고 새로 알게 된 그리스도인 친구들에게 도움의 손길을 구했습니다."

수니는 병원으로 이송되었고 의사들은 수니의 몸 속에 남아 있는 마약과 알코올을 씻어내기 위해 그녀를 응급실로 옮겼다. 숀은 수니가 예수 그리스도 안에서 믿음을 갖길 바라는 마음으로 그녀에게 예수 그리스도를 영접하게 했고 세례를 베풀었다. 현재 그녀는 4년이 넘게 술을 마시지 않고 있다. "하나님께서 아주 신실한 그리스도인 형제를 만나게 해주셨습니다. 지금은 그 사람과 결혼을 했고, 1년 정도 되었습니다. 그리고 대학교에 입학해서 공부도 시작했습니다. 나는 딸 아텀이 나보다 더 나은 삶을 살아갈 것이라 믿습니다. 왜냐하면 하나님께서 우리 모두를 이끄시고 계시다는 것을 알기 때문입니다."

예수님께서는 자비가 필요한 사람들에게 자비를 베푸셨다. 그분은 구제받을 길이 없다고 생각하는 자, 죄 지은 자, 하나님이 자신을 포기했을 것이라고 생각하는 자들을 향한 하나님 아버지의 마음이 담긴 천국 복음을 가지고 이 땅에 오셨다. 그리고 잃어버린 모든 것을 회복시키는 '관계'라는 것을 사람들에게 주셨다. 예수님을 따르는 자로서, 우리는 관계적인 차원에서 다가가 기쁜 소식이 필요한 사람들에게 그들이 기뻐할

Chapter 02. 흔들림이 없으신 분

만한 어떤 것을 가져다 주어야 하는가? 아니면 죄의 문제를 다루는 차원에서의 복음을 전해야 하인가? 이를테면 "그들은 자신들이 진흙(죄)투성이라는 것을 깨닫기 전까지는 절대 하나님을 필요로 하지 않을 거야. 그들의 죄가 얼마나 심각한지 볼 수 있도록 그들을 돕기 전까지 그들은 자신들에게 필요한 죄사함을 절대 필요로 하지 않을 거야"라는 식의 접근 말이다. 그러나 예수님께서는 이러한 방법을 택하지 않으셨다. 이는 바리새인들이 취했던 방식이다.

그렇다고 해서 예수님께서 우리가 하나님께 짓는 죄나 사람들에게 짓는 죄의 심각성을 부인하거나 관심을 전혀 갖지 않으신 것은 아니다. 예수님께서는 죄에 대한 진실을 부정하지 않으셨다. 대신 하나님의 은혜의 빛을 창조주의 걸작품에게 비추어 왜 그들에게 묻은 진흙(죄)을 털어버려야 하는지 똑바로 볼 수 있도록 하셨다.

일터에 출근하거나 이웃을 방문할 때 또는 집에서 당신은 예수님께서 하셨던 것처럼 행동하거나 말을 하는가? 우리는 사람들의 돌발적인 행동이나 말에도 흔들리지 않아야 하며 자비와 긍휼의 마음을 품고 그들의 내면에 있는 걸작품을 바라 보아야 한다. 더불어 우리는 우리의 마음에 새로운 틀을 형성하는 법을 배워야 한다. 하나님께서는 당신의 모난 부분을 조금씩 깎아내셔서 바리새인이 아닌 예수님을 닮아 가길 원하신다. 하나님께서 그렇게 하시도록 당신을 내어 드리겠는가? 그렇다면 우리는 사람들의 가치를 깎아 내리는 대신 가치를 회복시키는 자비와 긍휼을 우리 마음 가운데 두는 법을 배워야 한다. 어떻게 하면 되는가? 당신이 사람들에게 말하거나 행동하는 것보다 먼저 그들을 어떤 관점, 어떤 마음으로 바라보는가가 훨씬 더 중요하다는 것을 마음에 새겨야 한다.

┤ Questions and Actions ├

1. 묵상 과제

다음에 나오는 사람의 유형 중에 대화하기가 불편하다고 느끼는 대상이 있다면 체크를 해보라. 그리고 그러한 유형의 사람이 있다면 더 나열해 보라.

마약 중독자 · 레즈비언(동성애자) · 진보주의자 · 보수주의자
무슬림 · 힌두교인 · 불교신자 · 강경 성향의 그리스도인
게이 커플(남자 동성애자 연인) · 흉악범 · 주술사 · 스트리퍼
치한(성추행범) · 강경 무신론자 · 다른 문화 또는 다른 민족성을 가진 사람 · 성공한 사람 · 예쁜, 아름다운 사람 · 몸이 불편해 휠체어를 탄 사람 · 말썽을 일으키는 사람
추가 _____ · _____ · _____

당신이 왜 이러한 느낌을 가지는지 하나님께 물어보라.
그리고 왜 이러한 느낌을 갖는 것이 당신의 삶에 일어나는 하나님의 역사를 제한하는지도 물어보라.

2. 실천 과제

당신이 불편하다고 느끼거나 당신과 많이 달라 보이는 사람을 만나 교제를 나누어 보라. 그들이 무엇을 좋아하는지, 최근에 어떤 재미있는 일이 있었는지 물어보라. 그들이 다소 충격적이거나 당신에게 상처를 주는 말을 한다면, 다음과 같이 기도하길 권한다. '하나님, 저 사람 안에 당신이 창조해 놓은 귀한 가치(보물)을 제가 볼 수 있도록 해 주세요.'

Chapter 3
가치 회복

Hawkeyes

Photo: Travistank.com

'아무리 그래도 그렇지, 이건 아니잖아! 어떻게 저런 행색으로 하나님께 예배를 드리러 왔는지 이해가 안 가는군!' 트레이시는 속으로 중얼거렸다. 그녀의 앞 자리에 앉은 여성은 짧은 스포츠 머리에 파란색으로 염색까지 한 상태였다. 게다가 헤어 스타일은 선인장 가시처럼 삐죽삐죽했다. 짧은 머리에 화장도 하지 않은 얼굴, 청자켓을 입고 피어싱과 문신까지··· 트레이시는 앞에 앉은 여자에 대해 나름대로의 판단을 내렸다. 그리고 옆에 있는 남편의 옆구리를 팔꿈치로 쿡 찌르고 그 여자를 가리키며 슬며시 쪽지를 건넸다. "여보, 저 여자 게이예요. 자리를 다른 곳으로 옮깁시다."

이들 부부는 딸의 간곡한 요청으로 교회에 나오게 되었는데, 트레이시는 수년간 여러모로 교회를 섬겨왔다. 그녀는 신앙생활을 하는데 있어 해야 할 것과 하지 말아야 할 것을 아주 잘 알고 있었다. 그러면서 판단하기를 앞에 앉은 여자의 모습과 태도는 완전히 잘못된 것이라고 여겼다.

"내가 보기에 남편은 그 여자의 잘못된 부분을 판단하는데 별로 관심이 없어 보였어요." 트레이시는 그 당시의 상황을 떠올렸다. "예배 내내 그녀를 쳐다보는 것에 온 신경이 쓰였던 것 같습니다. 그녀 때문에 나는 분명 화가 나 있었고, 그녀는 교회에서 예배드릴 자격이 없다고 생각했습니다. 게다가 그녀는 내가 앉은 앞자리에 앉아 있었습니다. 내가 교회에 간 목적은 예수님을 예배하기 위함인데, 그녀는 정말이지 예배에

걸작품을 보다

집중하지 못하게 만드는 방해꾼이었답니다. 나는 혹시나 그녀들이 어떠한 비정상적인 행동이나 말을 하지 않았을까 하는 의구심으로 들키지 않게 유심히 쳐다 보았습니다. 쳐다보면 볼수록 정말 역겹다는 생각이 들었습니다. 말로는 다 할 수 없을 정도로 역겨웠습니다. 나는 설교말씀에 집중하려 했지만 나의 눈은 그녀를 향하고 또 향했습니다. 그녀의 행동을 보면서 분석하고 판단했습니다. 정말이지 그녀가 앉은 뒷자리에 있다는 것 자체로 몸이 근질근질 했답니다. '내가 왜 평소에 앉던 자리에 앉지 않았을까?'하는 후회를 할 즈음 예배는 막바지를 향했고, 나는 더이상 그녀를 보지 않아도 된다는 생각에 속으로 쾌재를 불렀습니다."

그러나 그들이 마지막 찬양을 부르기 위해 일어섰을 때, 무엇인가 트레이시의 시선을 사로잡았다. 약간은 험악하게 생긴 얼굴의 그 여자는 하얀 레이스가 달린 아주 여성스러운 치마를 입고 있었다. 어떠한 이유에서인지는 모르지만 트레이시는 어리둥절해 졌고, 그녀에게서 눈을 뗄 수가 없었다. 그리고 그녀를 따라 나서기까지 했다. 그녀를 알고 있는 사람들은 모두 믿음이 좋은 사람들이었는데 그녀와 인사를 나누고 서로 안아주기까지 했다. 그런데 갑자기 그녀가 뒤돌아 서더니 트레이시의 딸에게 다가가 크게 안아주는 것이 아닌가! 그 모습을 지켜본 트레이시의 마음에 어려움과 갈등이 일기 시작했다. 밤이 되자 딸이 트레이시를 찾아왔고 두 모녀는 '그 여자'에 대해 밤새 긴 대화를 나누었다. 그리고 트레이시는 리사의 지난 삶이 어떠했는지 알게 되었다.

리사는 마약 중독자인 엄마 밑에서 자랐다. 그녀의 아버지는 가족을 버려둔 채 떠났고, 얼마 지나지 않아 생긴 의붓아버지는 그녀가 성(性)이란 단어를 알기에는 아직 어린 나이임에도 성적학대를 가하기 시작했다. 수 년간의 성적학대를 참아가면서도 리사는 어린 여동생을 의붓아버지의 성적학대로부터 보호하기 위해 법원에서 증인으로 서기도 했다. 그러나 어리다는 이유로 그녀의 진술은 법정에서 받아들여지지 않았다. 그 이후 모든 가족들은 그녀를 적대시하기 시작했고, 결국 가족들은 열 두 살인 리사를 생부에게로 보냈다. 리사는 그녀의 가장 친한 친구이자 마음을 나눌 수 있는 동생과 떨어져야 했고 생부로부터 성적인 학대도 당했다.

리사는 중학생이 되면서 치밀어 오르는 분노와 남자들을 향한 혐오감을 진정시키고자 마약을 투약하기 시작했다. 그녀는 어떠한 남자도 믿지 않았으며 자신이 위험한 상황에 놓이기 쉬운 여성인 것에 대해 못마땅해 했다. 고등학교 시절 그녀가 가장 안전하다고 생각하는 데이트 상대는 여성스러운 감성을 가진 남학생이었다. 그리고 그런 남학생과 이성교제를 시작했다. 그러나 리사가 임신을 하자 폭력적으로 돌변했고 아주 심각할 정도로 때리기까지 했다. 결국 그녀는 유산을 하게 되었는데, 당시 그녀의 나이는 열여섯 살이었다. 스물 두 살이 되던 해, 리사는 견딜 수 없는 외로움에 엄마와 화해를 시도했고, 이후 엄마로부터 필로폰이라는 마약을 접하게 되었다.

"1년 전, 리사가 세례를 받고 난 이후 예수님께서 그녀의 삶에 행하신 치유와 놀라운 일들을 딸을 통해 들으면서 나는 흘러내리는 눈물을 주체할 수가 없었습니다. 나는 리사가 마약중독을 이겨내고 가족들을 용서했다는 사실도 알게 되었습니다. 리사는 소그룹 모임에 속해 있었는데, 지금은 나이 많으신 한 부부가 그녀를 친딸처럼 여기며 조언과 도움을 주고 있습니다. 그녀는 더 이상 옷과 헤어스타일을 남자처럼 하고 다니지 않습니다. 리사는 예수님께서 자신의 여성상을 다시금 사랑할 수 있도록 안전하게 지키신다는 것을 깨달았기 때문입니다."

"저는 마음이 상한 자였습니다. 내 자신을 들여다 볼 때에는 더욱 그랬습니다. 저는 바리새인이었습니다. 죄에 대하여 기계적인 반응만 보였고 해도 괜찮은 것과 하면 안 되는 것을 정해 놓고 살았습니다. 그렇습니다. 저는 바리새인이었습니다. 항상 마음이 슬픈 자였고 수치스럽고 교만한 사람이었습니다. 1년이 지나 예수님께서는 리사를 통해 나의 죄를 보게 하셨고 그분의 능력으로 죄를 이기게 하셨습니다. 이것은 하나님께서 세심하게 준비하신 계획이라고 생각합니다. 저는 제 자신을 용서할 수 있게 되었고 지금은 나를 향하신 주님의 새로운 계획을 기대하며 삶을 새로운 관점으로 보게 된 것에 감사하고 있습니다."

마음(사고)의 틀에 넣는 그림

사람들을 향해 어떠한 마음을 품고 있으며, 그들을 어떠한 모습으로 사고의 틀 안에 그려 넣었는가가 당신이 사람들을 대할 때 반응하는 행동양식이 된다. 이것을 제대로 이해하면 당신은 생명을 주는 사람으로 변화될 수 있다. 사람들이 하는 말 중에 효과적인 의사소통이 되는 수치는 대략 10% 정도이며, 나머지 90%는 말의 높낮이, 몸짓, 얼굴표정 등과 같은 비언어적인 방법으로 소통을 한다는 연구결과가 있다. 나는 당신이 사람들과 소통을 할 때 부지불식간에 더 큰 영향을 미치는 '마음'이란 도구로 소통하길 간절히 바란다.

사람을 치료하는데 있어 가장 효과적이고 영향력이 큰 요소가 '관계'라는 것이 수십 년 간의 심리치료 연구결과 밝혀졌다. 심리 치료사들이 환자들에 대해 어떤 마음을 갖느냐가 치료에 있어 가장 큰 관건이라 할 수 있다. 이에 관하여 100년이 넘게 이루어진 연구는 치료 방법이나 기술이 환자들에게 도움이 된 것이 아니라, '당신은 내 말을 들어주고 관심을 갖고 있군요'라고 느낄 수 있는 따뜻한 마음과 '당신은 정말 나를 이해해 주는군요'라는 공감과 '당신은 나를 존중해 주고 나를 좋아하는군요'라는 진정한 관계 형성이 사람들의 행동과 인생관을 변화시키는 가장 큰 요인으로 작용한다는 것을 보여 주었다.

실제로 우리는 다른 사람들이 우리에 대해 어떠한 감정을 느끼는지 인지할 수 있다. 그리고 이것은 관계에 있어 큰 차이를 만든다.

부부 사이에서 문제가 생겼을 때, 전문 상담사로부터 해결방안을 얻고 부부간에 소통하는 방법도 배울 수 있다. 그래서 기술적으로는 서로에게 옳은 일을 옳은 방법으로 할 수 있지만, 둘 중에 어느 한 사람이라도 상대방에게 경멸하는 마음이나 멸시하는 마음을 품고 있다면 어떠한 옳은 일과 옳은 방법을 취했다 할지라도 문제가 해결되지는 않는다는 것을 알게 될 것이다. 그리고 그로 인한 상대방의 반응도 곧 나타나게 될 것이다.

이와 같은 문제는 예수님을 따르는 그리스도인들이 사람들을 대할 때에도 동일하게 작용한다. 당신이 사람들을 대할 때, 그들은 당신이 자신들에게 어떠한 감정을 품고 있는지 직감적으로 인지하며, 당신이 그들을 향해 품은 감정에 따라 반응을 하게 될 것이다. 그렇다! 소통에 있어 가장 중요한 것은 '사람들을 향해 어떠한 마음을 품느냐'하는 것이다! 사람들에게 가장 큰 영향력을 끼칠 수 있는 것이 바로 '그들을 향해 품는 마음'이다.

우리가 예수님처럼 영향력을 끼치는 사람이 되기 위해서는 사람들을 그려 넣는 우리의 '사고의 틀'에 더 관심을 쏟아야 한다. 우리가 마음에 담는 그림은 곧 우리가 사람들을 향해 품는 감정이며, 우리의 말과 행동 그리고 우리가 외치는 진리보다 더 중요하고 가치 있으며 영향력이 있다.

당신이 진심으로 사람들을 위하고, 당신 안에 그들을 향한 선한 의도를 가지고 있다면 그리고 그들을 존귀한 사람들로 여긴다면 그들도 당신이 하는 모든 얘기를 귀담아 들을 것이다. 왜냐하면 당신이 자신들의 편에 서 있다는 것을 알게 될 것이기 때문이다. 그러나 당신이 품고 있는 마음이 상대방을 폄하고 판단하거나 업신여기며 조정하려는 마음이나 자기 중심적이라면, 상대방은 당신이 품은 마음을 즉시 알아차릴 것이다.

어떤 사람은 다음과 같은 질문을 할 수도 있다. "악한 사람, 불쾌한 사람에게 어떻게 선한 생각과 마음을 품을 수 있습니까?"

자비를 갈망하다

예수님께서는 비난과 징벌을 받아야 마땅한 사람에게도 자비를 베푸셨다. 누가복음 4장에, 예수님께서 나사렛에 도착하신 후 회당에서 선지자 이사야가 예언한 메시아의 임무와 사명에 대한 내용을 읽으셨다. 물론 우리의 임무와 사명이기도 하다. 예수님께서는 다음과 같이 말씀하셨다. "이 글이 오늘 너희 귀에 응하였느니라"[누가복음 4:21].

> "주의 성령이 내게 임하셨으니 이는 가난한 자에게 복음을 전하게 하시려고 내게 기름을 부으시고 나를 보내사 포로 된 자에게 자유를, 눈 먼 자에게 다시 보게 함을 전파하며 눌린 자를 자유롭게 하고 주의 은혜의 해를 전파하게 하려 하심이라 하였더라 책을 덮어 그 맡은 자에게 주시고 앉으시니 회당에 있는 자들이 다 주목하여 보더라" [누가복음 4:18-20]

예수님께서는 마음이 상한 자, 마약에 사로잡힌 자, 어둠의 영에 사로잡힌 자, 삶이 힘겨운 자들을 위해 오셨다고 말씀하셨다. 지금은 하나님의 은혜의 때이다. 하나님께서는 당신을 적대하시는 분이 아니라 위로하시고 도우시는 분이시다. 그렇다면 사람들은 당신을 돕고 위로하는 자로 여기는가? 아니면 적대하는 자로 여기는가?

예수님께서는 이사야 선지자가 한 예언을 중간 부분까지만 읽으셨다. 예수님은 "주의 은혜의 해를 전파하게 하려 하심이라"라고 하신 후 책을 덮으셨다. 이사야 선지자가 한 예언의 뒷부분은 이렇다. "여호와의 은혜의 해와 우리 하나님의 보복의 날을 선포하여 모든 슬픈 자를 위로하되"[이사야 61:2]. 왜 주님께서는 나머지 부분을 말씀하시지 않으셨을까? 왜 보복과 심판에 대한 언급을 빼고 말씀하셨을까?*

그 이유는 이사야 선지자가 언급한 보복의 날이 다가오고 있기 때문이다. 하나님께서 모든 것을 바로잡으실 그날이 도래하면 그분의 공의가 이 땅 가운데 이루어질 것이다. 그러나 주님께서는 자비를 필요로 하는 모든 자들에게 자비를 먼저 베푸시며 하나님의 도움을 구하는 모든 자들에게 회복을 주신다. 예수님께서는 다음과 같이 말씀하셨다.

"내가 온 것은 세상을 심판하려 함이 아니요 세상을 구원하려 함이

---

* 보복의 날과 하나님의 심판의 날은 동일한 의미라고 볼 수 있다. 예수님께서는 다음과 같이 말씀하셨다. "나는 빛으로 세상에 왔나니 무릇 나를 믿는 자로 어둠에 거하지 않게 하려 함이로라 사람이 내 말을 듣고 지키지 아니할지라도 내가 그를 심판하지 아니하노라 내가 온 것은 세상을 심판하려 함이 아니요 세상을 구원하려 함이로라 나를 저버리고 내 말을 받지 아니하는 자를 심판할 이가 있으니 곧 내가 한 그 말이 마지막 날에 그를 심판하리라"[요한복음 12:46-48]

아니요 세상을 구원하려 함이로라"[요한복음 12:47]. 예수님께서 이 땅에 오신 목적이 세상을 정죄하고 심판하심이 아니라면, 회복과 자유를 주심이 아니겠는가! 우리가 지금 그 은혜의 시대에 살고 있다면, 과연 우리는 우리의 삶에서 그분의 말씀을 잘 전하고 있는가? 우리는 사람들을 자비라는 이름의 틀 안에 넣는가 아니면 판단이라는 틀 안에 넣고 있는가? 다음의 글은 제니가 보내 온 이메일이다.

나는 수년 동안 교회 안으로 들어가는 생각을 하는 것 조차도 소름이 끼치고 무서웠습니다. 내가 받게 될 심판을 떠올리며 교회에 나오려고 여러 차례 시도했습니다. 지난 2년 동안은 극심한 우울증에 시달렸는데, 이유는 네 번의 유산과 한 번의 낙태를 한 죄의식 때문이었습니다. 결혼 전에 두 번의 유산과 한 번의 낙태를 했고 결혼 한 후에 두 번의 유산을 경험했습니다. 낙태하는 것에 대해 나는 스스로에게 관대함을 주었습니다. 그런데 결혼한 후에 경험한 두 번의 유산이 낙태로 인한 죄값이라는 생각이 들었습니다.

'자비'는 하나님에게 있어 아주 중요한 문제이다. 하나님께서 자신을 모세에게 드러내 보이실 때에 하나님께서는 이렇게 말씀하셨다. "여호와의 이름을 네 앞에 선포하리라 나는 은혜 베풀 자에게 은혜를 베풀고 긍휼히 여길 자에게 긍휼을 베푸느니라"[출애굽기 33:19]. "여호와께서 그의 앞으로 지나시며 선포하시되 여호와라 여호와라 자비롭고 은혜롭고 노하기를 더디하고 인자와 진실이 많은 하나님이라"[출애굽기 34:6]. 자비와 긍휼은 하나님의 속성과 본성을 정의하는 말이다.* 예수님께서는 또 다음과 같이 말씀하셨다. "긍휼히 여기는 자는 복이 있나니 그들이 긍휼히 여김을 받을 것임이요"[마태복음 5:7].

제니가 속해 있는 우리 교회 소그룹 모임인 '용서와 자유' 회원(자매)들은 자비와 긍휼을 잘 실천하는 사람들이다. 그들이 보여준 자비와 긍휼의 마음은 낙태로 인해 생긴 제니의 상처를 치유하고 그녀가 과거로부터 벗어날 수 있게 해 주었다. 제니는 다음과 같이 말했다. "몇 달 전, 나는 세례를 받았습니다. 그리고 지금은 '영적 혁명'이라는 영성훈련을 받고 있는데, 이것은 하나님께서 말씀하시는 것을 듣고 그분이 이끄시는 대로 따라가는 훈련입니다. 이 훈련을 통해 나의 삶은 매 순간 변화되고 있습니다. 믿음 안에서 부부 관계도 훨씬 더 돈독해졌습니다. 하나님께서 하셨습니다!"

하나님의 인자하심은 사람들을 회개의 자리로 인도하신다[로마서 2:4]. 그런데 예수님께서는 자비와 긍휼을 베풀어 준 종에게 화를 내신 적이 있다. 그 이유는 자신에게 빚을 진 자에게 자비와 긍휼의 마음을 보이지 않기 때문이었다[마태복음 18:33]. 이러한 비도덕적이고 상식 밖

---

* 다음에 나오는 성경구절은 하나님의 공의에 대하여 말한다. "인자를 천대까지 베풀며 악과 과실과 죄를 용서하리라 그러나 벌을 면제하지는 아니하고 아버지의 악행을 자손 삼사 대까지 보응하리라"[출애굽기 34:6]. 공의는 하나님께서 세우시는 것이지 우리가 세우는 것이 아님을 기억하라. 예수님께서는 우리의 모든 죄들 담당하시고, 세상이 지은 죄에 대해 그 죄값을 묻지 말고 자비를 베풀라고 말씀하셨다.

의 일이 결코 우리에게 일어나지 않을 것이라 생각할 수 있으나, 종교적
인 사람들이 종종 파멸의 길로 넘어지는 것을 우리는 예수님이 만났던
사람들을 통해 볼 수 있다.

자비가 없는 종교

"나는 자비를 원하고 제사를 원하지 아니하노라"[마태복음 12:7].
예수님께서는 바리새인들에게 이같이 말씀하시며 그들이 하나님의 뜻
이 무엇인지 깨닫길 간절히 바라셨다. 바리새인들은 안식일에 예수님과
제자들이 밀밭에서 이삭을 주워 먹은 것에 대해 모세의 율법을 어겼다고
정죄했다. 이에 대해 예수님께서는 그들이 주장하는 것이 잘못되었다고
말씀하셨다. 바리새인들은 하나님의 율법이 가진 참된 의미를 이해하지
못했기 때문에 이런 오류를 범하고 말았다. 예수님께서 바리새인들의
삶, 즉 모세의 율법을 적용하는 삶과 자비를 행하지 않는 삶 사이에서 발
견한 상관관계는 무엇이었을까?

밀밭 사건에서 실제로는 예수님께서 모세의 율법을 어긴 사실이 없
다. 예수님은 모세의 율법을 어긴 두 가지 사건을 예로 들며 자신의 행동
을 정당화 하셨다. 다윗은 자신의 목숨을 구하기 위해 사울 왕으로부터
도망쳐 나왔다. 그리고 제사장 아히멜렉에게 거짓말을 하며 제사장만이
먹을 수 있었던 거룩한 진설병을 먹었다. 예수님께서는 이 사건을 예로
드시며 율법의 핵심이 무엇인지 분명히 말씀하셨다. "그가 하나님의 전

에 들어가서 제사장 외에는 자기나 그 함께 한 자들이 먹어서는 안 되는 진설병을 먹지 아니하였느냐"[마태복음 12:4]. 성경의 기록에는 다윗과 그의 수하들이 한 행동에 대해 비난한 구절을 찾아 볼 수 없다.

예수님께서는 자비를 가치 있게 여기지 않는 바리새인들의 성경적 판단과 주장에 맞서야 하는 상황에 직면했다. 그들은 야고보가 깨달았던 진리를 이해하지 못했다: "긍휼은 심판을 이기고 자랑하느니라"[야고보서 2:13].

예수님께서는 모세의 율법을 무색하게 하거나 부인하지는 않으셨다. 오히려 바리새인들이 적용하지 않았던 방법으로 율법을 완전하게 하셨다[마태복음 5:17-20]. 주님께서는 율법 조문의 중요성보다 사람이 더 중요하다고 말씀하시며 바리새인들이 놓치고 있는 핵심이 무엇인지 지적하셨다. "안식일이 사람을 위하여 있는 것이요 사람이 안식일을 위하여 있는 것이 아니니"[마가복음 2:27].

바리새인들이 율법을 지키게 된 동기는 사람들을 향한 사랑에서 나온 것이 아니라 자신들을 사랑하는 마음에서 나온 것이었다. 그들이 율법을 사랑한 것은 자신들이 가치 있고 소중하다고 느끼는 도구로 사용했기 때문이다. 바리새인들은 자신들을 회복되어야 할 하나님의 걸작품으로 바라보지 못했다. 그들은 스스로를 회복이 필요 없는 완전한 사람이라 여기며 살았다. 당신도 바리새인들이 생각했던 것처럼 자신을 완전한 사람이라고 생각하는가? 당신은 자신을 어떠한 관점으로 바라보는가? 자신을 바라보는 관점이 당신을 '올바른 자' 또는 '진리를 알고 있는 자'로 살아가게 하는가? 더 나아가 자신을 바라보는 관점이 예수님께서 회복시키시기 원하는 깨어진 세상에 긍휼과 자비를 베푸는 자로 살아가도록 이끌어 주는가?

예수님을 인격적으로 만난 후, 나는 성경에 심취한 학생이 되었고 결국 신학교에 입학하게 되었다. 그러나 그때까지도 내가 똑똑하고 착하기 때문에 내 자신이 가치 있고 소중한 사람이라고 생각했다. 나는 내가 가지고 있는 세상 지식과 성경 지식을 내 자신이 똑똑하고 옳다는 것을 증명해 보이는 도구로 사용했다. 내가 가르치는 일을 시작했을 때, 나도 모르는 사이 페러시즘(Phariseeism 바리새주의)에 빠지고 말았다. 진리를 향한 나의 사랑은 다른 사람들이 창조원형으로 회복되도록 돕는 일에 있기 보다는 내 자신이 옳다는 것을 증명하는데 더 치우쳐 있었다.

마가복음 3장에는 안식일에 대한 또 하나의 논쟁이 기록되어 있다. 예수님께서는 안식일에 손 마른 사람을 고치는 일보다 율법조문에 명시되어 있는 안식일에 대해 자신들이 옳다고 증명하는 데에 더 관심을 갖는 종교 지도자들 때문에 화가 나셨다[마가복음 3:1-6]. 나는 마음이 상하고, 헐벗고, 방황하는 사람들을 돕는데 자신을 희생하는 것보다 진리를 말하고 옳은 사람이 되는 것을 더 가치 있게 여기는 복음주의 그리스도인들을 많이 보아 왔다. 어려운 상황 가운데 처해 있는 사람들을 돕는 것이 우리가 잃어버린 진리, 즉 예수님의 마음을 찾는데 훌륭한 단서가 될 것이라 믿는다.

나는 바리새주의에 물들어 있다가 마음을 돌이킨 어느 목사님으로부터 한 통의 이메일을 받았다. 그가 편지를 통해 한 말을 들여다 보자.

나는 매우 보수적이고 전통적인 기독교 틀을 고수하는 가정에서 자랐습니다. 그리고 그러한 기독교 틀을 고수하는 신학교에 입학했습니다. 신학을 공부하면서 우리가 진리를 위해 영적 싸움을 하고 있다는 개념도 벗어 던졌습니다. '완벽한 사람은 사절합니다'라는 문구를 읽으면서 '당신이 하는 말은 충분히 이해가 가지만 당신처럼 되는 것은 원치 않습니다'라고 반응하는 사람들과 개인적으로 복음을 나눈다는 목사님의 이야기에 나는 동질감을 갖게 되었습니다. 그리고 다시 그 문구를 읽었을 때, 나는 무릎을 꿇고 하염없이 울었습니다. 하나님께서는 지금 내 앞에 놓인 현실 즉, 하나님의 문화가 파괴되고 있는 것에 대해 관심을 갖는 것보다 옳은 사람이 되려는 것과 기독교 문화에 대한 나의 비전을 이루고 보호하기 위한 법안을 통과시키려는 일, 그리고 사람들이 내가 어떠한 사람인지 알게 하는데 더 관심을 갖고 있다는 것을 보게 하셨습니다. 나는 어느덧 하나님의 은혜를 구하고 찾는 사람들에게 장벽이 되어 있었습니다. 그렇지만 이러한 것들을 인정하고 받아들이기가 너무 힘이 듭니다. 그러나 이것이 현실임을 알고 있습니다.

그는 예수님의 눈으로 세상을 바라보는 영적인 눈이 떠지기 시작하면서 자신이 몸담고 있는 교회의 성도들에게도 그리스도의 문화에 대한 새로운 눈이 떠지도록 최선을 다해 노력했다. 그러나 그들은 이러한 진리를 이해하고 받아 들이는 것을 내켜 하지 않았다. 심지어 그 교회의 한 성도는 이렇게 말했다. "이러한 변화들이 필요하다는 것을 알고 있습니다만, 내 눈에 흙이 들어가기 전에는 안됩니다."

그는 마흔 일곱 살이 되던 해에 마음의 결단을 내리고 삶의 안정을 보장해 주었던 교회를 떠나 세인트 루이스에 하버 커뮤니티 교회를 세웠다. 쉽지 않은 여정이었지만 예수 그리스도의 눈으로 바라보는 세상은 그에게 밭에 숨겨진 보화를 보는 것 같았다. 그 결과 힘든 삶의 풍파로 인해 상처받고 소외된 사람들이 그 교회를 통해 예수 그리스도를 만나고 믿음 갖는 축복을 누리게 되었다.

판단하지 말라

바리새인들은 사람들을 판단하고 비판하는 것을 좋아한다. 예수님께서는 우리에게 다음과 같이 말씀하셨다. "비판하지 말라 그리하면 너희가 비판을 받지 않을 것이요 정죄하지 말라 그리하면 너희가 정죄를 받지 않을 것이요 용서하라 그리하면 너희가 용서를 받을 것이요"[누가복음 6:37]. 바리새인들도 예수님을 만나 진리의 말씀을 들었지만 삶이 어렵고 힘든 사람들에게 자비나 긍휼을 베풀기 보다는 그들을 정죄하고 판단하는 데에만 열정을 쏟았다. 예수님께서는 그러한 그들에게 이렇게 꾸짖으셨다. "너희 율법교사여 지기 어려운 짐을 사람에게 지우고 너희는 한 손가락도 이 짐에 대지 않는도다"[누가복음 11:46]. 우리는 평범한 삶을 살아가지 못하는 사람들에게 긍휼의 마음을 가지고 돕기 보다 그들을 판단함으로써 그들에게 더 힘든 짐을 지우고 있는지 않는가? 이 문제를 결코 가볍게 여겨서는 안 될 것이다.

바리새인들은 하나님의 기준에 입각하여 판단하는 것이 아니라, 자신들의 기준으로 사람들을 판단한다. 이것이 페러시즘(바리새주의)의 핵심이다. 바리새인은 위선자이다. 그들은 자신들을 판단(하나님의 기준으로)하지는 않으면서 다른 사람들을 자신의 기준으로 판단하는 데에는 선수이다. 사람들은 그러한 위선을 바리새인들의 비난하는 눈초리에서도 느낄 수 있다.

우리는 어떤 자들인가? 우리는 예수님을 닮은 자들인가? 아니면 바리새인을 닮은 자들인가? 나는 선한 행위라는 나의 정원 속에서 바리새주의적 판단이라는 잡초가 자라고 있었다는 것을 알게 되었다. 나는 눈 뜬 장님인체로 나의 정원을 가꾸어 왔었던 것이다. 그래서 나는 꼬박 일 주일 동안 나의 마음의 눈이 어떠한 시선으로 사람들을 바라보는가에 대해 심사숙고 했다.

남을 판단하는 것은 굉장히 재미있는 일이다!

남을 판단하는 행위는 당신의 기분을 좋게 만들고 만족감을 느끼게 한다. '단 하루라도 이러한 죄(판단)를 짓지 않고 보낸 날이 있을까?'라는 질문에 대한 나의 대답은 '글쎄요'이다. 일주일 동안의 나의 삶을 관찰한다면 아마도 다음과 같은 상황이 펼쳐지는 것을 목격할 수 있을 것이다. 방을 어질러 놓은 아들에게 여러 차례 야단을 치며 시시 각각으로 변하는 딸의 기분에 대한 지적을 서슴지 않는 모습. 그리고 예배에 관해 간섭을 너무 많이 한다며 아내를 판단하는 모습. 심지어 입 냄새가 난다며 키우고 있는 개에게까지 비난의 화살을 퍼부을 지도 모른다. 어떤 사람들은 '아이들에게 방을 어지르지 말라고 말하는 것이 어떻게 판단하는 것이라고 할 수 있는가?'라고 생각할지도 모르겠다. 그러나 그렇지가 않다. 아이들에게 잘못된 것을 정정해 주는 것도 방법에 따라 차이가 있는 법이다. 자비와 긍휼의 마음으로 하는 말은 그 만큼의 가치가 있고, 판단의 마음을 가지고 하는 말은 아이들의 인격을 깎아 내리기 때문이다.

어리석은 사람들이 잘못된 일을 저지르는 뉴스를 보게 되면 나도 모르게 그들을 비난하게 된다. 요즘 대부분의 리얼 TV 쇼에 출연하는 사람들을 보면 죄로 가득하고 무지하며 어리석고 오만하고 철없는 것처럼 보인다. 그리고 자동차를 운전하다 보면 어떻게 운전 면허증을 취득했는지 궁금해질 정도로 운전이 미숙한 사람들을 보게 된다. 그럴 때마다 나는 면허증을 발급하는 기관에 전화를 걸어 면허 취득 조건을 강화하라는 가벼운 비난의 말을 하고 싶은 충동을 느끼기도 한다.

상점에 들어서면 때때로 나는 사려는 물건이 어디에 진열되어 있는지 한참 동안이나 생각해야 하는 내 자신에게 불평을 털어 놓기도 하고,

걸작품을 보다

물건을 사는 내내 내 귀를 괴롭히는 음악을 도대체 누가 선곡했는지 불평을 하기도 한다. 그리고 사람이 가장 적게 줄을 선 계산대를 찾아가서는 여전히 줄이 너무 길다고 투덜거리며 속으로는 이렇게 말한다. '이것 좀 보세요, 여기는 다섯 개 미만의 물건을 산 사람들만 오는 계산대입니다. 당신들은 그보다 더 많은 물건을 샀잖아요. 이러면 안되죠! 점원이 입은 옷은 왜 저렇게 촌스러울까? 왜 일하는 게 저렇게 느리지?'

판단은 우리가 가장 좋아하는 취미이다. 우리는 우리 주변에서 일어나는 일에 분개하며 세상을 판단하고 정죄하는데 앞장선다. 판단은 우리를 기분 좋게 만드는데, 이는 자신이 다른 사람들보다 낫다고 여기게끔 만들기 때문이다. 우리는 이러한 교만 가운데 우리 자신을 두지 말고 우리를 향해 오래 참으시는 하나님께 우리 자신을 두어야 한다. 예수님께서는 아무리 복잡한 문제라도 자신의 해결책이 절대적으로 옳다는 압도적인 믿음인 갓컴플렉스(God Complex)를 가진 서기관과 바리새인들을 마주하게 되었다. 그들은 하나님의 긍휼과 자비, 정의와 믿음에 기반을 둔 기준이 아닌 자신들의 기준으로 모든 것을 판단하는 사람들이었다[마태복음 23:23].

바리새인들은 자신들이 우월하다고 생각했고, 자신들의 기준과 잣대에 맞지 않는 삶을 사는 사람들에게는 어떠한 자비도 베풀지 않았다. 예수님께서는 바리새인들의 모습 중 자비가 없는 것을 가장 싫어하셨다. 그리고 바리새인들에게 다음과 같이 말씀하셨다. "나는 자비를 원하고 제사를 원하지 아니하노라 하신 뜻을 너희가 알았더라면 무죄한 자를 정죄하지 아니하였으리라"[마태복음 12:7]. 하나님께서는 우리가 '저는 옳은 일만하고 옳지 않은 일은 절대로 하지 않습니다. 제가 어떤 사람인지 잘 아시잖아요. 그렇기 때문에 최소한 저는 저 사람보다는 낫다고 생각해요'라는 식으로 우리의 희생을 정당화하려는 것보다 그분의 자비를 받고 담을 수 있는 우리의 마음을 원하시며, 그 자비를 다른 사람들에게 베풀기를 원하신다. 우리가 하나님의 자비의 그늘 아래 있을 때에만 우리의 삶에 묻은 때와 얼룩이 씻겨 질 수 있으며 이러한 때와 얼룩으로 인해 받는 판단과 정죄감도 느끼지 않게 된다. 그리고 하나님께서 우리의 삶에 묻은 부정한 것들을 완전히 씻으실 수 있도록 우리 자신을 내어 드릴 수 있게 된다. 하나님의 자비는 우리의 삶을 완전히 새롭게 변화시킨다. 그렇다면 우리는 어떻게 창조원형의 가치를 회복할 수 있는가?

가치 회복

호크아이는 십여 년이 넘게 노숙자 생활을 해왔다. 그는 아버지로부터 학대를 당하다가 결국 어린 나이에 버림을 받았다고 했다. 그에게 있어 삶이란 노숙생활 그 자체였고, 그 이상의 의미는 없었다. 호크아이와 그의 아내는 숲 속에서 텐트를 치고 사는데 먹을 것이 필요할 때에만 마을로 내려왔다.

트레비스 탱크는 사진작가이다. 어느 날, 그는 길거리에서 찍은 사진들로 이야기를 만드는 포토 에세이를 제작하기로 마음먹었다. 이름하여 '천국에는 노숙자가 없다' 그 일은 아주 간단했다. 먼저 거리로 나가 노숙자들에게 그들이 살아가는 이야기를 들으며 하나님께서 그들에게 어떤 도움의 손길을 주면 좋은지 의견을 묻는 것이었다. 트레비스는 사진 에세이를 제작하기 위해 노숙자들이 살아가는 삶의 이야기와 그들의 사진을 조합했다. 그는 작업을 진행하면서 하나님께서 그들을 사랑하시며 그들이 하나님께 소중한 존재라는 메시지가 잘 전해지길 기도했다. 드레비스가 호크아이의 사진을 찍으려고 다가갔을 때, 그는 사진을 찍어본 적도 없고 자신의 모습이 담긴 사진도 가져 본 적이 없다고 했다.

몇 주 후에 트레비스는 호크아이와 그의 아내가 키스하고 있는 사진이 담긴 멋진 액자를 손에 들고 호크아이를 찾아 나섰다. 큰 키에 다소 지저분해 보이는 긴 금발머리 그리고 볕에 그을리고 세상 풍파를 다 겪은 듯한 그의 얼굴이 담긴 여러 장의 사진은 그를 전문 모델처럼 보이게 할 정도로 잘 나온 작품 같은 사진들이었다.

트레비스가 다소 거칠고 뻔뻔하며 투박하고 무뚝뚝한 호크아이에게 사진을 건넸을 때, 그는 복받쳐 오르는 감정을 이기지 못하고 울음을 터뜨렸다. 사진 속에 담긴 그 무엇일 수도 있고, 아니면 사진이 가져다 준 소중한 가치가 그의 마음 깊은 곳을 어루만졌을 것이다. 그는 눈물을 닦으며 일어서더니 트레비스를 꼬옥 껴안았다. 호크아이와 그의 아내는 트레비스가 자신들이 얼마나 가치 있고 소중한지 보여주었던 것처럼,

자신들을 가치 있고 소중하게 여기시는 하나님에 대해 더 알고 싶은 마음이 간절해졌다. 이렇게 해서 나는 호크아이 부부를 만나게 되었다. 이 글을 쓰고 있는 지금, 그들은 우리 교회 3부 예배를 드리고 있다. 우리는 많은 사람들이 마약 중독과 노숙자의 길에서 벗어나 믿음과 소망의 길을 가는 것을 보아왔다. 대부분의 경우, 이러한 결과는 자신의 가치와 소중함을 회복하는 데에서 출발한다.

나는 예수님의 생애와 그분이 만난 사람들에 대해 숙고하면서 몇 가지 놀라운 사실을 발견하게 되었다. 그것은 당시의 종교적 기득권층에 의해 소외 당했던 사람들이 예수님 주변에 머물기 원했다는 사실이다. "많은 세리와 죄인들이 예수와 그의 제자들과 함께 앉았으니 이는 그러한 사람들이 많이 있어서 예수를 따름이러라"[마가복음 2:15]. 예수님의 주변에 머물기 원했던 사람들의 삶은 모두 변화되었다. 그래서 나는 예수님께서 그들을 향해 품었던 감정과 그들을 대했던 방법이 그들의 삶을 변화시켰다는 확신에 이르렀다. 예수님께서 그들을 향해 품었던 마음은 그들의 입장에서 그들을 바라보는 것이었다. 예수님께서 품으셨던 자비는 그들의 삶에 묻은 죄와 세상의 때로 인해 감추어진 엄청난 가치를 보게 했다. 그들은 예수님의 눈을 통해 희망을 보게 되었고 자신들이 어떠한 존재로 창조 되었는지를 알게 되었다. 예수님께서 창조원형의 가치를 그들 안에 회복시키신 것이다!

바리새인들은 사람들이 지은 죄의 무게로 그들을 평가했다. 물론 죄의 무게를 동등하고 평등하게 측정하고 평가하지는 않았다. 자신들이 다른 사람들을 판단하면서 갖는 우월감이나 탐욕은 그리 무겁게 다루지 않았고, 비윤리적인 세금 징수나 술 취함, 성적인 죄, 옳지 않은 종교적 관행을 고집하는 것에는 무거운 죄의 잣대를 들이댔다. 바리새인들은 '죄의 무게에 따라 사람의 가치도 떨어져야 한다'는 생각을 가지고 있었다. 그렇다면 당신은 어떠한 기준으로 사람들의 가치를 결정짓는가? 바리새인들이 가지고 있었던 생각을 당신도 가지고 있지는 않은가?

나는 '예수님과 같은 사람인가 아니면 바리새인과 같은 사람인가?'라는 평가를 하는데 있어 몇 가지 중요한 질문이 있다: 나는 사람들의 가치를 회복시키는 사람인가? 아니면 떨어뜨리는 사람인가? 나는 하나님의 관점에서 사람들의 진정한 가치를 마음의 눈으로 보는가? 나는 사람들에게 묻은 삶의 때나 죄를 판단의 기준으로 삼아 그들의 가치를 떨어뜨리지는 않는가?

가치란 무엇인가?

몇 년 전, 우리 가족은 어머니의 집을 팔아야만 했다. 나는 그 집에서 자라는 동안 걷고 말하고 자전거를 타는 방법을 배우고 익혔다. 그리고 앞 뜰에 있는 커다란 나무 위에 나만의 요새를 지었었고 정원을 가꾸시는 아버지를 도와 뒷마당에 연못과 작은 인공폭포도 만들었다. 어머니는 그 집에서 삼십 년을 사셨고 나의 모든 추억들도 고스란히 그 집에 남아 있었지만, 사정이 생겨 집을 팔 수 밖에 없었다.

우리는 우리가 생각하는 그 집의 가치를 세세하게 적은 후 부동산 시장에 집을 내 놓았다. 그런데 부동산 업자가 다음과 같이 말했다. "가격을 더 내리셔야만 합니다. 구매자가 충분히 납득할만한 가격이라야 집이 팔리기 때문에 지금 가격으로는 매매가 어렵습니다." 우리는 그 집에 쏟은 시간과 열정과 에너지 그리고 정서적 가치를 포함시켜 매매 가격을 산출했다.

일년이 지나도록 집이 팔리지 않아 우리는 하는 수 없이 매매 가격을 낮추었다. 그러자 얼마 지나지 않아서 집이 팔렸다. 그 부동산업자의 말이 옳았다. 어떠한 물건의 진정한 가치는 최고의 값으로 그 물건을 사고자 하는 사람이 있을 때 결정되는 것이다.

그렇다면 죄로 얼룩진 인간들의 진정한 가치는 어느 정도인가? 누군가가 최고의 값을 치른다면 그 값은 얼마나 될까? "너희가 알거니와 너희 조상이 물려 준 헛된 행실에서 대속함을 받은 것은 은이나 금 같이 없어질 것으로 된 것이 아니요 오직 흠 없고 점 없는 어린 양 같은 그리스도의 보배로운 피로 된 것이니라"[베드로전서 1:18-19].

예수님께서는 다음과 같이 말씀하셨다. "내가 땅에서 들리면 모든 사람을 내게로 이끌겠노라 하시니"[요한복음 12:32]. 하나님께서는 가장 귀한 것을 지불하시므로 우리 각 사람의 가치를 정하셨다. 하나님께서는 당신과 나 그리고 호크아이, 마약중독자, 성범죄자, 부정직한 CEO,

친절한 사람 등 모든 사람들에게 주실 수 있는 최고의 가치인 영원한 가치를 부여하셨다. 왜 하나님께서는 우리에게 그러한 가치를 부여하셨는가? 창조주이신 하나님께서 우리 한 사람 한 사람을 그분의 형상대로 창조하시되 유일무이한 걸작품으로 만드셨으며, 또한 그분의 생각과 기억을 우리 가운데 심으셨기 때문이다.

이러한 하나님의 걸작품을 어떻게 우리가 평가하며 판단할 수 있겠는가? 우리는 하나님께서 자신의 보혈로 가치 있게 만드신 사람들을 회복시키는 일에 무관심 하면서 어떻게 예수 그리스도를 따르는 자들이라고 주장할 수 있겠는가? 예수님께서 보시는 것을 우리는 보지 못하고 있는 것이 바로 우리의 문제일 것이다.

무엇을 보는가?

프로 농구선수인 매트 화이트에게는 겨우 입에 풀칠하며 살아가는 숙모가 한 분 있었다. 그녀는 6만평이 넘는 땅(야산)을 소유하고 있었는데 건강이 나빠지자 병원비 충당을 위해 그 땅을 팔 수 밖에 없었다. 땅이 팔리지 않자 매트는 돌로 뒤덮인 그 땅을 공시시가 5만 달러를 주고 매입했다. 집을 짓기 위한 부지로 사용하기 위해 그 땅을 답사하던 매트는 삐쭉 삐쭉하게 튀어나온 돌이 석자재인 것을 알게 되었다. 함께 그 땅을 답사했던 지질학자는 그 돌이 테라스와 조경용 자재로 쓰이며 1톤에 100달러 정도에 팔린다고 귀띔해 주었다. 그 땅에는 대략 2,400백만 톤 정도가 매장되어 있었다. 눈에 보이는 그 땅의 공시시가는 5만 달러였지만, 실제 그 땅의 가치는 24억 달러였던 것이다!

예수님께서는 삶이 힘겨운 사람, 세상 때와 죄로 얼룩진 사람들을 바라 보실 때, 그들 안에 있는 소중한 가치를 보셨다. "무리를 보시고 불쌍히 여기시니 이는 그들이 목자 없는 양과 같이 고생하며 기진함이라"[마태복음 9:36]. 예수님께서 사람들을 바라보실 때 겉모습이 아닌 그들 안에 있는 하나님의 소중하고 무한한 가치를 보시는 것처럼 우리도 마음의 눈으로 사람들을 바라보아야만 한다. 우리가 마음의 눈으로 바라 볼 때 예수님처럼 사람들을 대할 수 있게 된다. 그렇다면 우리가 죄로 얼룩지고 삶이 엉망인 사람들을 바라 볼 때, 마음의 틀에 어떠한 그림을 그려 넣어야 할까?

측량할 수 없는 그리스도의 풍성함

예수님께서 사람들을 만날 때마다 그들의 영적 빈곤함을 보셨을 것이다. 그리고 각 사람들이 측량할 수 없는 하나님의 풍성함을 믿음으로 취하는 것을 마음에 그리셨을 것이다. 바울은 다음과 같이 이해했다. "모든 성도 중에 지극히 작은 자보다 더 작은 나에게 이 은혜를 주신 것은 측량할 수 없는 그리스도의 풍성함을 이방인에게 전하게 하시고"[에베소서 3:8]. 바울이 이교도와 우상 숭배자, 성적으로 문란했던 에베소 사람들을 바라 보았을 때, 그들의 내면에서 측량할 수 없는 그리스도의 풍성함을 발견했다. 그리고 그들을 위해 기도하는 바를 그들이 삶에서 살아 낼 것이라는 확신을 마음에 그렸다. 에베소서 3장 12절-19절에 기록되어 있는 바울의 기도는 이렇다. '그들이 믿음으로 말미암아 담대함과 확신을 가지고 하나님께 나아가며, 하나님의 영광의 풍성함을 따라 그분의 성령을 통하여 여러분의 속사람을 능력으로 강건하게 하며, 하나님의 사랑 속에 뿌리가 박히고 터가 굳어 충만한 삶을 살아가게 하는 그리스도의 사랑을 경험하고 깨닫길 원합니다.'

당신도 사람들의 내면에 있는 측량할 수 없는 그리스도의 풍성함을 보는가? 만약 그렇다면 자비와 긍휼히 당신에게서 일어나 사랑, 희락, 화평, 자비, 절제, 충만한 삶 그리고 측량할 수 없는 그리스도의 풍성함을 그들이 알기를 바라게 될 것이다. 또한 사람들과 소통하기 위해 당신이 할 수 있는 모든 수단을 동원하게 될 것이다.

죄인임에도 불구하고 측량할 수 없는 그리스도의 풍성함을 영원히 그들에게 주셨다는 것만으로도 그들이 하나님께 얼마나 소중한 존재인지 알 수 있다.

일꾼이 적다

예수님께서 사람들의 내면을 보셨을 때 긍휼의 마음이 불 일듯 일어났다. 그들은 고통스러운 삶을 살아가며, 힘 없고 방황하는 외로운 자들로 하나님과 단절된 사람들이었다. 그런 사람들을 보신 예수님께서는 제자들에게 다음과 같은 말씀을 하셨다. "추수할 것은 많되 일꾼이 적으니"[마태복음 9:37]. 또한 제자들에게 추수할 일꾼을 더 보내달라는 기도를 하라고 말씀하셨다. 그리고 더러운 귀신을 쫓아내며 모든 병과 약한 것을 고치는 권능을 그들에게 주시며 죄로 얼룩진 사람들을 회복시키는 자로 세상에 보내셨다.

예수님께서는 추수(하나님과 멀리 떨어져 있는 사람)할 것이 많다고 말씀하셨다. 그렇다면 사람들이 하나님과 멀리 떨어져 있는 원인은 어디에 있을까? 사람들이 죄를 심각하게 받아 들이지 않는다는 것이 문제의 주된 원인일까? 하나님께서 그들에게 관심을 두지 않으시는 것이 원인일까? 그렇지 않다! 하나님은 긍휼이 많으신 분이라는 것을 알아야 한다. 그렇다면 사람들이 하나님께 마음을 열지 않아서 그런가? 사람들이 하나님을 알고자 하는 의지가 없어서 그런가? 아니다. 문제는 바로 우리에게 있다.

사람들이 하나님과 친밀한 관계가 형성되기 위해서는 그들의 상처가 치유되고 세상의 묵은 때가 씻겨져야 한다. 즉 하나님의 원형이 그들 안에 회복되어야 한다는 의미이다. 그런데 하나님의 '원형회복' 계획은 사람들에게 관심을 갖고 돌보도록 우리를 인도하시는 것에서부터 시작된다. 이 계획에는 우리의 자발적인 의지가 있어야 하는데 하나님과 파트너가 되어 일할 일꾼이 적다고 주님께서는 말씀하신다. 당신은 하나님의 '원형회복' 계획에 참여할 의지가 있는가? 혹시 이것보다 더 중요한 일을 하느라 함께 할 수 없는가? 주님께서는 일꾼이 적다고 말씀하신다. 이것이 지금 우리가 해결해야 할 문제이다.

어려움에 처한 사람을 도와야 한다는 마음이 들었음에도 너무 바쁜 나머지 이를 무시했던 적이 있는가? 누군가를 위로하거나 영적인 권고의 말을 하러 가야 한다는 생각이 강하게 들었지만 이를 꺼림직하게 여긴 적이 있는가? 격려의 말을 건네야 한다는 마음이 들었지만 어색하다고 느낀 적이 있지는 않은가? 하나님께서는 모든 사람들에게 이 같은 마음을 주시지만 대부분의 사람들이 냉담한 반응을 보인다. 주님께서는 일꾼이 너무 적다고 말씀하신다.

몇 년 전, 누가복음 10장에 기록된 선한 사마리아 사람에 대한 예화에 감명을 받은 프린스턴 대학의 심리학자 두 명이 한 가지 실험을 했다. 예수님께서 하신 선한 사마리아인 이야기는 어느 여행자에 관한 것이었다. 한 여행자가 강도를 만나 물건을 빼앗기고 죽도록 맞은 후 예루살렘에서 여리고로 가는 길가에 버려졌는데, 한 제사장과 레위인은 그 사람을 보고도 그냥 지나쳐 갔다. 버려진 여행자를 도와준 사람은 오직 사마리아 사람뿐이었다. 그의 참을 수 없는 '이웃 사랑' 때문에 강도 만난 여행자에게 자비를 베풀 수 있었다. 그리고 이는 율법의 완성으로 이어졌다. 예수님께서는 자신을 시험한 율법교사에게 선한 사마리아 사람의 예화를 이야기하며 다음과 같이 말씀하셨다. "가서 너도 이와 같이 하라"[누가복음 10:37].

심리학자 존 달레이와 다니엘 벳슨은 프린스턴 대학의 신학생들을 대상으로 선한 사마리아인의 이야기를 재연해 보기로 했다. 그들은 먼저 신학생들에게 왜 신학을 공부하려는 지에 관한 질문을 했다. 여러 가지 대답들이 있었지만, 그 중 가장 큰 비중을 차지하는 것은 사람들을 돕기 위하여 신학을 한다는 대답이었다. 그들은 신학생들에게 짧은 강연을 준비하도록 했는데, 참가자 중 절반은 선한 사마리아인에 대한 주제로, 나머지 절반은 다른 주제로 강연을 준비하게 했다.

강연을 하는 당일, 신학생들은 캠퍼스 건너 편에 있는 건물로 이동해 강연을 해야만 했다. 선한 사마리아인 이야기 재연은 몰래 카메라 방식으로 진행되었는데, 준비하는 과정에서 제작자들은 신학생들이 지나가게 될 복도에 배우를 배치하고 강도 당한 사람의 역할을 하게 했다. 그 배우는 신학생들이 지나갈 때마다 바닥에 쓰러져서는 큰 신음소리를 냈다.

두 심리학자는 사람들을 돕기 위해 신학을 한다고 대답한 학생들 중 선한 사마리아인에 대한 강연을 준비한 신학생들은 거의 대부분이 강도 당한 사람을 도와 줄 것이라는 가설을 세웠다. 그리고 가변적인 항목을 하나 더 추가했다.

신학생들이 출발하기 전, 두 심리학자는 신학생들을 세 그룹으로 나누었다. 첫 번째 그룹에 있는 학생들에게는 강연시간에 늦었다며 서두르라고 말했고, 두 번째 그룹의 학생들에게는 지금 출발해야 강연 시간에 늦지 않고 도착할 수 있다고 말했다. 마지막 그룹에 속한 학생들에게는 아직 시간적인 여유가 있다고 했다. 그리고 그들을 동시에 출발하게 했다.

결과는 어떻게 되었을까? 강연에 늦었다고 말해 준 그룹에 속한 학생들은 10%만이 신음하며 쓰러져 있는 사람을 도와 준 반면, 시간적 여유가 있는 세 번째 그룹에 속한 학생들의 63%가 그 배우에게 도움을 주었다. 첫 번째 그룹(강연 시간에 늦은 그룹)에 속한 학생 중에는 선한 사마리아인에 대한 강연을 준비한 학생들이 여러 명 있었지만, 단 한 명만이 도움을 주었다.

실험을 마친 심리학자 달레이와 벳슨은 다음과 같은 결론을 내렸다. 사람을 도울 마음이 있었던 사람이건 선한 사마리아인에 대한 강연을 준비한 사람이건 그러한 것들이 결국 사람을 돕는 것과는 관계가 없으며 사람들이 '바쁘냐, 바쁘지 않냐'에 따라 상황이 나뉜다는 것이다. 일반적으로 긍휼의 마음을 가지고 있는 사람들이 고통을 받거나 도움이 필요한 사람들에게 무관심하게 되는 이유가 '바쁘다'(시간이 없다, 늦었다)라는 그들의 상황적 여건 때문이라는 결론을 내렸다.

순종

예수님을 닮기 위하여 우리는 우리 자신을 전적으로 성령님께 내어드려야 한다. 그렇게 되면 우리의 현안을 중히 여기기 보다는 도움이 필요한 사람들을 돌보고 그들을 더 귀히 여길 수 있게 된다. 하나님께서 우리에게 어떠한 일을 시키시고자 할 때, 자비와 긍휼의 마음으로 우리를 내어드린다면 어떻게 될까? 일할 일꾼이 준비되어 있다면 하나님께서 그 일꾼을 통해 다른 사람들을 회복하는 작업을 하실 때 구체적으로 어떠한 일을 하실까?

이러한 생각을 하면서 오랜만에 아주 바쁜 한 주를 보내고 있었는데, 조기 축구를 같이 하는 친구로부터 식사를 하자는 문자 메시지를 받았다. 그리고 아무런 생각 없이 다음 주에 먹자는 답장을 보냈다. 한 주가 지나서야 하나님께서 나를 시험하셨다는 것을 깨닫게 되었다. 나는 그 친구가 하나님을 찾고 구하게 해 달라는 기도를 해 오고 있었는데, 그 친구가 먼저 나에게 연락을 해왔던 것이다. 하지만 눈코 뜰새 없이 바빴던 나는 그를 위해 시간을 낼 여유가 없었다. 나는 내 자신을 자책하는 대신 하나님의 은혜를 구하며 다시 한 번 기회를 달라고 간절히 기도했다.

나는 매일 두 장의 성경을 읽는다. 한 번의 기회를 더 구했던 그 주간, 예전에도 많이 읽어서 익히 알고 있었던 성경 구절이 새롭게 다가왔다. 나는 그 성경 구절에 밑줄을 그었다. 다음날, 예정된 집회에 설교를 하기 위해 로스앤젤레스로 향하는 비행기에 올랐다. 내 옆자리에는 아주 친절하고 상냥한 태국 여성이 있었는데 설교 원고 준비 때문에 바빴던 나는 그녀와 이야기를 나누고 싶은 마음이 별로 없었다.

그러나 나의 생각과는 달리 그녀는 텍사스 오스틴에 살고 있는 아들에 대한 이야기 보따리를 풀어 놓기 시작했다. 그녀는 아들에 대한 걱정을 많이 하고 있었다. 나는 하나님께서 내가 그녀와 대화를 나누기 원하신다는 것을 직감했다. 그래서 다음과 같이 기도했다. '하나님, 제가 이 자매와 대화 나누길 원하신다면 확실한 싸인을 주십시오. 그렇지 않으면 전 그냥 설교 원고를 준비하겠습니다.' 계속해서 설교 원고를 작성하고 있었는데, 그녀가 내게 물었다. "성경에 관한 이야기인가요?"

'싸인이구나!' 나는 속으로 생각했다.

설교 준비를 뒤로하고 그녀에게 말했다. "네 맞습니다. 성경을 읽어보신 적이 있으신가요?" 그러자 그녀는 자신이 어떻게 불교신자가 되었는지 그리고 어떻게 예수님을 알고 세례를 받게 되었는지 설명해 주었다. 예수님을 믿고 난 직후, 그녀는 첫 아이를 잃는 아픔을 겪었다. 이후 밀려오는 상실감과 상처로 인해 하나님으로부터 점점 멀어져 갔다.

내가 아버지를 여의였을 때 느꼈었던 하나님의 대한 실망감이 어떠했는지 그리고 어떻게 그 상황을 이해하게 되었는지에 대한 나의 이야기를 그녀에게 들려 주면서 우리가 사는 세상이 하나님의 뜻대로 흘러가지 못하는 이유는 세상이 깨어졌기 때문이라고 말해 주었다. 그러자 밑줄을 그었던 이사야 65장 말씀이 떠올랐다.

"어제 밤, 성경을 읽던 중 마음에 깊이 남는 구절이 있어서 밑줄을 그었었는데, 당신을 위한 성경 구절이 아닌가 싶습니다." 나는 성경 책을 꺼내어 밑줄 친 구절을 그녀에게 읽어 보라고 했다. "내가 예루살렘을 즐거워하며 나의 백성을 기뻐하리니 우는 소리와 부르짖는 소리가 그 가운데에서 다시는 들리지 아니할 것이며 거기는 날 수가 많지 못하여 죽는 어린이와 수한이 차지 못한 노인이 다시는 없을 것이라"[이사야 65:19-20].

그녀는 내 얼굴을 쳐다 보았고, 나는 눈물 고인 그녀의 눈에서 그녀가 무엇을 말하려는지 짐작할 수 있었다. 나는 그녀에게 말했다. "예수님의 손을 놓으시면 안됩니다. 그분은 당신을 절대 포기하지 않습니다. 예수님께서 당신에게 얼마나 많은 애정을 쏟고 계신지 당신이 알기 원하십니다." 그녀는 자신의 아들이 어떠한 어려움을 겪고 있는지 나에게 말해 주었다. 그리고 아들에게 "기도하거라, 어떤 신이건 간에 기도하거라. 그러면 그 신이 너를 도와 줄 것이다"라고 말했다는 사실도 이야기했다. 대화가 끝날 무렵 그녀는 예수님께서 회개의 기도와 간구의 기도를 원하시는 것 같다고 하면서, "참 기이한 우연이군요."라는 말을 덧붙였다.

하지만 이러한 일들은 절대 우연이 아니다. 우리를 통해 상처받고 깨어진 세상에 그분의 자비와 사랑을 보이기 위한 하나님의 계획이다. 당신은 하나님의 조력자가 될 의지가 있는가? 그렇다면 다른 사람들 안에 있는 하나님의 걸작품(하나님의 형상)을 어떻게 이끌어 낼 수 있는지 알아야만 한다. 다음 장에서 이에 관한 내용을 다룰 것이다.

1. 묵상 과제

아주 미묘하게 나마 다른 사람들을 가벼이 보는 당신을 발견하게 될 때, 예를 들어 '당신은 나보다 하나님의 도움이 더 필요한 사람이군요'라는 식의 잘난체하는 마음이 들 때, '과연 내가 더 나은 사람인가?' 자신을 평가해 보라. 그리고 하나님의 관점에서의 내가 어떠한 사람인지 보게 해 달라는 기도를 해보라.

2. 실천 과제

우리는 종종 너무 바쁜 나머지 하나님의 복원(회복)작업에 동참할 수 없다고 생각할 때가 있다. 내일 그리고 모레 아침, 잠에서 깨어 날 때, "주님, 오늘 제가 해야 할 일이 있다면 보여 주시고 알려 주십시오. 제가 믿음으로 순종하겠습니다"라고 기도해 보라. 그리고 당신이 사람을 만날 때 마다, "주님, 제가 무엇을 보길 원하십니까? 제가 이 사람을 어떻게 격려해야 하는지 그리고 어떻게 원형의 가치를 회복하도록 도울 수 있습니까?'라고 물어보기 바란다. 그리고 하나님께서 보여주시고 이끄시는 대로 말해보라.

예수님의 눈으로 바라보기
SEEING THROUGH THE EYES OF JESUS

Chapter *4*

걸작품을 이끌어 내다

Statue of David, Michelangelo (1501-04)

Photo: Ying Feng Johansson, Dreamstime.com

1504년 미켈란젤로가 조각한 다윗상(Statue of David)은 인류 역사상 가장 뛰어난 걸작으로 알려져 있고 쉽게 알아 볼 수 있는 예술작품 중 하나이다. 매년 백만 명이 넘는 관광객들이 5.17미터 높이의 거대한 대리석상을 보기 위해 피렌체의 아카데미아 미술관을 찾아온다. 어깨에 물매를 메고 블레셋 장수 골리앗과 결전을 준비하는 다윗은 아주 섬세하고 정교하게 조각되었으며, 힘과 인간의 아름다움을 상징하는 대표적 예술품이 되었다.

미켈란젤로가 가장 수준 높은 형태의 예술품으로 조각을 선택한 이유는 하나님의 피조물인 인간을 가장 잘 표현 할 수 있다고 생각했기 때문이었다. 그는 다윗상을 거대한 대리석으로 만든다는 전제하에 작업을 시작했다. 거칠고 들쭉날쭉한 대리석은 그의 손을 거쳐 마침내 위대한 걸작품으로 거듭났다. 미켈란젤로는 다음과 같이 말했다.

"나는 거대한 대리석을 보면서 마치 다윗상이 내 앞에 있는 것처럼 여기고 작업을 했습니다. 내 눈에 보이는 다윗상을 다른 사람들도 볼 수 있도록 아름답고 사랑스러운 모습을 가리고 있는 거친 면을 다듬어 갔습니다."

당신도 이러한 마음의 눈으로 세상을 보게 되길 바란다. 예술의 거장이신 하나님께서 나와 당신 그리고 세상의 모든 사람을 그분의 형상대로 창조하셨다. 그 형상이 거짓된 정체성으로 가려져 있고 두려움과 불안감이라는 벽에 둘러 싸여 있으며 우리의 잘못된 행실로 인한 죄 때문에 훼손되고 상처 나고 더럽혀졌다. 우리 자신과 다른 사람들을 바라볼 때 거칠고 들쭉날쭉한 대리석처럼 탐탁지 않은 모습을 우리는 종종 보게 된다.

하나님께서는 예수 그리스도 안에서 밝히 드러날 그분의 걸작품을 보시길 바라신다. 그분의 걸작품이 빛을 발하기 위해서는 우리 안에 있는 불순물이 먼저 제거 되어야 한다. 이에 성령님께서는 평강을 드러내시기 위해 근심과 염려를 깎아 내시며, 자비를 드러내시기 위해 조급함과 분노를 긁어 내시며, 타인을 사랑하는 마음을 중심에 두기 위하여 자신을 드러내는 것과 교만을 벗겨 내시며, 절제를 드러내시기 위해 탐닉의 고리를 끊어내시며, 자비와 사랑의 광채를 발하게 하시기 위하여 자기 중심적인 방법을 고집하는 추함을 닦아 내신다.

예수님께서는 만나는 모든 사람들 안에 이러한 걸작품이 드러나길 꿈꾸셨을 뿐만 아니라, 그러한 걸작품들이 되도록 부르셨다. 예수님은 하나님께서 의도하지 않았던 모든 것을 벗겨냄으로써 온전히 드러나길 바라셨던 사람들의 진정한 정체성을 끄집어 내셨다. 사람들이 창조원형의 모습을 되찾을 수 있도록 도우신 예수님을 우리는 배워야만 한다.

정체성의 변화

도덕적 법률은 사람을 변화시키지 못한다. 담배를 피우는 사람들은 흡연이 사람의 생명을 해할 수 있다는 사실을 알고 있다. 그러나 그러한 사실이 흡연자들의 행동에 큰 변화를 주지는 못한다. 음주운전은 사람을 죽일 수 있도 있는 살인행위이다. 그럼에도 불구하고 음주운전은 사라지지 않는다. 지식의 옳고 그름이 사람들 속에서 지속적인 변화가 일어나게 하지는 못한다. 그렇다면 사람들의 행동을 변화시킬 수 있는 것은 무엇일까?

정체성! '자신을 어떠한 시선으로 바라보는가'하는 정체성이 사람들을 변화시킨다.

이 정체성은 성령님께서 주시는 믿음을 통해서 우리에게 확립된다. "너희가 이같이 어리석으냐 성령으로 시작하였다가 이제는 육체로 마치겠느냐… 하나님 앞에서 아무도 율법으로 말미암아 의롭게 되지 못할 것이 분명하니 이는 의인은 믿음으로 살리라 하였음이라 율법은 믿음에서 난 것이 아니니 율법을 행하는 자는 그 가운데서 살리라 하였느니라"[갈라디아서 3:3, 11-12].

신약(New Testament)학자 클린 스노드그라스는 다음과 같이 말한다. "예수님의 가르침은 정체성에 대한 사람들의 생각에 맞서고 그 생각을 바꾸는데 중점을 두고 있다. 예수님께서 말씀하신 정체성은 사람들에게 반드시 확립되어야 하는데, 이는 하나님께서 태초에 의도하시고 작정하신 것이다. 사람들이 그 정체성을 알게 되면 자신들 안에 확립되길 원할 것이며, 하나님의 은혜로 인해 정체성의 확립이 그들 안에 이루어질 것이다."

스탠포드 대학의 정치학 교수인 제임스 마치는 다음과 같이 이야기했다. 사람들이 어떤 선택의 기로에 섰을 때, 두 종류의 의사결정 모델 중 하나에 의존하게 된다.

1. *결과 중시형 모델*
   만족을 극대화하기 위해 비용과 이익을 따져본다.
2. *정체성 모델*
   '어떤 결정을 내려야 할까?', '나와 같은 성향을 가진 사람은 이와 같은 상황에서 어떻게 할까?'라고 자신에게 묻는다.

즉, 결과 중시형 모델은 단기적인 의사결정에 영향을 미치는 반면 정체성 모델에서 정체성이라는 요소는 사람들의 장기적인 의사결정에 중요한 역할을 하기 때문에 사람의 정체성에 근거하지 않는 변화의 시도는 실패로 끝날 가능성이 높다.

마치는 또 '사람들의 정체성은 변화하고 성장하며, 그들이 의사결정을 하는데 지대한 영향을 미친다'라고 말했다. 2장에서 세인트 루시아 섬의 원주민들이 앵무새를 보호해야 한다는 확신을 갖게 된 것이 무엇 때문이었는지 기억하자. 그들은 자신들이 바로 루시앙 앵무새를 보호하고 지켜야 하는 사람들임을 깨닫기 시작했다. 그들이 앵무새를 보호한다고 해서 경제적 이익이 생기는 것은 아니었다. 그들에게 일어난 정체성의 변화가 앵무새를 보호해야 한다는 동기를 부여한 것이다. 이후 이러한 정체성 형성 전략은 50여 나라에서 자연보호 활동에 활용되었다.

브라질라타는 브라질에서 캔(깡통)을 제조하는 기업이다. 캔 제조업은 급성장하거나 사업에 변화를 주기가 쉽지 않을 뿐만 아니라 그리 신나는 사업도 아니다. 이에 브라질리타 기업은 정체성에 변화를 가져오기로 결정했다. 경영진은 캔 제조현장에서 일하는 직원들에게 개발자로서의 역할도 담당하게 했고, '혁신 계약서'라는 것을 만들어 신입사원들에게 서명을 받았다. 캔을 제조하고 사용하는데 있어서 잠재적인 개선점이 있는지 여부를 세심히 살피고 자신이 회사의 일원임을 독려하기 위함이었다. 20년 후, 직원들이 1년에 낸 아이디어는 평균적으로 145개에 달했고, 이는 혁신적인 원료와 비용 절감으로 이어져 회사는 성장에 성장을 거듭했다. 단순히 제조현장에 일하는 직원들에게 '개발자'라는 새로운 정체성을 부여하고 그들의 자리에서 개발자로서 일하게 한 결과이다.

우리가 예수님처럼 생명을 주는 사람이 되기 위해서 그리고 다른 사람들이 믿음을 갖고 성장하며 변화되도록 돕는 사람이 되기 위해서, 먼저 우리는 결과에 대한 문제 보다는 정체성의 문제에 어떻게 변화를 줄 것인가에 대한 물음과 하나님께서 한 사람 한 사람을 창조하실 때 의도한 바가 무엇인지에 대한 정체성을 갖도록 그들을 어떻게 도울 것인가에 대한 물음이 필요하다. 4장과 5장에서는 당신이 만나는 모든 사람들이 가지고 있는 하나님의 걸작품을 당신이 이끌어 낼 수 있도록 돕는 몇 가지 그림을 생각해 보겠다.

유일무이한 걸작품

우리는 육체적으로 시간적으로 제약을 받는 존재이다. 그러나 한시적인 우리의 육체는 영원한 존재로 변화될 것이다. 예수님께서는 다음과 같이 말씀하셨다. "죽은 자의 부활을 논할진대 하나님이 너희에게 말씀하신 바 나는 아브라함의 하나님이요 이삭의 하나님이요 야곱의 하나님이로라 하신 것을 읽어 보지 못하였느냐 하나님은 죽은 자의 하나님이 아니요 살아 있는 자의 하나님이시니라 하시니"[마태복음 22:31-32]. 하나님께서는 영원히 지속될 정체성을 생각하시며 우리를 유일무이한 걸작품을 만드셨다. C.S 루이스는 성경에 비추어 타인에 대한 우리의 안목이 어떻게 근시안적으로 될 수 있는지에 대해 곰곰히 생각했다.

사람이 신이나 여신이 될 수 있는 사회에서 산다는 것은 보통 심각한 일이 아닙니다. 당신이 대화할 수도 있는 정말 우둔하고 재미 없는 사람이 어느 날 당신이 몹시 경배하고 싶어하는 존재가 될 수 있다거나, 당신이 지금 만나고 있는 사람이 정말 섬뜩하고 타락한 존재, 만나야한다면 악몽에서나 만났으면 하는 존재가 될 수 있음을 기억한다는 것 또한 심각한 일입니다. 하루 종일 우리는 둘 중 어느 하나의 목적지로 가도록 서로를 어느 정도 돕고 있습니다. 이 엄청난 가능성을 고려하여, 우리는 서로에게 즉, 친구들 사이에, 사랑하는 사람들 사이에, 모든 활동에 있어서 그리고 모든 정치 영역에서 만사 올바르게 행동하고 처신해야 합니다. '평범한' 사람은 없습니다. 당신은 그저 한 인간에 지나지 않는 존재와 대화하는 것이 아닙니다. [C.S. 루이스]

하나님께서는 언젠가 되어 있을, 반드시 그렇게 되어야만 하는 우리의 모습을 보신다. 예술적인 관점에서 보자면 장엄하고 경외심 마저 드는 모습, 더 나아가 "욕된 것으로 심고 영광스러운 것으로 다시 살아나며"[고린도전서 15:43], "우리가 그와 함께 영광을 받기 위하여"[로마서 8:17], "궁창의 빛과 같이 빛날 것이요"[다니엘 12:3]. 우리가 예수 그리스도를 믿기만 하면 이러한 가능성 있는 존재가 될 것이다.

인간의 육체에 드러내신 하나님의 뛰어난 예술성을 생각해 보라. 인간에 대한 생물학, 해부학, 생리학 서적들이 많이 쓰여졌지만 풀어지지 않은 인체의 신비는 여전히 많이 남아 있다.

이것이 예술가의 마음과 작품의 가치에 반영하는 바는 무엇인가? 우리의 몸 안에 마음과 생명을 가진 작은 세포를 생각해 보자. 우리 몸의 전 영역을 이루고 있는 그 작은 세포가 신비스럽게도 스스로 번식하고 차별화한다. 현미경으로 봐야만 보이는 세포는 엄청난 가치의 정보를 담고 있다. 100조나 되는 이 세포들이 인간의 몸에서 마치 작곡가가 쓴 특별한 곡을 거대한 심포니 오케스트라로 연주하는 것이다.

우리의 몸을 움직이는 다소 복잡하지만 상호 의존적인 인체 시스템을 생각해 보자. 생명력은 리드미컬하게 박자를 맞추며, 심장이 고동치는 소리와 그리고 산소와 영양소를 모든 세포에 공급하기 위해 허파(폐)가 내는 숨소리가 어우러져 아름다운 오케스트라 연주를 만들어 낸다.

림프계는 우리에게 악영향을 미치는 세균과 질병으로부터 보호하기 위해 치열한 전투를 벌인다. 2,000억개나 되는 신경세포로 이루어진 신경계는 우리 몸의 각 부분과 메시지를 주고 받는 일을 관할하는데, 우리가 당연한 것으로 여기는 이 의사소통은 아주 복잡하지만 간단 명료하게 처리된다. 놀랍지 않은가? 우리가 상상할 수 조차 없이 위대한 하나님의 걸작품, 그렇다면 당신은 하나님께서 창조하신 이 걸작품에서 하나님의 영광을 보는가?

이번에는 갓 태어난 아기의 작은 손가락을 생각해 보자. 이 아이가 또 다른 하나의 걸작품이라는 것을 입증하기 위한 창조주의 각인(지문)이 손가락에 새겨져 있다. 이것은 똑같은 걸작품은 이 세상에 존재하지 않는다는 것을 의미한다. 이 같은 예술적 경이로움을 창조주가 우리의 몸에 만들었다면 인간의 영혼에는 얼마나 더 위대하고 경이로운 예술적 기교가 가미되었을지 상상해 보라.

이러한 창조주 하나님과 단절되고 그분께서 의도한 걸작품을 보는 안목을 잃어버리는 것이 우리에게 얼마나 심각한 일인지 항상 기억해야 한다. 우리는 종종 우리 자신이 되기보다는 다른 누군가가 되길 바라게 된다. 모든 사람들이 자신이 가진 독창성에 불만을 갖는다면 어떻게 되겠는가? 모두가 코 성형, 주름제거 수술, 가슴 성형, 복부 지방흡입, 스테로이드제 복용, 보톡스를 맞는다고 생각해 보라. 이것은 이미 우리의 진정한 정체성을 잃어버렸다는 의미이기도 하다.

나는 쳐다보기도 힘들만큼 얼굴이 엉망인 한 남자와 이야기를 나눈 적이 있다. 헤로인 복용으로 인해 그의 눈은 움푹 패였고 치아는 썩어 없어진 상태였다. 그는 나에게 도대체 자신이 누구인지 모르겠다고 말했다. 그는 사람들과의 관계 속에서 사람들이 자기를 어떤 사람이라고 생각하고 자신이 누구이며 어떠한 사람인지를 찾으려는 노력을 지속적으로 해왔다. 그러나 그러한 노력에도 불구하고 그에게 남는 것은 불만과 공허함뿐이었다. 자신의 몸을 망가뜨린 마약, 비위생적인 습관 때문에 생긴 온갖 문제들로 인해 그는 평생 정체성의 위기에 사로잡혀 있었다. 나는 그에게 하나님의 복원(회복)계획은 우리의 정체성을 회복하는 것에서부터 시작되며 창조주 하나님 안에서 그 뿌리를 내리게 되는데, 그로 인해 우리는 우리의 독특함에 편안함과 안정을 느끼게 된다고 말해 주었다. 우리가 하나님 안에서 정체성을 회복하게 되면 다른 사람들처럼 되려는 것을 멈출 수 있게 되며 우리 자신이 어떠한 존재인지에 대해 알게 된다.

다른 어떤 사람이 되고 싶어 하는 것은 인정하기 싫은 우리의 독특함 때문이 아니다. 하나님께서 만드신 걸작품의 진가를 보지 못하게 만드는 타락하고 죄 된 인간의 본성 때문에 그러한 문제가 생기는 것이다. 우리는 모두 하나님의 복원작업에 참여할 수 있다. 하나님께서는 믿는 자들이 하나님께서 사람들 각자에게 주신 진귀한 독특함을 끄집어 내시길 원하신다. 그로 인해 사람들은 창조주와 동질감을 갖게 될 것이다.

병든 육체

한 동네에 나병 들린 사람이 예수님을 보고 엎드려 애원했다. "주여 원하시면 나를 깨끗하게 하실 수 있나이다"[누가복음 5:12]. 나병 들린 사람의 몸을 만지는 것은 모세의 율법을 거스르는 일이며 예수님도 자신을 부정하게 만드는 일이었다. 예수님께서는 병자에게 직접 손을 대지 않고도 많은 사람들의 병을 치유해 주셨다. 그런데 왜 이 나병 환자에게는 손을 대시고 몸을 치유해 주셨을까? "예수께서 손을 내밀어 그에게 대시며 이르시되 내가 원하노니 깨끗함을 받으라"[누가복음 5:13]. 예수님께서는 그 사람의 몸에 직접 손을 대심으로 육체적인 질병의 치유뿐만 아니라 정체성도 회복시켜 주셨다. 손을 대도 문제없을 만큼 충분한 한 인격체로 대하신 것이다. 예수님께서는 사람들에게 '유일무이하고 하나님께서 잘 알고 계시며 귀한 존재'라는 것을 지속적으로 말씀하셨다. 우리도 예수님과 같이 될 수 있을까?

"공중의 새를 보라 심지도 않고 거두지도 않고 창고에 모아 들이지도 아니하되 너희 하늘 아버지께서 기르시나니 너희는 이것들보다 귀하지 아니하냐 너희 중에 누가 염려함으로 그 키를 한 자라도 더할 수 있겠느냐 또 너희가 어찌 의복을 위하여 염려하느냐 들의 백합화가 어떻게 자라는가 생각하여 보라 수고도 아니하고 길쌈도 아니하느니라 그러나 내가 너희에게 말하노니 솔로몬의 모든 영광으로도 입은 것이 이 꽃 하나만 같지 못하였느니라 오늘 있다가 내일 아궁이에 던져지는 들풀도 하나님이 이렇게 입히시거든 하물며 너희일까 보냐 믿음이 작은 자들아" [마태복음 6:26-30]

예수님께서 제자들에게 재차 말씀하셨다. "참새 두 마리가 한 앗사리온에 팔리지 않느냐 그러나 너희 아버지께서 허락하지 아니하시면 그 하나도 땅에 떨어지지 아니하리라 너희에게는 머리털까지 다 세신 바 되었나니 두려워하지 말라 너희는 많은 참새보다 귀하니라"[마태복음 10:29-31]. 또한 베드로는 다음과 같이 말했다. "내가 참으로 하나님은 사람의 외모를 보지 아니하시고 각 나라 중 하나님을 경외하며 의를 행하는 사람은 다 받으시는 줄 깨달았도다"[사도행전 10:34-35].
　　예수님께서 길을 걷다 날 때부터 맹인 된 사람을 만났을 때, 제자들은 이 사람의 맹인 된 것이 그의 죄 때문인지 아니면 부모의 죄 때문인지 물었다[요한복음 9:2]. 그러자 예수님께서는 제자들의 잘못된 생각을 바로잡아 주시며 하나님의 나라가 임할 때 모든 병든 육체가 완전히 회복될 것이라는 사실을 말씀해 주셨다. 하나님께서 우리에게 병든 육체를 허락하시는 데에는 이유가 있다. 병든 육체를 가진 사람들이 다른 사람들을 회복시키는 과정에서 하나님의 영광이 드러나기 때문이다.

팀 스코티

스코티는 등뼈가 서로 붙지 않고 벌어지는 이분척추라는 장애를 가지고 태어났다. 의사는 스코티의 어머니 사라에게 생명 유지장치를 떼어 내자는 말을 건넸다. 그러나 사라는 스코티가 1년을 버티기 힘들 것이라는 사실을 알고 있었음에도 의사의 제안을 거절했다. 다행히도 스코티는 1년을 잘 버텨 주었고, 그 다음 해도 잘 이겨냈다. 그리고 10년이 지나 스무 살의 청년이 되었다. 삶은 사라에게 그렇게 녹록하지만은 않았다. 그녀는 일곱 명의 아들을 낳았는데 그 중 두 명은 사고로 목숨을 잃었다. 스코티가 스무 살이 되던 해, 그는 이분척추 후유증으로 두 다리를 절단하게 되었고 휠체어에 몸을 의지하는 신세가 되었다. 아버지는 가족을 버리고 떠났고 남은 식구들은 궁핍 속에 내버려졌다. 사라는 저소득자들을 위한 아파트로 이사를 갈 수 밖에 없었다. 휠체어가 다닐 수 있는 경사로가 없었던 그 아파트에서 스코티는 엄마가 일을 나가 있는 동안 집에 갇혀 지내야만 했다.

스코티가 사는 아파트에 새로 부임한 매니저는 스코티를 유심히 지켜보았다. 그녀는 이제 막 예수님을 믿기 시작했는데 세상에서 버려진 사람들을 소중하고 가치 있게 여기도록 성령님께서 어떻게 우리를 안내하시는지 알아가는 중이었다. 그녀는 되든 안되든 간에 사라와 스코티를 교회에 초대해야겠다는 결심을 하고 어느 주일 그들에게 교회에 같이 가자는 말을 건넸다. 사라는 교회에 입고 갈 만한 옷이 없었기 때문에 그녀의 초대를 정중히 거절했다. 아파트 매니저는 사라에게 다음과 같이 말했다. "우리 교회는 '있는 모습 그대로 오십시오'라는 슬로건을 잘 실천하고 있으니 걱정하지 말고 오세요." 그 교회 성도들은 그 슬로건을 지금까지도 잘 실천하고 있으며 사라와 스코티도 교회에 계속 나오고 있다.

어느 주일, 빌 아구아요는 넌더리를 내며 스코티 옆을 지나갔다. '느림보 같은 녀석! 이상하게 생긴 머리는 왜 옆으로 기울어져 있는 거야? 다리도 없는 녀석이!', 그는 솟구쳐 오르는 불편한 감정을 굳이 회피 하지는 않았다. 그는 지난 일을 회상하며 말했다. "하나님께서는 나를 한시도 가만 놔두지 않으셨습니다. 나에게 혐오감을 주는 기형의 몸을 가진 이 청년에게 하나님께서 두신 가치가 무엇인지에 대해 계속해서 생각나게 했습니다. 그리고 하나님께서 내가 이 청년을 만나기를 원하고 계신다는 것을 깨달았습니다."

빌은 스코티를 도와줄 생각으로 그를 뒤쫓아 갔다. "나는 스코티에게 도움을 주려고 했지만 오히려 스코티가 나에게 도움을 주었습니다. 하나님께서는 사람의 가치를 바라보는 나의 비뚤어진 시선과 태도를 회복시키시기 위하여 쓸모 없어 보이는 스코티의 몸을 사용하셨습니다."

빌은 교회 주변을 청소하는 팀에 소속되어 교회를 섬기고 있었는데 스코티를 그 팀의 일원으로 참여시켰다. 그리고 그들의 우정은 점점 더 깊게 발전해 갔다. 스코티는 단 한 번도 어떠한 단체나 팀에 소속된 적이 없었다. 또한 직업을 가져본 적도 없었기 때문에 기여하고 기부할 어떤 재능이 자신에게 있다고 느껴본 적도 없었다. 스코티는 빌의 도움으로 자신이 교회에 소중하고 필수적인 사람이라고 생각했다. 매주 주일 아침, 빌은 스코티의 휠체어를 밀면서 함께 교회 앞마당에 떨어진 낙엽을 치우고 쓰레기를 줍는다.

빌은 스코티가 스스로 집 밖으로 나갈 수 없었기 때문에 극장에 영화를 보러 가거나 운동경기를 관람하거나, 운동을 하러 나간 본 적이 단 한번도 없었다는 사실을 알게 되었다. 빌은 스코티를 도울 방법이 무엇일까 고민하기 시작했다. 빌은 손재주가 있는 분들의 도움을 받아 스코티가 사는 아파트에 휠체어가 다닐 수 있도록 경사로를 만들었다. 사라는 사람들을 환영하고 접대하는 팀에 소속되었는데, 매 주일 자신이 귀한 자리에서 다른 사람들을 섬기고 있음을 감사하게 여겼다. 그리고 얼마 후, 사라와 스코티는 예수 그리스도를 구주로 영접했다. 스코티가 세례를 받던 날, 빌이 스코티를 들고 수영장에 들어가는 모습을 나는 결코 잊을 수 없을 것이다. 그날 빌과 스코티, 둘 다 깨끗하게 치유되고 회복되었기 때문이다!

케이트 레이드도 사라와 스코티를 관심 있게 지켜봐 오고 있었는데 하나님께서 그녀에게 그들을 만나라는 마음을 주셨지만 계속해서 거부하고 있었다. "어느 주일, 하나님께서 사라와 스코티를 만나라고 나를 실제로 떠미시는 것 같은 느낌을 받았습니다."라고 말하며 지난 일을 회상했다. 어느 날, 케이트가 그들의 집을 방문했을 때 그녀는 그들이 처해 있는 상황과 환경에 놀라지 않을 수 없었다. 그리고 하나님께서 그리스도의 몸 된 지체인 그들을 도와 주길 원하고 계신다는 것을 깨달았다. 케이트와 빌은 서로 연합하여 '팀 스코티'라는 도움 단체를 결성했다.

이후, 각기 다른 재능과 재원과 능력을 가진 20명의 사람들이 이 일에 동참했다. 그들은 스코티의 첫 직장이 될 '이스터 씰'이라는 회사에 인터뷰를 할 수 있도록 도움을 주었고, 한 변호사는 법적인 일을 무보수로 처리해 주었으며, 또 다른 이들은 스코티에게 여러 가지 컴퓨터 강의를 무료로 제공 해주었다. '팀 스코티' 회원들은 스코티의 마흔 두 번째 생일을 맞아 그에게는 생애 처음인 생일파티를 대대적으로 열어주었다.

스코티가 세례를 받은 지 3년이 되었을 때, 그의 몸이 모든 기능을 멈추었다. 그의 장례식에 참여한 '팀 스코티' 회원들은 하나님께서 스코티를 섬기는 일에 참여하도록 자신들을 어떻게 이끌어 주셨는지 나누었다. 그리고 스코티를 통해서 자신들을 변화시키고 회복시키신 것에 대한 기쁨과 감사가 그들의 삶 가운데 가득하게 되었다고 고백했다.

당신은 온 몸에 나병 들린 사람, 보기도 만지기도 불편한 사람을 볼 때, 나병 때문에 가려진 하나님의 걸작품을 볼 수 있는가? 그리고 그 사람의 소중함과 가치를 하나님께 아뢸 수 있는가? 예수님께서 하셨던 것처럼 말이다. 당신을 위한 하나님의 원형회복 작업 중 일부분은 당신이 다른 사람들 안에 있는 걸작품을 밖으로 끄집어 낼 수 있도록 당신을 돕는 것이다. 하나님께서는 다른 사람들을 회복시키는 일에 우리를 사용하실 뿐만 아니라 다른 사람들을 사용하셔서 우리 안에 깨어진 것들을 회복시키신다. 이것은 우리가 하나님의 형상으로 지어졌을 때의 본 모습으로 돌아가는 것을 의미한다. 다시 말해 우리가 서로 사랑하는 것을 뜻하는 것이다. 하나님은 사랑이시기 때문에 우리는 본 모습도 사랑인 것이다. 하나님께서 주신 창조적인 상상력으로 하나님께서 보시는 것을 보고 사람들 안에 있는 진정한 정체성을 이끌어 내야 한다.

하나님의 형상

하나님께서 우리를 그분의 형상대로 지으셨다는 사실은 하나님께서 인간의 모습으로 이 땅에 오시는 것을 가능하게 했다는 의미가 된다. 우리가 하나님의 형상으로 지음 받았기 때문에 예수님이 완전한 인간의 모습으로 오신 것이다. 하나님의 형상이 모든 사람 안에 있기 때문에 하나님께서 보시는 것을 우리도 볼 수 있을 뿐만 아니라 죄의 틈새와 깨어지고 상한 마음의 틈새 사이로 빛을 발하는 하나님의 형상도 끄집어 낼 수 있다.

신학자들은 지난 수세기에 걸쳐 인간의 성품에 존재하는 하나님의 형상(Imago Dei)을 이루는 것이 무엇인지에 대하여 논쟁을 벌여왔다. 이와 같은 해묵은 논쟁의 해답으로서 사람을 동물로부터 구별해주는 몇 가지 특성들을 우리는 다른 영역에서 찾아 볼 수 있다. 즉, 우리는 창조하고 관리하며 사랑하는 존재라는 사실이다. 이러한 하나님의 형상의 자취들을 사람들에게서 보게 될 때, 그것들을 주목해서 봐야 한다. 그리고 창조주와 동질감을 갖고 전심으로 그분을 찾고 구하도록 그들을 도와야 한다. 우리가 마음을 다하고 뜻을 다하여 하나님을 찾으면 그분을 만날 것이라고 약속하셨기 때문이다[신명기 4:29].

하나님의 형상대로 지으시다

"하나님이 자기 형상 곧 하나님의 형상대로 사람을 창조하시되 남자와 여자를 창조하시고"[창세기 1:27]. 하나님의 형상은 우리의 창조적 능력을 통해 빛을 발한다. 하나님께서 우리를 그분의 형상대로 창조하셨기 때문에 동물들이 할 수 없는 다양한 방법으로 창조적 능력을 발휘할 수 있다. 깊이를 알 수 없는 인간의 창조력을 한 번 생각해 보라!

인간들이 창조한 수 천만 곡의 노래들을 생각해 보자. 기원전 1000년 다윗이 만든 수백 편의 시와 노래부터 서기 32년 예수님과 제자들이 불렀던 찬송가까지, 그리고 베토벤과 바하부터 락, 컨트리, 랩, 팝송까지. 다른 사람들이 발휘하는 창조력과 상상력을 통하여 그들 안에 있는 귀중하고 소중한 하나님의 형상을 볼 수 있는가?

당신은 무한한 상상력으로 존재하지 않는 것을 볼 수 있는 능력이 있다. 그리고 그것을 실현할 수 있는 창조적 능력도 있다. 모든 인간은 하나님의 형상으로 지음 받았기 때문에 창조적 능력을 가지고 있다. 그 능력은 그림, 음악, 춤, 공예 또는 마이크로 프로세서 설계, 인테리어 디자인 등 여러 가지 분야에서 나타난다. 최고의 예술가이신 하나님께서 원형회복 작업을 행하시도록 함으로써 어떤 이들은 다시 꿈을 꾸고 상상하며 창조하는 자유를 맛 볼 수 있다. 하나님께서는 우리 안에 죄로 물들고 상처 입은 하나님의 형상을 회복시키기 원하신다. 하나님과 멀어져 있는 사람들 그리고 그들 안에 있는 하나님의 형상, 당신은 그들의 창조력과 꿈과 상상력을 귀중하고 소중하게 여겨 그들 안에 있는 하나님의 형상을 이끌어 낼 수 있는가? 하나님께서 이러한 은사(선물)들을 주셨다는 사실을 그들에게 알려주는 일은 그들의 삶을 하나님께로 향하게 만들 것이다.

제임스는 아버지가 없이 자랐다. 여섯 남매를 키우며 가사와 경제를 책임져야만 했던 엄마는 항상 바빴다. 제임스를 더 가슴 아프게 한 것은 아버지가 가까운 곳에 살고 있다는 것을 알고 있음에도 만나지 못한다는 것이었다. 아버지는 이미 재혼을 해서 다른 여자와 살고 있었기 때

135

문이었다. 제임스는 어린 시절 아버지 없이 자란 고통스러운 추억을 떠올리고 싶지 않았다. 그는 여러 해 동안 하나님을 떠나 사람과의 관계에서 오는 실망감을 잊으려고 술과 마약과 성적 쾌락에 빠져 살았다. 그러나 그가 하나님을 멀리 떠났다고 해서 하나님께서 주신 은사까지 버려진 것은 아니었다.

하나님께서 제임스에게 창조적이고 시적인 상상력을 은사로 주셨다. 시는 언제나 상처 난 그의 마음에 바르는 연고 같았다. 시는 그가 평안을 얻기 위해 찾아가는 친구 같은 존재였다. 그의 창조적 끼가 넘쳐 흐를 때마다 자신이 살아 숨쉬고 자유로워지며 크고 놀랍고 초월적인 어떤 것과 유대적인 관계를 형성하는 것 같은 느낌이 들었다. 그러나 그는 거절이 주는 두려움 때문에 한 동안 그의 은사를 깊이 묻어 두고 있었다. 그러던 중 그의 친구가 백일장에 나가도록 제임스를 달래고 설득했다. 그는 많은 친구들로부터 재능을 인정받아 스물 살이 되던 해에 뉴욕으로 건너갔다.

1년 후, 살아남기 위한 말할 수 없는 몸부림, 멘토와 틀어진 관계 때문에 생긴 깊은 상처로 인해 그의 삶은 피폐해져 갔다. 제임스는 새로운 삶을 위해 텍사스 어스틴으로 이사를 가기로 마음먹었다.

"저스틴이 저를 계속해서 초대했습니다. 그는 제가 만든 시가 정말 예술적 가치가 있다고 말했습니다. 그의 끈질김에 설득 당한 거죠. 사실 나는 영적으로 의심이 많은 사람이었습니다. 그러나 내가 경험했던 '시'

라는 예술이 나에게 강한 흥미와 호기심을 불러 일으켰고 계속해서 시 창작을 할 수 있었습니다."

어느 주일, 예배를 마친 메트는 제임스를 우연히 만났다. 그리고 그가 혹평을 받는 시인인 것을 알게 되었다. 메트는 제임스에게 격려의 말을 해주기 시작했다. 그 시기에 제임스는 시 쓰는 것을 포기하려는 단계에 와 있었다. 자신의 멘토와 엄청난 갈등 그리고 시인 친구들과의 다툼은 예술로 입문하려는 그의 삶에 문을 닫게 만들었다. 이후 그는 더 이상 그의 재능을 사용하지 않았다.

메트는 제임스를 토니라는 친구에게 소개해 주었다. "메트와 토니는 나의 친한 친구가 되었습니다." 제임스는 자신이 걸어 온 믿음의 여정을 뒤돌아 보며 말했다. "토니도 나처럼 모가 난 성격의 소유자였습니다. 그는 음악을 하는 친구인데 예전에는 카페와 나이트 클럽에서 노래를 부르며 생계를 유지했습니다. 하지만 지금 그의 믿음은 아주 견고하게 서 있습니다. 메트와 토니는 계속해서 내게 관심을 보였습니다. 그들은 내가 예술가이기 때문에 관심을 보인 것이 아니라 나를 인격적인 한 사람으로 생각하고 관심을 가졌습니다. 메트는 나에게 예술적 은사(재능)가 있으며 그 은사는 하나님께서 주신 것임을 지속적으로 말해 주었습니다. 그러한 그의 말에 하나님이 실제로 존재할지도 모른다는 것과 나에게 은사를 주신 목적이 있을지 모른다는 생각이 들기 시작했습니다."

"뉴욕에서 경험했던 뼈아픈 고통과 악몽은 아직도 나를 분노하게

Chapter 04. 사랑으로 진리를 말하다

만듭니다. 그럴 때마다 나는 시로 그 고통을 이겨냅니다. 토니는 내가 시를 잘 쓴다는 말을 반복해서 해주었을 뿐만 아니라 내가 화내고 분노하는 것이 나의 모습이 아님을 알게 해 주었습니다. 창조적 은사가 우리 자신을 섬기는 일에 초점이 맞춰진다면 그 은사는 생명을 살리는 일이 아니라 우리를 태워버리는 일에 사용될 것입니다. 메트와 토니가 보여준 우정과 격려는 그들이 나를 인도하고 이끌어 가는 것을 신뢰하도록 만들었습니다. 나는 현재 소그룹 모임에 참석하며 하나님에 대해 알아가고 있는 중입니다."

"나는 새로운 방향으로 내가 가진 은사에 초점을 맞추기 시작했습니다. 나는 재능을 하나님께 드리고 그분을 믿고 따르기로 결단했습니다. 하나님을 섬기며 다른 사람들을 섬기는 일에 나의 재능을 쓰기로 한 거죠. 내가 시적인 재능을 사용하면 할수록 하나님께서 더 많은 목적을 이루시기 위해 나의 재능을 사용하신다는 깨달음과 확신을 갖게 되었습니다. 나는 시를 쓰면서 기도했습니다. '하나님, 내 입술을 통해 사람들의 마음에 당신의 빛을 밝힐 수 있도록 역사해 주십시오.' 기도를 마쳤을 때, 나는 이전에 경험해 보지 못한 새로운 자유함을 느꼈습니다. 생명을 살리는 자유함뿐만 아니라 예수 그리스도를 따르는 자들이 갖는 자유함 즉, 삶의 모든 영역에서 맛보는 자유함을 느꼈습니다.

하나님의 형상_다스리는 능력

우리가 다른 사람들로부터 이끌어 낼 수 있는 하나님의 형상의 또다른 측면은 다스리고 관리하는 능력이다. "하나님이 자기 형상 곧 하나님의 형상대로 사람을 창조하시되 남자와 여자를 창조하시고 하나님이 그들에게 복을 주시며 하나님이 그들에게 이르시되 생육하고 번성하여 땅에 충만하라, 땅을 정복하라, 바다의 물고기와 하늘의 새와 땅에 움직이는 모든 생물을 다스리라 하시니라"[창세기 1: 27:28]. 계획된 일이나 사람을 관리하고 통치하며 공의와 정의로 다스리는 능력은 우리 안에 있는 하나님의 형상을 반영한다. 다시 말해 우리가 하나님으로부터 멀어진 삶을 살게 되면 그 능력은 진흙(죄)으로 덮여 결국 못쓰게 되고 만다. 우리가 일터에서 다른 사람을 관리하고 다룰 때 종종 하나님께서 주신 청지기의 삶을 남용할 때가 있다. 그러나 하나님의 형상이 우리를 통해 빛을 발할 때, 사람들은 그 빛을 의식하게 될 것이다.

벳시는 예수 그리스도를 알지도 못했고 알고 싶은 마음도 없었다. 그녀는 비즈니스 컨설턴트로 세상에서 자신의 능력을 인정받고 싶어했다. 그녀에게는 컴퓨터 프로그램 중 하나인 스프레드시트를 멋지게 만드는 재능을 가진 직원이 있었다. 어느 날, 벳시가 이런 말을 내게 했다. "그녀는 항상 내가 요구하는 것보다 훨씬 더 좋고 훌륭한 데이터를 만듭니다. 하지만 그러한 작업을 하기 위해서는 더 많이 시간이 걸립니다. 한번은 그녀에게 '데이터를 내일까지 만들어 줄래요. 잘 만들 필요는 없어요. 잘 만들수록 고객이 더 많은 돈을 지불하게 될 거예요. 데이터만 완성되면 저에게 넘겨 주세요'라고 말했다. 하지만 그녀의 대답에 나는 허를 찔린 느낌이었습니다. 그녀는 '오! 고객님들에게 추가로 비용을 청구하지는 않습니다. 저는 데이터를 만들기 위해 사용된 시간과 재능을 어떻게 환산해서 고객에게 청구할까를 항상 신중하게 생각합니다. 하지만 다시 생각하게 되죠, 왜냐하면 내가 데이터를 만들 때나 어떤 일을 할 때 하나님께 대하듯 하기 때문입니다'라고 말했습니다."

벳시는 그녀의 말에 당혹감을 감추지 못했다. 그녀는 그 직원이 한 말을 절대 잊지 않고 자신의 행동을 좀 더 주의 깊게 숙고하게 되었다. 다음날, 그 여직원은 멋지고 아름다운 스프레드시트를 또 만들었다. "하나님을 기쁘시게 하기 위해 자신이 하는 일에 최고의 우수성을 담아 낸다는 그녀의 말이 은근 나를 화나게 만들었습니다. 그래서 이번에는 그냥 넘어가지 않으리라 다짐했습니다. 그런데 그녀의 말이 내 머리에서 맴돌면서 자신의 일에 최선을 다하게 만드는 책임감과 경외감, 이러한 감정을 자아내는 하나님에 대해 더 알아가고 싶다는 생각과 함께 마음의 문이 열리게 되었습니다." 벳시는 현재 우리 교회의 여러 리더 중 한 명이 되어 자신이 가진 탁월함으로 다른 사람들을 섬기고 있다. 하나님의 형상과 영광이 멋지고 아름답게 만들어진 스프레드시트 통해 드러난 것이다!

하나님께서는 우리가 다스리는 모든 영역에서 선한 청지기의 역할과 능력을 회복하길 원하시며 우리에게 주신 책임감과 권위가 그분의 뜻을 따라 사용되길 바라신다. 우리가 직장에서 부하 직원들을 어떻게 대하는지, 가정에서 자녀들에게 어떻게 대하는지, 우리에게 맡겨진 일을 어떻게 다루는지에 따라 하나님의 형상이 빛을 발할 수도 그렇지 않을 수도 있다. 다시 말해, 우리가 일이나 사람을 어떻게 다루고 대처하느냐에 따라 온전한 하나님의 형상 혹은 왜곡된 하나님의 형상이 나타날 수 있다는 것이다.

하나님께 반항적인 사람의 경우에도 창조의 목적에 부합한 방식으로 지구를 보존하려는 노력을 한다든지, 성실과 정직으로 맡겨진 사람들을 관리하고 이끈다든지, 정의로움이나 선한 것을 추구하여 그들의 힘과 영향력을 기꺼이 사용하는 사람들이 있다. 이와 같은 사람들을 바라볼 때, 당신은 진흙(죄)으로 덮여 있는 내면에서 빛을 발하는 하나님의 형상을 보는가? 하나님으로부터 가장 멀리 떠나 있는 것처럼 보이는 사람에게서도 당신은 가치 있는 무엇인가를 이끌어낼 수 있다. 이런 과정을 통해 당신은 당신 자신과 다른 사람들 안에 내재되어 있는 하나님의 걸작품을 복원하는 일에 있어 창조주를 더 잘 섬길 수 있게 된다.

마르쿠스는 로마 신들에게 제물을 바치기 위해 신전에 올라 가는 아버지를 따라 다니면서 어린 시절을 보냈다. 마르쿠스의 아버지는 '주피터에게 영광을!', '자녀를 갖길 원한다면 다이아나에게 제물을 바쳐라'라는 말을 자주 했다. 군인이 된 마르쿠스는 전쟁터에 나타나 승리를 안겨다 준다고 믿었던 '전쟁의 신' 마르스를 섬겼다. 그는 자신의 꿈을 이루기 위해서 신의 도움이 필요하다는 것을 절실히 깨달았기 때문에 신들을 섬기는 것은 그에게 아주 중요한 일이었다.

마르쿠스가 백부장으로 진급 되었을 때, 그가 발령받아 온 지역은 유대인 반란의 전초기지인 갈릴리 지역의 가버나움이었다. 관할하기 힘든 지역을 맡게 된 그는 진급이 그리 달갑지만은 않았다. 힘들고 바쁜 나날을 보내면서도 마르쿠스는 로마 신들을 섬기는 일을 게을리하지 않았다. 그는 자신의 권위 위에 있는 자들을 경외하는 것은 물론 자신의 권위 아래 있는 자들도 잘 보살피는 선한 사람이었다. 그는 자신의 일을 성실히 수행했다.

평화를 유지하는 것이 자신이 다스리는 지역의 사람들을 만족하게 하는 것임을 알고 있었던 마르쿠스는 유대인 지도자들을 친절하게 대하며 가버나움에 새 회당을 지어 주었다. 오래지 않아 평화를 뒤흔들 만큼 마르쿠스의 관심을 끄는 일이 발생했다. 예수라는 사람이 적지 않은 논란을 일으키고 다니는데 자신이 지어 놓은 회당에서 병든 사람들을 치유하는 기적을 행한다는 것이었다. 어떤 유대인 지도자들은 예수를 주술사라고 했지만 다른 사람들은 그를 하나님의 아들이라고 불렀다.

다음 해에도 마르쿠스는 자신의 부하들로부터 예수가 행하는 기적적인 이야기를 계속해서 전해 들었다. 그의 부하들은 마르쿠스에게 어떻게 예수가 신의 아들이 될 수 있는지 계속해서 물었다. 그러나 마르쿠스도 그 질문에는 답을 할 수가 없었다. 그는 백부장으로서의 재임기간 동안 아무런 소동이 발생하지 않도록 예수를 예의 주시했다.

그런데 어느 날, 사랑하는 종 디오클래시안이 죽을 병에 걸렸다는 것을 알게 되었다. 그는 자신이 권위 아래 있는 사람들을 잘 보살피는 선한 사람이었다. 특히, 청년 디오클래시안은 그리스 태생이었지만 백부장 마르쿠스가 아들처럼 사랑하는 자였다. 의사의 치료도 로마 신들에게 올린 기도도 백부장의 종을 치유하지는 못했다. 그가 사랑하는 종이 죽음을 앞두고 있었다. 절망 가운데 있던 마르쿠스는 예수를 떠올렸다. "예수라는 자가 하나님의 아들인 것과 치유의 기적을 행한 것이 사실이라면, 분명 내 종의 병도 고칠 수 있을지 모른다. 회당의 유대인 장로를 보내 예수를 이리로 오라 청하여야겠어." 예수님께서 장로들의 청을 듣고 함께 가실 때에 로마 군사들이 백부장 마르쿠스의 전갈을 가지고 와서 예수님께 전했다.

> "예수께서 함께 가실새 이에 그 집이 멀지 아니하여 백부장이 벗들을 보내어 이르되 주여 수고하시지 마옵소서 내 집에 들어오심을 나는 감당하지 못하겠나이다 그러므로 내가 주께 나아가기도 감당하지 못할 줄을 알았나이다 말씀만 하사 내 하인을 낫게 하소서 나도 남의 수하에 든 사람이요 내 아래에도 병사가 있으니 이더러 가라 하면 가고 저더러 오라 하면 오고 내 종더러 이것을 하라 하면 하나이다 예수께서 들으시고 그를 놀랍게 여겨 돌이키사 따르는 무리에게 이르시되 내가 너희에게 이르노니 이스라엘 중에서도 이만한 믿음은 만나보지 못하였노

라 하시더라 보내었던 사람들이 집으로 돌아가 보매 종이 이미 나아 있었더라" [누가복음 7:6-10]

예수님께서는 이교도인 로마 백부장에게서 무엇을 보셨을까? 그렇다. 그의 큰 믿음을 보셨다! 마르쿠스의 믿음이 예수님을 메시아로 여겨서 생긴 것인지, 아니면 하나님의 아들로 여겼기 때문에 생긴 믿음인지 아니면 한 분이신 참 하나님을 믿는 것에서 생겨난 것인지, 우리는 알 수 없다. 아마도 예수님께서는 진흙(죄)으로 뒤덮인 틈 사이로 흘러 나오는 하나님의 형상을 봤을지 모른다. 유대인을 위한 선한 일에 자신의 권위와 권력을 사용한 사람, 비록 종의 신분이라 할지라도 자신의 권위 아래 있는 사람을 소중하게 생각하고 잘 보살핀 사람, 그 백부장 안에서 하나님의 형상을 보셨을 것이다. 백부장은 예수님에 대한 소문을 듣고 행동으로 믿음을 보였다. 그리고 예수님께서는 그러한 그의 믿음을 칭찬하셨다.

이 이야기는 하나님께서 자신들만을 귀히 여기신다고 생각하는 유대인들에게 상당한 충격을 주었을 것이다. 왜냐하면 마태복음에 기록된 예수님의 말씀 때문이다. "또 너희에게 이르노니 동 서로부터 많은 사람이 이르러 아브라함과 이삭과 야곱과 함께 천국에 앉으려니와 그 나라의 본 자손들은 바깥 어두운 데 쫓겨나 거기서 울며 이를 갈게 되리라"[마태복음 8:11-12].

걸작품을 보다

한 제약회사의 임원이 자신이 하는 일의 윤리적 딜레마로 인해 내게 상담을 요청한 적이 있다. 그는 자신이 직면한 상황에 대해 느끼는 솔직한 심정을 털어 놓았다. "나는 내가 하나님을 제대로 믿고 있는지는 잘 모르겠습니다만, 제게 한가지 문제가 있는 것만은 틀림없습니다. 당신의 도움이 필요합니다. 우리가 판매하고 있는 약품들 중에 주축을 이루는 약이 굉장히 중독성이 있다는 사실을 알고 있습니다. 그렇지만 그 약품이 우리 회사 수익의 상당한 부분을 차지하고 있기 때문에 판매를 촉진해야 한다는 압박을 상사로부터 계속해서 받고 있습니다. 그러나 이것이 옳지 않다는 생각을 떨쳐버릴 수가 없습니다. 이와 관련해서 의견을 내 놓게 되면 회사를 그만 두어야 할 지도 모릅니다. 하지만 양심상 이 일을 계속할 수 없을 것 같습니다."

나는 그에게 다음과 같은 조언을 해 주었다. "당신이 느끼는 양심의 가책은 하나님께서 주신 것 같군요. 하나님께서 당신 안에 어떠한 일을 행하시고 계시며 당신은 옳은 일을 해야 한다는 의지로 하나님께 반응하고 있는 것입니다. 하나님께서 그 일로 인해 기뻐하실 겁니다." 옳은 일을 해야 한다는 생각이 그 임원의 내면에 점점 더 깊게 뿌리 내릴수록 하나님의 걸작품도 점점 더 환하게 빛을 발했다. 그날 그는 하나님과 동행하는 삶을 시작했고 예수 그리스도 안에서 믿음을 발견해 가는 길을 걷게 되었다.

예수 그리스도를 알지 못하는 사람들 안에 있는 하나님의 형상을 이끌어 낼 수 있는 여러 가지 방법들을 생각해보자. 사람들을 잘 관리하고 다루는 이들을 칭찬하거나, 자신의 일을 훌륭하게 해내는 사람들에게 감사를 표하거나, 하나님께서 만드신 공의와 진실성을 그들의 삶에 드러내는 것을 진지하게 생각하는 사람들을 격려하는 것이 하나의 방법이 되겠다. 사람들을 하나님의 걸작품으로 인식하게 하는 것은 그들이 하나님과 동질감을 갖게 하는 일에서부터 시작되어야 한다. 우리는 예수님을 따르는 자들이 진흙(죄)으로 뒤덮인 사람들 내면의 갈라진 틈 사이로 빛을 발하는 하나님의 형상을 이끌어 낼 때, 많은 사람들이 믿음을 갖게 되는 것을 보아 왔다

하나님의 형상 – 사랑

주변 사람들이 믿음을 갖도록 돕는데 관심이 많은 한 크리스천 여인이 나에게 굉장히 흥미로운 무언가를 말했다. "내가 이웃들과 점점 더 친밀한 관계를 맺을수록 그들은 하나님과 관계 맺는 것을 원치 않더군요. 정말 좋은 사람들인데…, 그들은 자녀를 사랑으로 대하는 정말 훌륭한 부모입니다. 믿음이 없는 그들에게 크리스천인 내가 줄 수 있는 것이 아무것도 없는 것 같은 느낌이 들었습니다. 나는 그들에게 왜 하나님이 필요한지 알려 줄 수 있는 방법이 없어 너무 당혹스러웠습니다."

나는 그녀에게 말했다. "그들이 정말 훌륭하고 멋진 부모라는 격려의 말을 해 주는 것은 어떨까요? 그리고 그런 그들을 하나님께서 지켜보

고 계시며 그들로 인해 기뻐하신다고 말해 주십시오. 아마도 그들은 하나님께서 자신들로 인하여 기뻐하신다는 상상을 해 본 적이 없을 겁니다. 자녀를 사랑하는 그들의 모습을 통해 분명 하나님의 형상이 드러날 것입니다. 이러한 일은 그들이 하나님에 대해 더 많이 듣고 알게 되는 문을 열어 줄 것입니다. 하나님이 모든 사랑의 근원이신 것을 그들이 깨닫게 된다면 더더욱 말입니다."

그녀가 말했다. "그런 방법은 전혀 생각해본 적이 없습니다. 왜냐하면 그들이 하나님을 믿지 않기 때문에 하나님께서 그들의 삶에 관여하지 않을 것이라고 생각했습니다." 우리가 사람들에게 예수 그리스도를 전할 때까지 하나님은 그들에게 나타나시지도 않고 그들의 삶에 관여하지도 않는다는 것은 완전히 그릇된 관념이다. 이에 관한 내용은 이후 이어지는 장에서 더 자세히 알아볼 것이다. 우리는 밝은 빛을 발해야 하는 존재가 되어야 한다. 빛을 발하는 것은 가장 중요한 하나님의 특질이며, 이는 모든 인간에게 내재되어 있다. 이 빛이 바로 사랑이다!

우리 내면에 있는 하나님의 형상이 가진 특질 중에 가장 중요한 측면은 사랑이다. 우리는 예술가이신 하나님의 여러 작품들 중 하나로 만들어진 것이 아니라 그분의 뜻과 영광을 위하여 사랑으로 창조된 걸작품들이다. 하나님은 사랑이시며, 우리의 아버지, 어머니, 친구 같은 분이시다. 나는 사랑이 하나님께로부터 온 것이라는 사실을 사람들에게 알려줌으로써 그들이 예수님 안에서 믿음을 갖도록 격려하고 이끌어 주었

Chapter 04. 사랑으로 진리를 말하다

다. 어떤 사람들은 결혼 전 갖는 성관계와 동거 그리고 하나님께 복종하고 서로를 사랑하기 보다 서로 조종하고 지배하려는 죄 때문에 그들 안에 있는 사랑의 형상이 훼손되었다.

하나님의 형상은 사람들이 하는 사랑의 행동과 사랑의 경험을 통해 드러난다. 우리가 여러 방면에서 하나님의 사랑을 훼손하고 있지만 그래도 사랑은 여전히 하나님께 속한 것이다. "사랑하는 자들아 우리가 서로 사랑하자 사랑은 하나님께 속한 것이니"[요한일서 4:7]. 인간은 자신들의 내면에 존재하는 하나님의 형상을 망가뜨렸지만 복구되지 못할 정도로 완전히 훼손된 것은 아니다. 하나님의 형상은 여전히 우리 안에 있으며 예수 그리스도 안에서 온전히 드러나길 기다리고 있는데, 때때로 진흙(죄) 틈 사이로 빛을 발하기도 한다.

하나님께서는 당신이 다른 사람들 내면에 있는 하나님의 형상을 볼 수 있게 그리고 끄집어 낼 수 있게 하기 위하여 당신의 거칠고 모난 부분을 다듬길 원하신다. 당신을 하나님께 내어드려 친히 일하실 수 있게 하라. 크리스천이 가장 창의적이며, 사람들을 독려하고, 사랑하고, 삶의 기운을 불어 넣는 사람들로 인식된다고 상상해 보라. 하나님을 믿지 않는 사람들이 당신에 대해 '저 사람과 친하게 지내고 싶군요. 그는 항상 나의 좋은 점을 끄집어 낸 답니다.'라고 말한다면 우리가 우리 스스로를 그러한 정체성을 가진 자로 바라보아야 하지 않을까? 만약 그렇게 되면, 크리스천이라는 단어가 '작은 예수'라는 의미를 가질 수 있을 것이다. 예수님께서는 우리를 하나님의 걸작품으로 부르셨고 은혜와 진리로 우리를 그렇게 대해 주셨다.

⊨ Questions and Actions ⊨

1. 묵상 과제

당신의 정체성은 얼마나 안정감 있는가? 당신은 하나님께서 당신에게 하시는 말씀에 귀를 기울이는가? 아니면 다른 사람들이 당신에 대하여 어떻게 생각하는지에 대해 귀를 더 기울이는가?

당신 주변에 있는 사람들을 대할 때, 그들 내면에 있는 하나님의 걸작품을 이끌어 내는 당신만의 방법이 있는가?

2. 실천 과제

다른 사람들에게 있는 하나님의 형상을 찾아 보라. 그리고 단언하고 격려하는 말로 그것을 끄집어 내어 보자. 적어도 하루에 한 사람 이상, 일주일 동안 도전해 보라.

예수님의 눈으로 바라보기
SEEING THROUGH THE EYES OF JESUS

Chapter 5

사랑으로 진리를 말하다

Pieta, Michelangelo (1498-99)

Photo: Bryan Busovicki, Dreamstime.com

라즐로 토스라는 헝가리 태생의 지질학자가 손에 망치를 든 채 보안 요원들을 제치고 미켈란젤로의 대표작 '피에타'(Pieta)를 향해 미친 듯이 달려갔다. 그는 "내가 예수 그리스도이다."라고 외치며 망치로 대리석 상을 내려치기 시작했고 마리아의 왼쪽 팔과 코 그리고 왼쪽 눈꺼풀 등 여러 곳이 심각하게 파손되었다.

전 세계의 미술 역사가들은 회복될 수 없을 것 같아 보이는 피에타 석상을 보고 안타까워했다. 석상을 훼손한 라즐로 토스는 정신적인 문제가 있는 사람으로 판명되어 어떠한 법적 처벌도 받지 않았다. 대신 이탈리아의 한 정신병원에 격리 조치 되었다.

미켈란젤로의 걸작품을 훼손하려는 그의 동기가 어떠했든, 온갖 악조건에도 불구하고 시도한 그의 파괴 공작은 그리 오래 지속되지 못한 채 저지 당하고 말았다. 그리고 데오클레시오 레디그 디 캄포스(Deoclecio Redig de Campos)라는 예술작품 복원 전문가의 지도 아래 피에타 석상을 복원하는 팀이 결성되었다. 그들은 마리아의 팔과 코와 눈꺼풀에서 떨어진 대리석 조각을 붙이고 없어진 부분을 재생하기 위해 대리석 가루와 특수 접착제를 사용했다. 수개월간의 복원작업 후, 마침내 미켈란젤로의 걸작품은 본래의 화려한 모습을 회복하게 되었다.

모든 하나님의 걸작품은 본래의 모습으로 회복이 가능하다. 그렇다면 하나님께서 우리 안에 있는 그분의 형상을 회복시키기 위하여 어떠한 도구를 사용하실까? 하나님께서는 그분의 몸인 교회를 통하여 '팀

걸작품을 보다

(team) 접근'이라는 방법으로 우리 안에 있는 그분의 형상을 회복시키신다. 이와 더불어 우리에게 가르쳐 주시고 우리가 사용하길 바라시는 두 가지 주요한 도구가 있다. 그것은 바로 은혜와 진리이다. 이 두 가지 도구를 사용하지 않으면 다른 이들을 회복시키는 과정에게 더 큰 상처를 주는 결과를 초래하게 된다.

예수님께서는 다음과 같이 말씀하셨다. "말씀이 육신이 되어 우리 가운데 거하시매 우리가 그의 영광을 보니 아버지의 독생자의 영광이요 은혜와 진리가 충만하더라, 율법은 모세로 말미암아 주어진 것이요 은혜와 진리는 예수 그리스도로 말미암아 온 것이라"[요한복음 1:14,1]. 우리는 율법을 통하여 진리를 깨달을 수 있지만 은혜는 받지 못한다. 율법은 정죄의 수단일 뿐이다[로마서 3:19-20]. 만약 우리가 회복될 가능성이 전혀 없는 훼손되고 더럽혀진 예술 작품이라고 가정해 본다면, 우리는 쓰레기장으로 가야 할 처지에 놓이게 될 것이 자명하다. 그러나 복원하고 회복시킬 수 있는 능력과 기술을 가진 예술의 거장이 있다면 어떨까? 그렇다. 우리는 그분으로부터 희망을 볼 수 있다!

어렸을 때 자석을 가지고 놀아 본 적이 있는가? 그렇다면 두 자석의 양전하 끝은 서로를 밀어 내는 성질을 가지고 있다는 것을 알고 있을 것이다. 아주 강한 두 개의 자석을 같은 극끼리 맞대고 있으려면 엄청난 힘이 필요한데, 몇 가지 이유에서 은혜와 진리는 자석의 양극(Positive polarities)과 같은 것이라 말할 수 있겠다. 크리스천들은 은혜와 진리를 동시에 붙잡고 있는 것이 상당히 어렵다는 것을 안다. 왜냐하면 이 둘이 서로를 밀쳐내기 때문이다. 결국 사람들은 진리 없는 은혜 또는 은혜 없는 진리, 둘 중 하나만을 붙잡게 된다. 그러나 예수님께서는 서로를 밀어내려는 은혜와 진리를 강력한 힘으로 붙잡으셨다. 그 힘이 바로 '사랑'이다!

은혜, 진리, 그리고 사랑

우리가 세상에서 예수님처럼 살아가려면 서로를 밀어 내려는 은혜와 진리를 지켜내는 법을 반드시 배워야만 한다. 그런데 이것은 사랑이 사람들과의 교류에 있어 힘이 되어 줄 때 가능해 진다. 우리가 은혜와 진리를 동시에 붙잡고 있어야 하는 이유는 하나님께서 인간을 회복시키시기 위해 이 두 가지 도구를 사용하시기 때문이다.

진리 없는 은혜는 사랑이 없음을 의미한다. 어떤 크리스천들은 하나님에게, 다른 사람에게, 심지어 우리 자신에게 지은 죄의 심각성을 완전히 무시하면서 은혜 베푸는 것을 꿈꾸며 은혜를 빙자하여 죄로 인해 빚어지는 심각한 결과를 최소화 하려 한다. 그러나 이는 사랑의 행위가 아니다.

어떤 사람이 자신의 자녀를 사랑한다면 그는 분명 자녀들에게 해도 되는 것과 해서는 안 되는 것에 대한 특정한 규칙이나 규범을 이야기해 줄 것이다. 이는 해악으로부터 자신의 자녀를 보호하고 지키려는 마음에서 그러한 말과 행동을 하게 된다. 이를 테면, '자동차나 사람들이 많이 다니는 거리에서는 잡기놀이를 해서는 안 된다.'라는 것은 그들을 위험한 상황에 빠지지 않게 하기 위함이며, '네가 수학을 좋아하지 않는 걸 알지만, 그래도 수학공부를 반드시 해야 한다.'라는 것은 공부를 통해 그들이 더 나은 미래를 갖게 될 가능성이 크다는 것을 알기 때문이다. 어리고 철이 들지 않은 자녀들은 부모들이 그렇게 이야기하는 이유를 이해하지 못한다. 그러나 부모가 자녀들에게 그러한 말(규칙, 규범)을 하는 것은 그들을 사랑하기 때문이다.

악으로부터 우리를 보호하고 미래에 더 좋은 것을 주기 위한 목적을 가진 하나님의 뜻은 우리의 삶 가운데 지속적으로 나타났다. 우리가 하나님의 뜻을 거스를 때, 우리 안에 있는 하나님의 걸작품은 심각한 손상을 입게 된다. 모세를 향한 하나님의 사랑이 모세에게 율법을 주는 동기가 되었다. 다시 말해, 하나님께서 모세와 이스라엘 백성을 너무 사랑하셨기 때문에 율법을 주신 것이다. 예수님께서 오신 것도 율법을 폐하기 위함이 아니라 완성하기 위함이었다[마태복음 5:17]. 율법이 우리에게 주어진 목적은 사랑의 특질, 즉 해야 할 것과 하지 말아야 할 것을 알게 하기 위함이다. "사랑은 오래 참고 사랑은 온유하며 시기하지 아니하며 사랑은 자랑하지 아니하며 교만하지 아니하며 무례히 행하지 아니하며 자기의 유익을 구하지 아니하며 성내지 아니하며 악한 것을 생각하지 아니하며 불의를 기뻐하지 아니하며 진리와 함께 기뻐하고 모든 것을 참으며 모든 것을 믿으며 모든 것을 바라며 모든 것을 견디느니라 사랑은 언제까지나 떨어지지 아니하되 예언도 폐하고 방언도 그치고 지식도 폐하리라"[고린도전서 13:4-8]. 사랑이 담겨 있지 않은 말과 행동으로 사람들을 대할 때, 율법은 하나님께서 정의하신 사랑에 의거해 우리의 행동에 사랑이 없음을 보여준다.

그러나 율법 그 자체가 우리를 더 나은 사람으로 만들지는 못한다. 은혜가 배제된 상태의 율법은 사람들로 하여금 정죄감을 느끼게 만든다. 은혜는 진정한 사랑의 사람이 되는 길을 제공하며, 또한 우리가 믿음으로 살아갈 때 하나님의 임재와 능력이 우리와 함께 한다는 것을 기억하게 만든다. 우리가 율법에 따라 살지 못할 때 조차도 말이다. 우리는 하나님의 사랑에 힘입어 은혜와 진리가 충만한 사람들로 살아가길 간구해야 한다. 하나님께서는 우리 내면과 다른 사람들의 내면에 있는 그분의 걸작품을 회복하는데 이 두 가지 도구를 사용하신다. 사랑과 결속된 은혜와 진리라는 도구를 사용하여 걸작품을 이끌어 내신 예수님의 행적을 살펴보자

당신을 위해 준비된 하나님의 위대한 계획

예수님께서는 진흙(죄)투성이인 사람들을 위한 하나님의 위대한 계획을 보시고, 종종 그것에 관해 말씀하시곤 했다. 예수님이 길을 갈 때에 어떤 한 사람이 달려와 무릎을 꿇고 말했다. "선한 선생님이여, 내가

무엇을 하여야 영생을 얻으리이까?"[마가복음 10:17-21]. 예수님이 사람들을 만났을 때의 모든 상황을 면밀히 살펴본 결과, 예수님께서 은혜라는 도구로 상황을 이끌어 가셨다는 것을 알게 되었다. 이 경우, 예수님께서는 진리라는 도구로 상황을 이끄시다가 질문을 통해 은혜라는 도구를 진리와 결합시키셨다. 이 상황을 자세히 살펴보자.

예수님께서 그 사람에게 물으셨다. "어찌하여 나를 선하다 일컫느냐?" 그리고 이렇게 말씀하셨다. "하나님 한 분 외에는 선한 이가 없느니라." 우리는 나중에 이 사람이 재물을 사랑하며 돈에서 자신의 가치를 찾는 사람이라는 것을 발견하게 된다. 예수님은 그 사람이 자신의 삶에 하나님을 최우선 순위로 두지 않았다는 사실과 선한 행실로 자신이 선한 사람이라는 것을 증명하려 한다는 사실을 알고 있었다. 예수님께서 하신 말씀의 의미를 좀 더 자세히 표현해 보면 이와 같다. "이 세상에는 선한 사람이 한 명도 없다는 사실을 아는가? 그렇다면 나를 부를 때 '선한 선생'이라고 말한 것은 내가 누구인지 안다는 의미인가?"

예수님께서는 또 말씀하셨다. "네가 계명을 아나니 살인하지 말라, 간음하지 말라, 도둑질하지 말라, 거짓 증언 하지 말라, 속여 빼앗지 말라, 네 부모를 공경하라…" 예수님의 말이 다 끝나기도 전에 그 사람이 말했다. "선생님이여, 이것은 내가 어려서부터 다 지켰나이다."

이어지는 예수님의 반응을 이렇다. "예수께서 그를 보시고 사랑하사"[마가복음 10:21].

여기서 우리는 통찰력 있는 마가의 주석을 볼 수 있다. 마가는 예수님의 얼굴에 드러난 표정을 통해 그분의 마음에서 철철 흘러나오는 사랑을 분명히 보았을 것이다. 예수님이 그 사람을 바라보는 모습을 본 사람이라면 누구나 예수님께서 그 사람을 사랑하신다는 것을 느낄 수 있었을 것이다. 예수님께서는 왜 그 사람을 향해 사랑의 마음을 품으셨을까? 그는 스스로를 선하다 생각하며 자신의 가치를 증명하려 했다. 게다가 모든 율법을 잘 지켰다고 생각했지만 하나님을 사랑하라는 첫 계명, 즉 '나 외에는 다른 신들을 네게 두지 말라'[출애굽기 20:3]는 계명을 지키지 않았다. 그는 스스로에게 속임을 당한 것이다. 예수님께서는 이 모든 사실을 다 알고 계셨다. 주님은 그가 무엇을 간과하고 있는지 스스로 알기 원하셨기 때문에 고의적으로 십계명의 처음 네 계명(하나님을 사랑하라는 것에 대한 계명)과 마지막 계명(탐욕에 대한 계명)은 언급하지 않으셨다. 예수님의 이러한 의도에도 불구하고 그는 영생을 얻기 위한 첫 번째 조건의 단서를 얻는데 실패했다.

그 사람이 슬픈 기색을 띠고 근심하는 태도를 보였음에도 예수님께서는 진리의 망치를 꺼내 들지 않으셨다. 예수님께서 그 사람을 향해 '스스로를 속이는 자여, 너는 이기적이고 탐심이 많으며 오만한 죄인이구나!'라고 말씀하셨을 수도 있다. 그러나 주님은 그를 보시고 사랑의 마음을 품으셨다.

사랑은 예수님이 은혜와 진리를 동시에 수반할 수 있도록 만들었

걸작품을 보다

다. 예수님께서는 이 사람을 향한 하나님의 위대한 계획을 보셨기 때문에 사랑이 동기가 되어 하나님의 원대한 계획을 말씀해 주셨다. "네게 아직도 한 가지 부족한 것이 있으니 가서 네게 있는 것을 다 팔아 가난한 자들에게 주라 그리하면 하늘에서 보화가 네게 있으리라 그리고 와서 나를 따르라 하시니"[마가복음 10:21].

예수님께서는 그에게 훨씬 더 좋은 삶을 위한 조건을 제시하셨다. '네게 아직도 부족한 것이 있으니…', 이 말은 그 사람이 아직도 진리를 깨닫지 못하고 있음을 의미한다. 이어 영원한 하늘의 부와 상급이 있음을 그에게 말씀하시며 하나님께서 창조하신 목적에 부합되게 살아가도록 '나를 따르라'라고 그를 부르셨다. 우리도 사람들을 향한 하나님의 원대한 계획을 상상하며 그들이 하나님께서 말씀하신 소명의 자리로 나올 수 있게 해야 한다.

그 부자는 근심하며 자리를 떠났지만 예수님을 그를 붙잡지 않으셨다. 때때로 우리는 은혜와 진리 가운데 사람들을 하나님의 원대한 목적이 있는 길로 이끌어 내는 경험을 하게 될 수도 있다. 특히 사람들이 전심으로 주님을 따르겠다는 의지를 보일 때, 하나님께서 행하실 일들을 상상하며 열심을 다해 그들을 대하게 된다. 어떤 사람들은 하나님을 떠나기도 할 것이다. 그러나 때가 되면 그들은 하나님의 놀랍고 원대한 계획을 깨닫고 다시 돌아오게 될지도 모른다.

사랑과 진리로 이끌라

어느 토요일, 나는 오스틴 외곽에서 열린 결혼식 피로연에 참석했다. 아름다운 자연경관을 감상하며 시간을 보내고 있었는데 가까운 테이블에서 차드와 마리아가 대화하고 있는 것을 보았다. 얼마 전, 마리아는 예수님께 자신의 삶을 드리기로 결단했고 이후 차드를 교회로 인도했었다. 차드가 교회에 나오기 시작한지 6개월 정도 되었는데, 나는 그가 재미 삼아 교회에 나온다는 사실을 알고 있었다. 왜냐하면 그는 스스로를 불가지론자(인간은 신을 인식할 수 없다는 인식론)라고 생각하고 있었기 때문이다. 차드는 회사를 나가지 않는 공휴일이나 주말 그리고 일과 후에는 극한의 스포츠를 즐기느라 항상 바쁜 시간을 보냈다. 극한의 스포츠를 즐긴다는 것은 오스틴에서 최첨단의 기술혁명을 즐긴다는 의미이다. 그는 어린 나이에도 불구하고 첨단 기술을 개발하는 회사에서 그 능력을 인정 받았다.

나는 옆에 서 있는 케니에게 물어보았다. "차드의 영적 성숙도는 어느 정도입니까? 주님을 갈망하는 마음이 있나요 아니면 제자리인가요?"

"제가 볼 때, 차드는 마음의 문이 닫혀 있는 것 같습니다. 그리고 차드에게 있어 게이트웨이 교회는 하나님을 찾는 장소라기 보다 여자를 찾는 장소 같아 보입니다. 그는 얼마 전 헤드헌터로부터 이직을 제안 받았는데 곧 뉴욕으로 직장을 옮긴다고 합니다."

케니의 말을 들었을 때, 나는 뭔가로 한 대 맞은 듯한 느낌이 들었다. 그리고 차드를 향한 긍휼의 마음이 일어나기 시작했다. 그는 사업상 세계를 누비고 아드레날린이 솟구치는 대로 극한의 삶을 즐기며 출세와 성공을 이미 거머쥐었다고 생각하는 사람이었다. 세상의 눈으로는 볼 때는 당연히 그렇게 보인다. 그러나 내가 차드를 보았을 때 부자 청년의 이야기가 생각났다. 예수님이 사랑했던 그 부자 청년! 나는 기회가 사라지기 전에 그에게 진리의 복음을 전해야 한다는 생각이 강하게 들었다.

부자 청년이 예수님께 보였던 반응을 떠 올리며 나는 차드에게 다가갔다. "차드, 축하해요! 뉴욕에서 일하게 될 거라는 반가운 소식을 들었어요. 엄청난 일을 해 내셨군요."

"고맙습니다. 오스틴의 전원풍경이 그리워질지도 몰라요. 하지만 조건이 너무 좋아서 도저히 거절할 수가 없더군요." 그는 새로 근무하게 될 회사에 대한 자세한 설명과 함께 계약 성과금으로 얻게 될 스톡옵션(주식매수 선택권)에 대한 이야기를 들려주었다. 불과 8, 9년 전만 해도 그는 부모님이 맞벌이 하는 가정의 아이였고 여드름이 가득한 얼굴에 사이버공간에서 자신의 즐거움을 찾는 어린 소년이었다. 그런데 어느덧 돈 많은 부자 청년이 되어 있었다.

"차드, 우리교회에 나온 지 꽤 오래됐죠? 이제는 하나님에 대해서 좀 알 것 같나요? 믿음에 한 걸음 더 다가가신 것 같으세요?" 나는 좀 더 적극적이고 직접적인 질문으로 그에게 다가갔다.

차드는 어깨를 으쓱하더니 태연하게 대답했다. "여러분들이 하는 모든 일에 대해 좋은 감정과 존경의 마음을 가지고 있습니다. 하지만 저와는 잘 안 맞는 것 같습니다."

이런 영적이고 복음적인 대화를 차드와 나눈 것은 이번이 처음은 아니었다. 나는 하나님께서 차드에게 주신 은사를 통해 행하실 일들을 상상하며, 그를 위해 준비하신 목적에 부름받을 수 있도록 최선을 다해 그를 돕기로 마음먹었다. "차드, 당신은 정말 보기 드물게 똑똑하고 천재적입니다. 당신이 뭔가를 배우고 익히는 것을 좋아한다는 걸 알고 있습니다. 그래서 지금의 성공을 거둘 수 있었다고 봅니다. 하지만 이 점을 한번 생각해 보세요. 당신은 아주 성공한 사람이에요. 돈도 많이 벌었고 당신이 얼마나 똑똑한지를 세상으로부터 인정도 받았습니다. 당신이 죽어서 정말로 하나님이 계시다는 사실을 알게 되었을 때, 그리고 그 하나님께서 당신을 정말 많이 사랑하셨을 뿐만 아니라 당신 자신만을 위해 사는 삶보다 훨씬 더 원대한 목적을 가지고 있었다는 사실을 알게 된다면 어떨까요? 자신을 위한 일이 최고라고 생각하며 바쁘게 시간을 보내느라 하나님께서 당신에게 주신 놀라운 은사를 사용하지 못했다면 과연 어떠한 마음이 들지 생각해 보세요. 자신만을 위해 사는 삶이 그리 현명한 선택은 아니겠죠?"

놀랍게도 그는 내가 한 말에 공감을 하는 듯했다. 나는 그가 뉴욕으로 떠나기 전, 남은 두 달 동안 마음과 혼을 다해 하나님을 구할 것을 권면했다. 차드는 예전과 달리 마음의 문을 열고 하나님의 임재를 구하기 시작했다. 어느 날, 나는 차드에게 몇 권의 책을 건네며 말했다. "이 책을 다 읽은 후에 다시 만나죠. 몇 가지 주제를 가지고 이야기를 나누어 볼까 합니다."

공교롭게도 뉴욕으로 날짜가 연기되었다. 차드를 향한 하나님의 계획이라고 확신한다. 차드는 4개월이 조금 넘는 기간 동안 성경과 기독교 서적을 읽고 다른 성도들과의 대화 그리고 나와의 만남을 통해 자신의 문제들을 해결해 나갔다. 마침내 그는 주님께 마음을 열고 소그룹 모임에 동참하게 되었고 영적 경험을 통해 신앙과 믿음이 성장해 갔다. 그해 12월, 차드가 뉴욕에서 크리스마스 카드를 보내왔다.

"나에게 많은 시간을 할애해 주신 것에 너무 감사 드립니다. 그 소중한 시간들을 통해 예수 그리스도를 알게 되었습니다. 그분께서 나의 삶을 변화시켜 가고 계십니다. 축복합니다. 메리 크리스마스!"

하나님의 성품이 보인다

예수님께서 사람들을 만났을 때 은혜로 모든 상황을 이끌어 가셨지만 거기에는 항상 진리가 동반되었던 것을 볼 수 있다. 하나님의 관점에서 볼 때 진리는 사실이며 실제이다. 진리는 그저 죄에 대한 실제적인 문제만을 끄집어내지 않는다. 진리는 하나님께서 주신 성품의 특성이 빛을 발할 때 드러나는 실제적인 하나님의 형상을 이끌어 낸다. 예수님께서 사람들을 보실 때 종종 그들 안에 일어나는 거룩한 성품의 특성에 대

Chapter 05. 사랑으로 진리를 말하다

해 용기를 주는 말씀을 하시곤 했다. 우리는 다른 사람들 안에 있는 이러한 거룩한 성품의 특성이 진흙(죄)으로 덮여 있다 할지라도 그것을 볼 수 있어야 하며 이끌어 낼 수 있어야 한다.

예수님께서 처음 베드로 만났을 때, 그의 이름은 시몬이었다. 주님께서는 시몬을 보시고 그가 믿음의 사람이 될 것이라는 사실을 아셨다. "시몬, 너에게서 반석 같은 믿음을 볼 수 있다. 그러므로 너의 이름을 '베드로(반석)'라 하겠다"[참조 요한복음 1:42]. 시몬이 예수님의 비전을 온전히 수행하기 위해서는 먼저 선행되어야 할 일이 있었다. 그것은 시몬에게 묻은 진흙(죄)을 깨끗하게 닦아내는 일이었다. "내가 이 반석 위에 내 교회를 세우리니"[마태복음 16:18].

예수님은 시몬의 열정에 어두운 면이 있다는 사실을 알고 있었다. 또한 베드로가 어리석은 일을 할 것이라는 사실도 이미 알고 계셨다. 4년을 넘게 교회의 지도자 자리에 있었음에도 베드로는 외식하는 행위 때문에 바울로부터 책망을 받았다[참조: 갈라디아서 2:11-13]. 그럼에도 불구하고 예수님께서는 베드로의 열정적인 믿음이 가지고 있는 긍정적 성향을 끄집어 내셨다.

예수님께서 나다나엘을 처음 만났을 때, 그의 내면에 있는 거룩한 성품을 끄집어 내셨다: "이는 참으로 이스라엘 사람이라 그 속에 간사한 것이 없도다"[요한복음 1:47]. 예수님께서는 사람들에게 이러한 성품을 있는지 보시며 발견할 때마다 독려하시며 그 성품을 끄집어 내셨다.

걸작품을 보다

이번에는 예수님께서 유다를 신뢰한 방법에 대해 살펴보자. 유다는 예수님을 전적으로 믿지 않은 유일한 제자이다. 그런 유다에게서 예수님은 재정에 대한 은사를 발견했을 수도 있다. 선한 청지기의 사명을 감당할 수 있을 것 같아 보이지 않는 사람들이 그 자리에 있는 것처럼 하나님께서 주신 유다의 성향과 성품도 이와 같이 사용되었을지 모른다. 왜냐하면 예수님은 유다를 재정 담당자로 삼으셨기 때문이다[참조: 요한복음 13:29].

하나님을 떠나 있는 사람들에게서 거룩한 성품의 특성을 보게 될 때, 위험을 감수하면서까지 진리를 말하고 그들을 격려할 수 있는가? 심지어 우리와 함께 동역하며 그들의 은사를 사용할 수 있게 할 수 있는가? 비록 그들이 유다와 같이 우리에게 등을 돌린다 할지라도 말이다.

바리새인들은 그렇게 하지 못하지만 예수님께서는 기꺼이 그렇게 하셨다.

용서

어느 주일, 제시카가 자신의 남자친구와 함께 기도 요청을 하기 위해 나를 찾아왔다. 그녀는 수년 전 뉴욕에서 멀리 떨어진 아주 작은 마을에서 오스틴으로 이사를 왔다. 나는 그녀가 통상적으로 쓰는 말을 통해 예수님을 믿는 사람이 아니라는 것을 알 수 있었다. 그녀는 최근에 남자친구와 함께 우리교회에 나오기 시작했다고 말했다. 그리고 몇 개월 전,

Chapter 05. 사랑으로 진리를 말하다

뉴욕에 사는 그녀의 엄마가 자택에서 처참하게 살해를 당했다고 했다. 범인은 아직까지도 잡히지 않았고 어떠한 살해 동기나 이유도 밝혀지지 않았다고 말하면서 기도가 필요하다고 했다.

"제시카, 정말 유감스러운 일이 아닐 수 없네요. 당신이 어떠한 심정일지 제가 다 이해할 수는 없을 겁니다." 나는 그녀와의 대화를 통해 이 일을 어떻게 감당하고 있는지 알 수 있었다. 그래서 그녀가 겪고 있는 슬픔과 역경으로부터 스스로 자유함을 얻을 수 있게 도와 주고 싶었다. 제시카가 예수 그리스도를 믿는 사람은 아니었지만 그녀의 어머니에게 일어난 끔찍한 범죄에 대해 하나님께서도 많이 슬퍼하신 하신다는 사실을 그녀가 알기를 바랬다. 그런데 그녀가 던진 한마디 말로 인해 나는 어안이 벙벙해졌다.

"엄마를 죽인 살인범을 용서하기로 결심했습니다."

"아, 그렇군요…. 그런데 어떻게 그런 결정을 하게 되었나요?" 나는 긴장을 풀고 그녀에게 물었다.

"그 사람이 이런 악한 일을 저지를 때 얼마나 고통스럽고 마음을 불안했을까 하는 생각이 들었고 분노는 나에게 더 큰 상처가 된다는 것을 깨달았기 때문입니다."

빙고! 그녀가 예수 그리스도를 믿지 않는다는 사실에도 불구하고 그녀의 삶 가운데 분명한 하나님의 일하심이 있음을 보여줄 수 있는 기회가 찾아온 것이다. 나는 제시카에게 말했다. "제시카, 그런 긍휼의

걸작품을 보다

마음은 하나님께서 주신 것입니다. 일반적으로 사람들은 그러한 참혹한 행위에 대해 용서하는 마음을 갖기 어렵습니다. 하나님께서 당신에게 용서의 마음을 품게 하신 것은 뭔가 특별한 일을 행하시고 계신다는 의미입니다."

"당신 말이 맞는 것 같아요. 내가 어떻게 평안한 마음을 가질 수 있는지 저도 잘 모르겠거든요. 나는 여전히 슬프고, 또 다른 희생자가 나오지 전에 범인이 잡히길 원하지만 나의 마음은 평안하기만 합니다."

제시카에게 일어난 일로 인해 하나님께서 그녀의 삶에 개입하고 있음이 분명해졌기 때문에 계속해서 하나님을 구하도록 그녀를 독려했다. 소그룹 모임을 통해 그녀가 가지고 있는 용서라는 거룩한 특질은 더욱 고무되었고, 그 해 말 제시카는 예수 그리스도를 영접하고 세례를 받게 되었다. 이후 그녀는 자신과 남자친구의 영적 성장을 위해 잠시 떨어져 지내야겠다는 생각이 불현듯 들었다. 주님께서는 그녀의 삶을 계속해서 진흙탕 속으로 빠져들게 만든 과거의 성적인 죄를 그녀에게 보여 주시기 시작했다. 9개월 후, 그들은 주님의 인도하심으로 하나님 앞에 그들의 성적 순결함을 지키기로 약속했다. 그리고 두 사람은 결혼을 준비하는 커플들에게 상담을 해주는 혼전 상담사로 일하게 되었다. 예수 그리스도를 인격적으로 만난 후 제시카는 자신이 하나님의 걸작품이라는 사실을 인식했고 이때부터 삶에 많은 변화가 찾아왔다.

3년 후, 그녀는 교도소 사역을 시작했다. 재소자들에게 자신의 이야기를 들려주며 그들이 저지른 죄를 회개하고 어둠의 굴레로부터 자유함을 얻을 수 있도록 재소자들을 돕고 있다. 하나님께서는 '초자연적인 용서'라는 성품의 특질을 가지고 있는 제시카를 다른 사람들을 회복시키는 일에 사용하고 계신다.

함께 하기에 충분히 가치 있는 사람

예수님께서는 종종 사람들이 지은 죄를 들춰내지 않으시고 대화로 그들과 소통하셨다. "당신은 귀한 사람입니다. 비록 죄를 지었지만 식사를 같이 하기에 충분히 가치 있고 소중한 사람입니다. 당신이 어떠한 사람인지 굳이 내게 증명해 보이지 않아도 됩니다." 삭개오를 생각해 보자. 그는 나폴레옹 콤플렉스(키가 작은 사람들이 보상 심리로 공격적이고 과장된 행동을 하는 현상)를 가진 악명 높은 권력자이자 부자였다.

성경은 그가 세리장이었다고 말한다[누가복음 19장]. 이는 폭력을 행사하며 세금을 걷는 무리의 우두머리였음을 의미한다. 로마의 압제하에 자신들의 영혼을 로마 정권에 팔아 동족의 피를 빨고 권력으로 부를 부정 축적한 반역자들의 수장이었다. 그래서 여리고 지역에 사는 모든 사람들은 그를 멀리했다.

예수님께서는 모든 죄인들의 내면에서 빛을 발하는 하나님의 형상을 보셨다. 예수님은 하나님께서 삭개오를 돌이키기 위해 그의 상함 마음까지도 사용하시는 것을 보셨다. 그리고 삭개오가 풍문으로만 듣던 메시아를 보기 위해 나무 위에 올라 간 것을 보시며 말씀하셨다. "삭개오야 속히 내려오라 내가 오늘 네 집에 유하여야 하겠다"[누가복음 19:5]. 우리가 여기서 주목해야 할 것이 있다. 그것은 예수님께서 길을 지나다가 삭개오를 발견하셨다는 것이다. 예수님께서는 삭개오와 시간을 함께 보내기 위해 그날의 계획을 변경하셨다. 이것이 갖는 의미는 이렇다. '삭개오야, 네가 어떤 사람인지 굳이 설명하지 않아도 된다. 너는 귀중하고 소중한 사람이다. 오늘 일정을 뒤로 미루고 너와 함께 시간을 보내야겠다.'

예수님이 삭개오의 집에 머물러야겠다고 했을 때, 여리고 사람들이 수군거렸다고 했다. 그들의 행동은 삭개오의 내면에 있는 하나님의 걸작품을 보지 못한 까닭에서 기인한 것이다. 그러나 예수님께서는 삭개오와 함께 시간을 보내는 것으로 그가 얼마가 가치 있고 소중한 사람이지를 보여 주셨다. 그리고 그것으로 인해 삭개오는 변화되었다. 우리는 예수님께서 삭개오의 집에 머무르시면서 무슨 이야기를 했는지 알 수는 없지만 삭개오가 자기 소유의 절반을 가난한 자들에게 나누어 주며 만일 누구의 것을 속여 빼앗은 일이 있으면 네 갑절이나 갚겠다고 결단한 것을 볼 수 있다. 삭개오에게 일어난 새로운 정체성의 확립이 삶의 변화를 이끌어 낼 수 있었다. 예수님께서는 삭개오에게서 회복되어야 할 필요성이 있는 엄청난 가치를 보셨기 때문에 모든 일정을 제쳐두고서라도 그와 함께 시간을 보내기로 결정하신 것이다. 삭개오의 회복을 통해 예

Chapter 05. 사랑으로 진리를 말하다

수님은 자신이 하는 사역의 주요 목적이 무엇인지 재차 강조하셨다. "인자가 온 것은 잃어버린 자를 찾아 구원하려 함이니라"[누가복음 19:10].

터키산 비올라의 가치

더비쉬는 비올라를 연주하는 음악가이다. 그는 사랑하는 사람을 따라 터키에서 미국 텍사스의 오스틴까지 왔다. 그러나 지금은 사랑했던 여자로부터 상처를 받아 지난 2년 간의 오스틴에서의 생활이 시간 낭비였다고 생각하고 있었다. 그는 고가의 터키산 비올라를 던져 버리고 싶은 충동을 느꼈지만, 순간 일어나는 분노 때문에 내동댕이 치기에 비올라는 너무 가치 있는 물건이었다. 그는 왜 유럽 투어 중이었던 세계적으로 유명한 오케스트라 단원 자리를 포기하고 그녀를 따라 나섰을까?

참을 수 없는 사랑이 그를 오스틴까지 오게 했다. 하지만 그때까지만 해도 누구의 사랑인지 깨닫지 못하고 있었다. 심란한 마음 때문에 어찌할 바를 모르던 그는 자주 가던 카페로 발걸음을 옮겼다. 웃고 떠드는 한 무리의 사람들이 앉아 있는 옆 테이블에 자리를 잡은 더비쉬는 필립이 그 모임을 이끄는 사람임을 알 수 있었다. 의도치 않게 엿듣게 된 그들의 대화 내용은 삶과 그 의미에 관한 것이었다.

더비쉬는 그들의 대화에 자신이 점점 빠져들어 가고 있음을 느꼈다. 그리고 그들에게 무엇에 관해 이야기를 나누고 있는지 물었다. 그러자 필립이 더비쉬에게 자신들의 스터디 모임에 들어올 것을 제안했다.

걸작품을 보다

더비쉬는 그들의 대화 내용이 어떤 것인지 대략 알고 있었지만 게이트 웨이 교회에 출석하는 음악가, 영화제작자, 예술가들로 이루어진 소그룹 모임이라는 사실은 알지 못했다. 그들의 소그룹 스터디 모임은 요한복음에 나오는 지혜에 기반을 두고 이루어지고 있었는데, 그 이외도 유명 작가나 예술가들의 명언을 토론의 주제로 삼기도 했다. 헤어지기 전 필립은 자신의 집에서 갖게 될 동료의 생일파티에 더비쉬를 초대했다. 그날 저녁, 필립의 집에서 열린 생일파티에서 더비쉬는 이집트 출신 목사 라미를 만났다. 더비쉬는 삶에서 부딪치는 문제들에 대해 이처럼 진솔하고 호탕하게 이야기하는 것을 경험해 본 적이 없었다.

벽난로 주위에 모여 앉은 사람들 틈에 있던 더비쉬는 자신의 상한 마음을 조금씩 열기 시작했다. 처음 보는 사람들과 함께 한 자리에서 그는 진정한 관심과 보살핌이 어떤 것인지 맛 본 것이다. 그들이 말로 표현하지는 않았지만, 보이지 않는 뚜렷한 사랑을 더비쉬는 느낄 수 있었다.

"더비쉬, 계속 우리 모임에 나오는 게 어때요?" 헤어지기 전, 라미가 더비쉬에게 말을 건넸다. "때때로 우리는 적소의 장소에 도착하기 위해 잘못된 것을 따라 갈 때가 있답니다. 다음 주에 우리 집에 놀러와요. 우리 모임은 예술가, 음악가들이 재능적으로나 영적으로 성장하기 위해 서로에게 힘을 주고 도움을 주는 공동체입니다. 당신에게 딱 맞을 겁니다."

동료 예술가들로부터 받는 사랑과 자신을 소중하게 생각해 주는 마음으로 인해 더비쉬는 위로를 받는 것 같은 느낌이 들었다. 자신이 무슬림이었음에도 불구하고 '당신은 소중하고 가치 있는 사람입니다. 우리와 함께 시간을 보내고 우리와 함께 성장을 해 갑시다.'라는 그들의 말에 더비쉬는 계속해서 모임에 참석을 하게 되었다. 그는 나눔을 통해 이 '예수를 따르는 사람들'에 대해 더 많이 알게 되었고, 그들이 믿는 성경 말씀에 대해서도 마음을 열게 되었다.

더비쉬는 라미 목사가 이끄는 소그룹 성경공부 모임에도 나가기 시작했다. 그리고 무슬림임에도 불구하고 아직까지 통독해 보지 못한 쿠란(Qur'an)을 끝까지 읽어 보기로 마음먹었다. 라미는 자신들의 밴드에 더비쉬를 초대해 비올라를 연주하게 했다. 이따금씩 열리는 거리 공연에서도, 연주회에서도, 주일에 드리는 예배의 찬양팀에서도 비올라 연주를 부탁했다. 자신이 가치 있는 존재라는 것과 마음 깊이 경험한 사랑으로 인해 하나님에 대해 더 깊이 이해하고자 하는 갈망이 그의 내면에 싹트기 시작했다.

2년이 지난 어느 날 밤, 나는 더비쉬에게 한가지 질문을 하고 싶어졌다. "더비쉬, 당신이 우리와 함께 한 시간이 벌써 2년이 넘은 것 같아요. 예수님과의 친밀함이 어느 정도인지 궁금하군요?" 더비쉬의 대답 속에서 나는 놀라운 통찰력이 그에게 있음을 발견했다.

"목사님도 아시겠지만 저는 성경과 쿠란을 모두 통독했습니다. 성경과 쿠란이 말하는 옳은 것과 옳지 않은 것에 대한 내용은 거의 동일합

걸작품을 보다

니다. 그런데 한가지 다른 점이 있더군요. 그것은 바로 '은혜'입니다. 성경에는 있고 쿠란에는 없었습니다."

"우와, 더비쉬 당신은 정말 놀라운 통찰력을 가지고 있군요!" 나는 하나님께서 그를 얼마나 존귀하게 여기시는지 그리고 그의 가치가 얼마나 큰지 말해주고 싶었다. "더비쉬, 은혜의 하나님께서 당신을 얼마나 사랑하시는지 아시나요? 하나님께서 당신에게 세계 곳곳을 누비도록 인도하신 것과 이곳에서 그분의 위대한 사랑을 경험하고 알게 하신 것을 생각해 보세요. 이것은 결코 우연히 일어난 일이 아닙니다. 모든 것이 당신을 위해 준비된 하나님의 치밀한 계획입니다. 하나님이 어떤 분이신지 아시겠죠?"

"네, 알 것 같습니다. 정말 놀라운 일이 아닐 수 없죠!" 그는 머리를 끄덕이며 말했다.

"당신을 환영해 주고 믿음의 행보를 할 수 있게 시간과 공간을 마련해 준 라미 목사와 음악가들로 구성된 소그룹 모임의 구성원들을 뜻밖의 상황에서 만난 것을 생각해 보세요. 정말 놀랍지 않나요?"

"네, 네, 맞아요. 놀라운 하나님의 계획에 감사할 뿐입니다." 더비쉬는 큰 웃음과 반짝거리는 눈을 통해 자신의 삶에 역사하시는 하나님을 인정하는 것 같았다.

두 달 후, 더비쉬는 예수 그리스도 안에서 믿음을 확증하고 세례를 받았다. 머지 않아 하나님께서 세계 도처의 상처 받은 영혼들을 회복시

Chapter 05. 사랑으로 진리를 말하다

키기 위해 그를 도구로 사용하실 것이라 나는 확신한다. 이 모든 것이 가능했던 이유는 예수 그리스도를 따르는 자들(필립, 라미 그리고 소그룹 구성원들)이 '당신은 우리가 함께 하기에 충분히 가치 있는 사람입니다. 하나님께서 주신 은사가 당신에게 있습니다. 우리와 함께 갑시다.'라는 말로 격려하고 독려했기 때문이다.

당신도 이와 같이 할 수 있는가? 사람들의 모습과 생활이 당신과 많이 다르다 할지라도 그들에게 하나님의 사랑을 보여주고 그들의 가치를 소중하게 여기며 그들에게 속하여 함께 할 수 있는가? 그들이 스스로 가치 있다고 느끼며 하나님께서 주신 은사를 당신과 연합하여 사용하도록 어떠한 어려움과 위험도 감수할 수 있는가? 교회에 부당하고 손해 보는 일이 생긴다 할지라도 말이다. 우리 주님께서 가룟 유다를 재정과 회계 담당자로 세우시는 위험을 감수했다는 사실을 기억한다면 충분히 가능한 일이다.

당신에게 있는 통찰력

예수님께서는 자신이 하나님의 아들이라는 사실을 믿지 않는 사람들이라 할지라도 그들 안에 있는 지혜, 하나님께서 주신 지혜에 주목하셨다. 예수님께서 예루살렘에 들어 가셨을 때, 예수님을 궁지에 몰아 넣으려는 동료 종교 지도자들의 말을 듣고 있던 한 서기관이 "마음을 다하고 지혜를 다하고 힘을 다하여 하나님을 사랑하는 것과 또 이웃을 자기 자신과 같이 사랑하는 것이 전체로 드리는 모든 번제물과 기타 제물보다 나으니이다"[마가복음 12:33]라는 통찰력 있는 대답을 하였다. 이에 대해 마가는 다음과 같이 말했다. "예수께서 그가 지혜 있게 대답함을 보시고 이르시되 네가 하나님의 나라에서 멀지 않도다 하시니"[마가복음 12:34].

당신은 예수님을 믿지 않는 사람들에게서 보이는 하나님의 거룩한 지혜에 주목할 수 있는가? 비록 당신을 폄하하는 사람이라 할지라도 성경에 기록된 말씀을 이해하고 말하는 사람에게 '당신은 하나님의 나라를 소유할 자입니다.'라는 격려의 말을 할 수 있는가? 많은 크리스천들은 예수님을 믿지 않는 사람들이 잘못 되었다는 사실을 증명하고자 한다. 그러나 예수님은 믿지 않는 사람들이 진리의 말을 할 때 마다 그들이 옳다는 것을 증명하려 했다.

"여러분은 왜 성적 학대나 가정 폭력으로 고통 받는 여성들을 도우려 하지 않습니까?" 캐리가 우리 교회 부목사인 게리에게 비난 섞인 말을 던졌다. "여러분의 무관심으로 인해 여성 네 명당 한 명이 이러한 고통을 겪고 있다는 사실을 아십니까? 교회도 예외는 아닙니다. 이 사안을 어떻게 생각하시나요?"

캐리가 남편의 권유로 교회에 나오게 되었다는 사실을 게리 목사는 알고 있었다. 그녀는 자신만의 언어로 생각하고 말하며 스스로를 자유주의 여성운동가로 여기는 사람이었다. 그녀는 교회의 일원, 즉 성도가 되고자 하는 목적으로 교회에 나온 것이 아니었다. 캐리의 공격적인 어투에도 불구하고 게리는 진흙으로 덮인 틈 사이로 빛을 발하고 있는 하나님의 지혜를 볼 수 있었다. 그래서 게리는 그녀에게 있는 하나님의 지혜를 끄집어 내야겠다는 결심을 했다.

"네, 당신 말이 맞습니다. 아마도 우리 교회에서도 성적 학대와 가정 폭력으로 고통 받는 여성들이 있을지도 모릅니다. 하나님께서 우리가 그 일에 관해 무언가를 하길 원하실 겁니다." 게리는 그녀의 말에 겸손하게 대답했다.

캐리는 사실 싸움을 염두에 두고 교회를 찾아 왔는데 생각하지 못했던 게리의 말에 다소 충격을 받은 듯했다. "그렇다면 왜 이러한 문제로 고통 당하는 여성들을 돕는 사역을 하지 않습니까?"

"하나님께서 당신을 통해 그 사역을 담당하라고 말씀하시는 것처럼 들리는군요. 그렇다면 우리와 함께 여성 인권을 보호하는 사역을 해보는 것은 어떠세요?" 게리가 그녀에게 뜻밖의 제안을 했다.

캐리는 깜짝 놀라며 말했다. "내…내가요? 당신들과 같이 사역을 한다고요?"

"네, 당신의 도움이 필요합니다. 그런데… 아직 예수님을 믿지는 않으시죠?"

"안 믿어요. 전혀 안 믿죠!" 그녀의 대답은 단호해 보였다.

"그렇다면 아직 이 사역을 이끌기에는 다소 어려움이 있겠네요. 그럼 어떻게 이 사역을 진행하면 되는지 우리에게 도움을 주시면 좋겠습니다. 그런데 이 사역과 관련해서 한 가지 제안을 드리고 싶군요. 여성 인권회복을 위한 사역을 계획하고 준비할 수 있도록 도움을 주시면 저희는 당신이 예수 그리스도에 대해 알아 갈 수 있도록 돕겠습니다. 이번 기회를 통해 서로 많은 것을 배울 수 있을 것 같습니다."

캐리는 나의 제안을 받아드렸고 사역을 준비하고 진행하는 동안 예수 그리스도를 인격적으로 만나는 체험을 통해 예수님을 구주로 영접했다. 이날 우리는 새로운 한 영혼을 얻었을 뿐만 아니라 '위로와 소망'이라는 사역을 본격적으로 시작하게 되었다. 3년 후, 캐리는 300명이 넘는 여성들을 치유와 소망의 길로 인도하는 사역의 리더가 되었으며 많은 사람들이 그녀를 통해 예수 그리스도를 믿는 믿음에 이르는 역사가 일어났다. 이 같은 일은 '당신의 아이디어는 하나님의 나라의 것과 비슷하군요. 그렇다면 당신의 아이디어는 하나님께로부터 온 것이라 생각됩니다.'라는 격려의 말로부터 시작되었다.

예수님께서 사람들 내면에 간직된 걸작품을 어떻게 이끌어 내시는지 알고 있는가? 사람들을 향한 사랑이 은혜 그리고 진리와 온전히 연합될 때 하나님의 온전한 도구로 사용될 수 있는 것이다. 우리가 예수 그리스도를 닮아 가려는 노력을 기울일 때, 하나님께서 다른 사람들의 치유와 회복을 위해 우리가 이 도구들 사용할 수 있도록 가르치실 것이다. 그러나 우리가 이 사명을 감당하기 위해서는 하나님처럼 행동하는 것을 삼가 해야 한다. 다시 말해, 우리의 방식대로 그들을 정결케 하려는 욕심과 우리의 교만한 행동을 버리고 온전히 하나님을 의지해야 한다는 말이다. 사람들이 자유함을 얻고 누리게 하기 위해서는 그들을 존중하고 존경하는 법을 우리 몸과 마음에 익혀야 한다.

┤ Questions and Actions ├

1. 묵상 과제

사람들을 대할 때, 당신은 진리를 말하는 편에 속하는가? 아니면 은혜를 베푸는 편에 속하는가? 은혜와 진리라는 도구가 당신의 삶에서 온전히 연합하도록 하기 위해 당신은 어떻게 하나님의 사랑을 실천하는가?

2. 실천 과제

우리가 앞서 살펴본 대로, 한 주 동안 사랑의 마음을 품고 누군가에게 진리를 말하고 은혜 베푸는 것을 시도해 보라. (사람들 안에 있는 하나님의 걸작품을 볼 수 있다는 소망을 가지고 도전해 보라)

Chapter 6

자유에 관하여

SPrince of Peace, Akiane Kramarik

www.akiane.com

아키아나는 두 가지 분야에서 천재성을 지닌 소녀이다. 그녀는 열 살이 되던 해부터 세계 곳곳을 누비며 천재적 예술가로 인정을 받기 시작했다. 그녀가 그린 천사의 모습은 그 어느 누구도 그려 본 적이 없는 그림이었다. 여섯 살 때 유화로 그린 사람의 모습과 자연 풍경은 기량이 뛰어난 화가의 작품들에 필적할 만큼 잘 묘사되었다. 그녀의 예술적 기량만큼이나 신비롭고 아름다운 것은 그녀에게서 나오는 예술적 창조성이다.

아키아나는 두 명의 오빠와 함께 시골마을에서 자랐는데, 리투아니아 태생의 무신론자 어머니와 불가지론자 아버지 밑에서 홈 스쿨링을 교육을 받았다. 그들은 텔레비전도 없었고 하나님에 대해서 이야기를 나눈 적도 없었으며, 기도는 물론 교회에도 가 본 적이 없었다. 네 살 된 아키아나가 하나님을 만난 것과 천국에서 본 것들을 이야기했을 때, 그녀의 부모는 놀라움을 금치 못했다. 천국을 경험한 이후 아키아나는 그림을 그리기 시작했다. 인간을 향한 구원의 목적을 가진 하나님과 그분의 사랑 그리고 하나님께서 주신 비전을 캔버스에 옮겼다.

아키아나는 하나님께서 자신에게 주신 재능을 통해 사람들을 하나님께로 인도하고 있는데, 그들이 하나님과 예수님 그리고 성령님을 사랑하도록 만드는 일에 자신이 부름을 받았다고 확신한다. 그녀의 부모도 자신의 딸이 그린 그림과 비전을 통해 예수님을 믿는 믿음에 이르게 되었다. 여덟 살이 되었을 때, 아키아나는 환상 가운데 본 예수님의 얼굴을 그리고 싶은 마음이 강하게 들었다. 그녀는 1년 넘게 예수님의 초

걸작품을 보다

상화를 그릴 때 필요한 모델을 찾아 보았지만 마땅한 얼굴을 찾을 수 없었다. 어느 날 아침, 어린 아키아나는 안타까운 마음에 눈물을 흘리며 기도했다. "하나님, 예수님의 얼굴을 그릴 모델을 찾을 수가 없어요. 적합한 모델을 저에게 보내 주시고 좋은 아이디어도 주세요. 무리한 요구일지는 모르지만 우리 집 현관문을 통해 보내 주시면 안 될까요?"

다음 날 오후, 조용한 아키아나의 집에 초인종이 울렸다. 현관문을 열자 아는 지인이 자신의 친구와 함께 서 있었다. 지인과 같이 온 친구를 보자마자 아키아나는 "바로 이분이에요!"라고 소리쳤다. 놀랍게도 그 사람의 직업은 목수라고 했다. 여덟 살 된 소녀가 그린 120cm 높이의 예수님 초상화와 '아버지 저들을 용서하소서'라는 제목의 기도하는 예수님의 모습을 담은 그림은 전 세계의 많은 사람들로부터 관심을 받았을 뿐만 아니라 그녀의 이야기를 들은 어떤 사람들은 예수 그리스도를 인격적으로 만나는 기쁨을 누리기도 했다.

요즘 나는 책을 한 권 읽고 있다. 어느 목사의 네 살 된 아들이 맹장이 터져 몸 전체에 감염이 되었는데 수술을 하는 동안 생과 사의 문턱을 오간 이 소년이 예수님을 만나고 천국을 경험한 이야기를 다룬 책이다. 소년의 설득력 있는 몇 가지 사실로 인해 소년의 부모는 그가 죽음의 문턱에서 본 환상이 실제라는 것을 믿게 되었다. 몇 년이 지나 소년의 아버지가 예수님의 얼굴을 그린 그림을 볼 때마다 아들에게 물었다. "저 그림 속의 예수님이 네가 본 예수님의 얼굴이랑 똑같니?" 그러나 소년은 항상 '아니요'라고 대답하면서 어느 부분이 잘못되었는지 말하곤 했다.

소년이 아키아나가 그린 예수님의 초상화를 보기 전까지 말이다!

하나님은 예술가

하나님은 예술가이시다. 내가 아키아나의 이야기를 접했을 때, 그녀가 경험한 것은 굳이 설명할 필요가 없는 사실처럼 느껴졌을 뿐만 아니라 나에게는 새롭고 신선한 충격이기도 했다. 하나님께서는 우리의 삶에 예술가처럼 역사하신다! 예술가들은 그들의 작품이 갖는 신비함과 호기심을 통해 사람들에게 감탄과 경외감 유발하는 것을 좋아한다. 비유적인 가르침을 통한 예수님의 사랑을 한 번 생각해보자. 아름다움과 신비스러움 그리고 인류의 혼란, 이 모든 것들 뒤에 가려져 있는 예술의 거장을 보지 못한다면 하나님이 우리들 안에 있는 그분의 걸작품을 창조하기 위하여 어떻게 일하시는지 이해하지 못하게 된다.

하나님은 화가, 작곡가, 조각가이시다. 그리고 사랑이시다! 성경은 하나님께서 모든 사랑의 근원이라고 말한다[요한일서 4:7-11]. 하나님의 최고의 작품인 자유의지를 가진 인간들은 하나님을 사랑하고 서로를 사랑하는 존재이다. 하나님께서 만드신 모든 창조물 중에 오직 인간만이 사랑할 수 있는 능력과 더불어 하나님의 형상대로 창조되었다. 예수님은 하나님께서 창조하신 모든 창조물의 구성 원리가 사랑인 것을 재차 강조하셨다[마태복음 22:37-40].

당신의 표현 수단

아카아나는 창작 활동을 할 때마다 표현 수단(재료)을 정하는 과정을 거친다. 만약 조각작품을 생각하고 있다면, 어떤 표현을 할 것이냐에 따라 청동이나 구리, 나무, 대리석 중에서 알맞은 재료를 선택할 것이다. 일단 선택을 하고 나면 그녀가 선택한 것에 어느 정도 제약을 받게 된다. 만약 캔버스에 유화물감을 선택한다면 대리석으로는 표현할 수 없는 다양한 색깔을 활용할 수 있는 반면 3차원적인 표현은 하지 못하고 2차원적인 표현만 가능해진다. 모든 예술가는 어떤 것을 창작하느냐에 따라 표현 수단인 재료를 선택하게 되며, 표현 성질에 따라 장점이 부각되거나 제약을 받게 된다.

하나님께서 영광을 받으시기 위해 자신의 형상대로 사람을 지으셨을 때 자유의지라는 표현 수단, 즉 재료를 선택하셨다. 사랑은 하나님께서 인간을 창조하실 때 왜 자유의지라는 다소 골치 아픈 재료를 선택하셨는지 잘 보여준다. 또한 사랑은 왜 예수님께서 자신이 만났던 사람들의 자유의지를 존중하셨는지 잘 보여준다. 사랑은 사람들과 동역할 수 있게 하는 원동력이다.

미혼인 당신이 사랑에 빠졌다고 가정해 보자. 그런데 당신이 보여준 사랑에 비해 상대방으로부터 충분히 화답 받지 못한다면, 물리적 정신적인 힘을 가해 당신이 베푼 만큼의 사랑을 강요할 수도 있다. 하지만 그러한 것이 사랑이 아님을 우리는 잘 알고 있다. 그것은 힘에 의한 복종, 노예 정도로 일축할 수 있겠다. 사랑은 강요하는 것이 아니라 자유의지에서 나와야 하는 것이다.

하나님께서 자신의 형상대로, 다시 말해 자유의지를 가지고 사랑할 수 있는 존재로 우리를 창조하시기로 결정하셨을 때, 피조물인 우리가 창조주를 거절하거나 무시할 수 있는, 또는 하나님의 의지에 맞서거나 하나님의 사랑을 거절할 수 있는 존재가 될 수도 있다는 제한을 스스로 두셨다는 것을 의미한다. 성경 전반에 걸쳐 우리는 하나님께서 자신의 뜻과 인간의 자유의지적 선택 사이의 '상호 작용'이 보여주는 아슬아슬하지만 매우 생생한 인간 관계라는 은유를 사용하고 계시다는 것을 보게 된다.

"여호와께서 이와 같이 말씀하시기를 내가 너를 위하여 네 청년 때의 인애와 네 신혼 때의 사랑을 기억하노니 곧 씨 뿌리지 못하는 땅, 그 광야에서 나를 따랐음이니라. 내 백성이 두 가지 악을 행하였나니 곧 그들이 생수의 근원되는 나를 버린 것과 스스로 웅덩이를 판 것인데 그것은 그 물을 가두지 못할 터진 웅덩이들이니라. 내가 어떻게 하든지 너를 자녀들 중에 두며 허다한 나라들 중에 아름다운 기업인 이 귀한 땅을 네게 주리라 하였고 내가 다시 말하기를 너희가 나를 나의 아버지라 하고 나를 떠나지 말 것이니라 하였노라 그런데 이스라엘 족속아 마치 아내가 그의 남편을 속이고 떠나감 같이 너희가 확실히 나를 속였느니라 여호와의 말씀이니라"

[예레미야 2:2,13 / 3:19-20].

하나님께서 인간을 창조하실 때 신랑과 신부의 관계보다 더 깊고 친밀한 관계를 맺길 바라셨다. 이러한 관점에서 바라볼 때, 인간을 향한 하나님의 사랑이 너무 큰 나머지 우리가 그분의 사랑을 거절했을 때 하나님께서는 마치 우리가 간음을 저지른 것 같은 배신감이 들었을 것이다. 하나님께서는 다른 어떤 것도 아닌 우리의 마음을 원하신다. 하나님께서 우리의 마음을 원하시는 이유가 그분의 절대적 필요성 때문이 아니라 우리의 필요를 채우시기 위함인 것을 알아야 한다. 하나님께서 우리를 사랑하시기 때문이다!

하나님께서는 생수가 흘러 넘치는 것 같은 삶을 우리의 속사람(Inner being)에게 주시기 바라시지만 어쩔 수 없는 강요에 의해 갖게 되는 것을 원치는 않으신다. 하나님께서는 우리의 의지에 따라 일하신다. 그렇기 때문에 다른 사람들을 의지와는 상관없이 그들을 억지로 하나님의 원형회복 프로젝트에 들어 오게 해서는 안 된다. 그들 스스로의 의지에 의해 하나님께 나아오도록 해야 한다. 예수님께서 사람들에게 접근하셨던 방법을 우리도 따라야 한다.

정죄

우리는 대부분 달라스 윌라드가 말하는 소위 '정죄 공학' 사회에서 성장했다. 사람들이 '세상의 이치'라고 말하는 틀 안에서 말이다. 누군가가 당신에게 무례한 행동을 한다면 그 사람이 올바른 태도를 취할 때까지 그의 행동에 대해 정죄하거나 창피를 조금 주거나 회유하거나 아니면 그를 능숙하게 다루려 할 것이다. 이것은 바리새인들에게 매우 친숙하며 그들이 소중하게 생각하는 사회 시스템이다. 즉, 버는 만큼 누리고 일반적인 사회규범을 지키며 죄는 벌로 다스리고 선한 일에는 상급을 그리고 일반적인 삶을 살아가지 못하는 사람들을 판단하고 배척하는 것이 세상의 이치라고 생각하며 살아간다. 이러한 삶의 시스템이 바로 바리새인의 삶을 살아가게 만든다. 안타깝게도 이러한 시스템이 전 세계에 걸쳐 일반화되어 있다. 하지만 이 정죄공학이라는 시스템이 사람을 순응하도록 만들 수는 있어도 마음을 변화시키지는 못한다.

정죄는 크리스천의 삶에도 쉽게 찾아온다. 현대의 바리새인은 스스로를 다음과 같이 판단한다. '옳지 않은 일은 멀리하고 옳은 일만 행하는 나를 하나님께서는 선하다고 여기실 거야.' 바리새인들은 자신들의 삶이 일반적이며 보편화되어야 한다고 생각한다. 자신들의 기준에 부합되지 못하는 삶을 살아가는 사람들을 볼 때, 그들은 "당신의 삶이 어떤지 잘 살펴보고 우리의 삶을 기준 삼아 살아가도록 노력해야 합니다. 그렇지 않으면 하나님께서 당신의 삶에 어떠한 개입도 하지 않으실 거예요."라고 말한다.

걸작품을 보다

그러나 이것은 예수님의 말씀과 완전히 모순된 말이다. 예수님은 우리에게 자비를 베푸시고 더 열심히 노력하려는 쳇바퀴 같은 삶에서 우리를 자유케 하시는 분이시다. 그분은 우리에게 정죄대신 자유함과 생명으로의 초대장을 주신다. 그런데 사람들이 자유함을 얻는 그 길이 옳지 않아 보이고 불공평하게 느껴질 때가 있다. 이는 바리새주의가 당신의 삶을 둘러치고 있다는 의미가 된다.

예수님께서 바리새인들과 마주했을 때, 다음과 같은 말씀을 하셨다. "천국은 마치 품꾼을 얻어 포도원에 들여보내려고 이른 아침에 나간 집 주인과 같으니 그가 하루 한 데나리온씩 품꾼들과 약속하여 포도원에 들여보내고"[마태복음 20:1-2]. 집주인은 종일토록 품꾼들을 얻으러 다니며 오후 5시부터 일한 자들에게도 동일한 삯을 주기로 했다.

날이 저물자 집주인이 오후 5시부터 일한 품꾼부터 불러 한 데나리온의 품삯을 지급했다. 하루 종일 일해야 받을 수 있는 삯을 한 시간 일하고 받은 것이다. 집 주인은 하루 종일 일한 사람에게도, 오후 늦게 와서 한 시간만 일한 사람에게도 동일한 삯을 지급했다. 그러자 아침부터 일한 사람이 불평을 늘어 놓았다. "나중 온 이 사람들은 한 시간밖에 일하지 아니하였거늘 그들을 종일 수고하며 더위를 견딘 우리와 같게 하였나이다 주인이 그 중의 한 사람에게 대답하여 이르되 친구여 내가 네게 잘못한 것이 없노라 네가 나와 한 데나리온의 약속을 하지 아니하였느냐 네 것이나 가지고 가라 나중 온 이 사람에게 너와 같이 주는 것이 내 뜻이

187

Chapter 06.자유에 관하여

니라 내 것을 가지고 내 뜻대로 할 것이 아니냐 내가 선하므로 네가 악하게 보느냐"[마태복음 20:12-15].

예수님께서는 행위에 근거해 계산하는 바리새인의 계산법을 거만함과 교만이라고 지적하셨다. 그들은 자신들이 한 것만큼 일하지 않은 사람들을 자신들과 동등하게 대우한 것에 대해 분개했다. 우리는 이러한 계산법을 가정이나, 동호회, 회사, 심지어 종교단체에서도 찾아 볼 수가 있다.

자신의 능력과 노력을 중요하게 여기는 어느 한 기술개발회사의 임원이 컴퓨터 산업과 자동차 산업을 비교하면서 다음과 같이 말한 적이 있다. "만약 자동차 회사가 컴퓨터 산업이 가진 기술을 따라 잡을 수 있다면, 휘발유 1리터로 425킬로미터를 달리는 100달러짜리 차를 탈 수 있을 겁니다." 이에 대해 자동차 회사는 다음과 같은 반박을 내 놓았다. "네, 충분히 일리 있는 말입니다. 하지만 하루에 두 번 이상 고장이 나는 그런 차를 정말로 타고 싶으신 건가요?"

자신의 능력과 수고와 노력으로 인해 더 나은 사람이 된다는 사상이 당신을 절대적으로 지배하고 있다면 열심히 노력하지만 스스로는 결코 성취하지 못하는 모든 사람들을 위해 일하고자 하시는 하나님의 자비로운 갈망은 불공평한 대접을 받는 결과가 되고 말 것이다. 우리는 사람들이 열심히 노력하고 일한 결과로 인해 더 좋은 환경과 더 나은 사람이 되어야 한다고 생각한다. 우리도 그렇게 하지 않았던가! 우리는 사람들이

걸작품을 보다

거저 얻는 것을 별로 좋아하지 않을 뿐만 아니라 우리의 기준에 미치지 못하는 사람들을 열심히 일하지 않고 노력하지 않는다며 비뚤어진 시선으로 바라보며 판단하고 정죄한다. 그런데 문제는 비난과 정죄라는 기제(機制)는 사람의 마음을 바꾸지 못한다는 데 있다. 그것은 진심이 빠진 표면적인 순응을 끌어내거나 혹은 사람들로 하여금 하나님으로부터 도망하게 하는 역할을 하게 될 것이다. 결국 다른 이들도 이 기준에 미치지 못하는 사람들을 비난하는 자리에 서게 되는 것이다.

도저히 참을 수 없어!

"월급 인상이라니요! 그녀는 정말 그럴만한 자격이 없습니다!" 크리스티나는 급여가 인상되었다는 자랑 섞인 동료의 말에 은근히 화가 났다. "주님, 어째서 그녀의 급여가 인상되었나요? 뛰어난 업무능력이 있다고 완벽주의자처럼 행동하는 부도덕한 비기독교인과 왜 내가 함께 일을 해야 하나요? 그녀는 일반적인 도덕적 기준에도 못 미치는 행동을 하잖아요! 광란의 파티를 즐겼다고 자랑처럼 늘어놓는 그녀의 이야기도 더이상 듣고 싶지 않습니다. 그리고 그녀는 성적으로 문란한 생활을 하잖아요! 그런 그녀가 급여가 인상되었다며 내게 자랑처럼 말했어요. 정말이지 참을 수가 없습니다!"

어린 시절 크리스티나는 바이블벨트(미국 남부의 기독교 신앙이 두터운 지역)에서 자랐다. 그 지역 사람들은 주일에 교회를 가지 않으면서도 옷을 말끔하게 잘 차려 입는다. 그리고는 브런치를 먹으러 레스토랑에 간다. 왜냐하면 교회에 다니는 사람들이 자신들을 마치 교회에 갔다 온 사람들처럼 여기게 하기 위해서이다. 그러나 텍사스 오스틴 지역은 분위기가 사뭇 다르다. 사람들은 교회에 다니는 것처럼 행동하거나 꾸미지 않을 뿐만 아니라 자신이 도덕적인 사람인 것처럼 보이기 위해 가식적으로 행동하지도 않는다. 크리스티나는 직장동료 스테이시가 자유분방하게 보낸 주말에 대해 자랑을 늘어놓거나 좋지 않은 내용의 말을 할 때마다 내켜 하지 않는 자신의 감정을 스테이시가 알아야 한다는 것은 당연한 일이라고 생각했다. 그러나 스테이시는 자신의 이야기를 좋아하지 않는 크리스티나의 감정을 알아차렸음에도 불구하고 하고 싶은 말을 교묘하게 늘어 놓았다.

그들이 함께 일하는 시간이 많아질수록 둘 사이의 보이지 않는 장벽도 높아만 갔다. "나를 향한 스테이시의 좋지 않은 감정이 커지고 있다는 것을 알고 있었어요. 하지만 내가 옳고 그녀가 잘못하고 있다고 판단했기 때문에 나의 행동이 정당하고 당연한 것이라고 생각했습니다. 심지어 나 자신을 의로운 사람이라고까지 생각했었죠. 스테이시에 대한 나의 처신과 행동이 그녀의 행실을 변화시킬 수 있을 것으로 기대했지만 아무런 효과도 변화도 없었습니다. 사실, 내가 그녀의 심기를 건드렸기 때문에 자신의 이야기를 더 세세하게 그리고 더 저속한 언어를 사용하여 나에게 불쾌감을 주려 했을지도 모릅니다." 어느 날, 크리스티나는 예수님께서 자신을 적대하는 자들을 어떻게 대하셨는 지에 대한 설교 말씀을 듣게 되었다.

"그 후, 저는 직장에서의 내 삶에 대해 하나님께 기도하기 시작했습니다. 하지만 기도를 하면 할수록 나의 행동을 정당화하는 도구인 판단, 비판적인 생각들과 싸워야만 했습니다. 그리고 이러한 나의 생각들을 정당화하기 위한 방편으로 스테이시를 위해 기도하기 시작했습니다. 그런데 하나님께서는 내 기도를 나의 바리새인적인 태도를 녹이는데 사용하셨습니다. 그리고 그토록 경멸했던 그 직장동료를 나의 친구라고 부르게 되리라고는 상상도 하지 못했었습니다."

하나님은 무력한 분이신가?

예수님께서는 우리에게 복종, 도덕성을 강요하기 위한 목적으로 이 땅에 오신 것이 아니다. 우리가 하나님께 불복종함으로써 서로에게 상처를 주는 것이 얼마나 큰 죄인지 곰곰이 생각해 볼 때, 난해한 질문 하나가 떠 오른다. "그렇다면 하나님께서는 왜 우리에게 그렇게 끔찍한 자유를 허락하셨을까?"

많은 사람들이 '하나님의 목표는 사람들이 잘못된 행실을 그만두고 옳은 행실을 하게 만드는데 있다'는 잘못된 생각과 믿음을 가지고 있다. 바리새인들은 사람들을 강압적인 방법과 회유를 통해 또는 창피를 줌으로써 하나님께 복종하게 만들며 이러한 것들로 믿음의 증거를 삼고 그분께 조력하려 한다. 당신은 하나님의 궁극적인 목표가 사람들을 복종하게 만드는 것이라고 생각해 본 적이 있는가? 그렇다면 하나님은 당신에게 꽤나 무력한 분이시다!

하나님께서 자신에게 복종하지 않는 사람들에게 아무것도 하지 않은 것처럼 보이지만 사실, 하나님께서는 자신의 뜻과 완전히 반대되는 길로 갈 수 있는 놀랄만한 자유를 이미 사람들에게 주셨다. 왜? 왜 하나님께서는 이렇게 끔찍한 자유를 허락하셨을까? 만약 하나님께서 우리의 자유를 제한하고 통제한다면, 우리는 도덕적으로 훨씬 더 나아질 수 있다. 즉 성추행, 살인, 성폭행, 강도, 아동학대, 마음을 상하게 하는 험담, 남을 폄하하는 행위 등을 피할 수 있다는 것이다. 하나님께서 우리를 그분의 말씀에 복종하는 존재로 만드셨다면 얼마나 더 좋은 세상이 되었을지 생각해 보라. 그런데 왜 하나님께서는 그렇게 하지 않으셨을까?

'하나님은 도덕적 순응을 강요하지 않는다'라는 이 혼란스러운 진리에 대해 깊이 묵상하지 않는다면 우리는 예수님을 닮아가기 보다 바리새적인 사람이 될 가능성이 높아진다. 만약 우리가 하나님께서 만드신 아름답고 창조적인 작품인 사람들을 애틋하고 간절한 마음으로 바라보지 않는다면 우리는 바리새인들이 사용하는 강압적인 방법의 희생물이 되고 말 것이다. 바리새주의적인 방법은 우리에게 아주 자연스럽게 찾아오기 때문이다.

하나님께서는 우리의 순종보다 마음을 더 원하신다. 하나님께서 우

걸작품을 보다

리의 순종을 주된 것으로 삼으셨다면 처음부터 우리를 순종하는 존재로 만드셨을 것이다. 하나님께서 순종을 강압적인 방법으로 취하지 않는 이유는 우리를 사랑하시기 때문이다. 하나님께서는 자유의지라는 골치 아픈 재질을 가진 재료로 변치 않고 사랑할 인간을 창조하셨다. 하나님은 당연히 우리의 순종을 원하시지만 그 순종이 하나님을 사랑하고 신뢰하는 마음으로부터 흘러나오길 원하신다. 삶이 깨어지고 자신이 죄 덩어리라고 생각하는 모든 사람들에게 하나님의 도우심이 필요하다. 하나님은 그들이 마땅히 받아야 할 벌을 주기 보다는 내면 깊은 곳에서 풍성한 열매를 맺을 수 있도록 생수를 주시는 분이시다

삶으로의 초대

요한복음 8장은 간음하다 바리새인들에게 잡힌 여인과 예수님에 관한 이야기를 기록하고 있다. 바리새인들은 모세의 율법을 언급하며 예수님이 죄인을 감싸고 사랑한다는 것을 증명하려 했다.

"모세의 율법에 따라 우리는 이 여인을 돌로 쳐 죽여야 합니다. 예수, 당신은 이 여인에 대해 뭐라고 말하겠소?" 바리새인뿐만 아니라 손에 돌을 든 성난 군중들까지도 외쳐댔다. 예수님께서는 그 여인이 받아야 할 벌을 부인하지는 않으셨다. 대신 그들이 어떠한 벌을 받아야 마땅한 사람들인지에 대해 언급하셨다. "그렇다면, 너희 중에 죄 없는 자가 먼저 이 여인을 돌로 치라"[요한복음 8:7]. 그러자 여인을 둘러싸고 있

던 사람들은 들고 있던 돌을 슬그머니 내려놓고 하나 둘씩 그 자리를 떠났다.

예수님께서는 그들이 벌여 놓은 정죄 게임, 즉 '상급과 벌'이라는 시스템을 통해 도덕적 순응을 강요하려는 그들을 꼼짝 못하게 만드셨다. 그리고 그 시스템의 치명적인 결함을 드러내셨다. 하나님께서 정해 놓으신 기준으로 모든 사람이 그들의 행실에 따라 상급과 벌을 받아야 한다면 우리는 모두 아주 난처한 처지에 놓이게 될 것이다.

그러나 하나님께서는 우리의 마음을 변화시키기 위해 자유라는 다른 방법을 우리에게 주셨다. 자유는 존중하고 위엄을 갖추게 하고 가치 있게 만들며 질문하고 듣고 격려하게 만든다.

예수님은 간음하다 현장에서 잡혀온 여인에게 물으셨다. "아무도 너를 정죄하지 않았느냐?"

"아무도 정죄하지 않았습니다." 그녀가 대답했다.

"나도 너를 정죄하지 아니하노니 가서 다시는 죄를 범하지 말라."

여기서 주목해서 보아야 할 두 가지 사실을 있다. 예수님께서는 간음 중에 잡혀온 여인에게 말씀하실 때에 그녀가 율법을 어겼다는 점에 대해서는 전혀 언급하지 않으셨다. 대신 새로운 삶으로 그녀를 초대했다. 이것은 새로운 인생의 길을 선택함으로써 정죄로부터 자유를 누리는 삶을 의미했다. 두 번째 주목해 볼 것은 예수님의 행동에 다소 위험부담이 있었다는 것이다. 만약 예수님이 한 말이 그 여인에게 통하지 않았다면 어떻게 되었을까? 그녀가 다시 똑같은 죄를 저질렀다면 어떻게 되었을까? 예수님은 그녀에게 어떻게 해야 다시 죄를 짓지 않을 수 있는지에 대한 설명도 해주지 않으셨다. 이러한 설명을 해주지 않았기 때문에 그녀가 쉽게 죄의 유혹에 빠지지 않았을까? 심지어 예수님께서는 그녀의 부도덕한 행실이 남편에게 그리고 하나님께 얼마나 잘못된 것인지, 얼마나 상처를 주는 일인지, 얼마나 무례한 것이었는지에 대해서도 말씀하시지 않았다.

예수님은 죄와 잘못된 행실에 대해 전혀 관심을 갖지 않는다는 잘못된 결론에 이를 수 있는 여지도 충분히 있다. 하지만 예수님께서는 죄의 영향력으로부터 우리를 자유케 하기 위해 자신의 생명을 내려 놓으실 만큼 우리의 죄에 대해 많은 관심을 가지셨다[로마서 8:1-2]. 예수님께서는 모든 죄에서 멀어질 수 있게 만드는 순종을 강요하지 않으셨다. 왜냐하면 강요에 의해서 변화된 마음은 그리 오래 지속되는 못한다는 사실을 알고 있었기 때문이었다.

예수님이 사람들을 만났을 때 그들의 자유의지를 존중해 주시면서 타는 듯한 갈급함을 풀어줄 새로운 삶으로 그들을 초청하셨다. 영향력 있는 예수님의 제자가 되기 위해서 우리는 먼저 정죄와 비난을 멀리해야 하며 자유의지를 존중하는 법을 배워야 한다. 그 후에 예수님이 사셨던 삶으로 사람들을 초대해야 한다. 이에 앞서 정죄와 자유, 이 두 단어의 차이점을 확실히 이해해야 할 필요가 있다.

정죄 vs 자유

바울은 은혜가 완전히 배제된 정죄하는 사역과 성령의 사역을 대조하며 말했다.

"돌에 써서 새긴 죽게 하는 율법 조문의 직분도 영광이 있어 이스라엘 자손들은 모세의 얼굴의 없어질 영광 때문에도 그 얼굴을 주목하지 못하였거든 하물며 영의 직분은 더욱 영광이 있지 아니하겠느냐, 주는 영이시니 주의 영이 계신 곳에는 자유가 있느니라 우리가 다 수건을 벗은 얼굴로 거울을 보는 것 같이 주의 영광을 보매 그와 같은 형상으로 변화하여 영광에서 영광에 이르니 곧 주의 영으로 말미암음이니라"

[고린도후서 3:7-8, 17-18]

정죄는 우리 스스로의 힘으로 사람들을 변화시키려는 것인 반면 자유는 우리의 의지가 아닌 성령님께서 하나님의 걸작품을 회복하시도록 우리의 의지를 드리는 것을 말한다.

달라스 윌라드는 다음과 같은 비유를 사용했다. 남을 정죄함으로써 옳은 길로 인도하려는 정죄 사역은 마치 복숭아를 사과 나뭇가지에 붙여 자라게 하려는 것과 같고 성령의 사역은 복숭아 나무가 자연스럽게 복숭아를 생산하도록 그 마음을 불러 일으키는 것과 같다. 사람들이 성령의 인도하심을 받게 하기 위해서는 이 사실을 분명히 아는 것이 매우 중요하다. 사람들이 잘못된 행동을 할 때, 그들의 행실을 바로 잡아 우리가 생각하는 모습대로 변화시키는 것이 우리의 역할이라고 생각하는가? 아니면 사람들을 가치 있게 보고 존중하며 하나님의 선한 의도를 알게 함으로써 그들이 하나님을 전심으로 사랑하고 믿을 수 있도록 격려하는 것이 우리의 역할이라고 생각하는가? 어느 방법이 사람들을 변화시킬 수 있을 거라고 생각하는가?

성령의 인도하심

쉐릴은 교회에서 성장했다. 그녀가 대학을 진학하고 난 후, 가지고 있던 믿음도 차츰 사려져 버렸다. 그녀는 한 남자와 사랑에 빠졌고 열 아홉 살의 나이에 임신을 하게 되었다. 그들은 모든 상황이 훨씬 좋아질 것이라는 생각으로 결혼을 하기에 이르렀고 이듬해 아들을 낳았다. 다음은 그녀가 나에게 보내온 이메일 내용이다.

우리의 이성관계는 건강하지도 올바르지도 않았습니다. 결국 건강하지 못한 결혼생활로 이어졌고 오래지 않아 나는 자포자기와 절망감에 빠졌습니다. 남편과의 불편한 관계가 이어지자 결혼한 그 다음 해에 나는 직장 동료와 부적절한 관계를 맺었고, 그 일 때문에 남편과 이혼하게 되었습니다. 마음은 갈기 갈기 찢어졌고 삶은 더 엉망이 되어버렸습니다. 나는 예전에 다니던 교회에 도움을 요청하려 했지만 그들은 나에게 별 관심이 없는 듯 보였습니다. 정말 아무도 만날 수가 없었습니다. 친한 친구라고 생각했던 사람들도 나를 실패자, 가망 없는 사람으로 생각하고 단념해 버렸습니다. 나는 정죄감에 사로 잡혔고 완전히 홀로 남겨진 것만 같았습니다.

3년의 시간이 흐른 뒤, 나는 부모님이 계신 곳으로 가는 도중에 '게이트웨이 교회'라고 적힌 표지판을 보게 되었습니다. 주일 아침에 가야 할 곳이 바로 이 교회라고 하나님께서 말씀하시는 것 같았습니다. 당신이 담임하는 교회에 대해 아무것도 아는 바가 없었기에 아무것도 얻을 것이 없을 것이라는 회의적인 마음으로 주일 아침 교회에 도착했습니다. 교회 게시판에 붙은 공지사항을 보았는데 말씀 주제가 '성(sex)'에 관한 것이었습니다.

'우리의 성생활에 대한 하나님의 뜻'에 대한 이야기를 듣고 있던 나는 감동과 감격에 휩싸였습니다. 목사님이 불륜을 저지른 여인에 대한 성경말씀을 인용할 때, 내 이야기를 듣는 것 같아 창피하고 혼란스러웠습니다. 그렇지만 예수님께서 긍휼과 은혜로 그 여인의 옆에서 몸을 굽히시고 새로운 삶을 살아갈 것을 권유하시는 구절의 말씀을 접했을 때에는 마치 예수님께서 나의 죄를 용서하여 주시는 것 같았습니다. 그리고 이제는 새로운 삶을 향해 앞으로 나아가야 할 때임을 깨닫게 되었습니다.

집으로 돌아오는 길 내내 하염없는 눈물이 흘러 내렸습니다. 처음 느껴보는 하나님의 사랑이었습니다. 하나님께서 나의 죄를 용서해 주신 것 같았습니다. 한 여자로 그리고 엄마로서 하나님이 원하시는 모습으로 살아갈 수 있는 정체성을 찾도록 내게 도움을 준 사람들을 제대로 만난 것 같아서 감사한 마음이 들었습니다.

걸작품을 보다

예수님처럼 영향력 있는 제자가 되기 위해서 우리는 먼저 정죄와 비난을 멀리해야 하며 자유의지를 존중하는 법을 배워야 한다. 그 후에 예수님이 사셨던 삶으로 사람들을 초대해야 한다!

> "명절 끝날 곧 큰 날에 예수께서 서서 외쳐 이르시되 누구든지 목마르거든 내게로 와서 마시라 나를 믿는 자는 성경에 이름과 같이 그 배에서 생수의 강이 흘러나오리라 하시니 이는 그를 믿는 자들이 받을 성령을 가리켜 말씀하신 것이라 예수께서 아직 영광을 받지 않으셨으므로 성령이 아직 그들에게 계시지 아니하시더라" [요한복음 7:37-39]

예수님께서는 배에서 생수의 강이 흘러나오는 새로운 삶으로 사람들을 초청하셨다. 주님이 말씀하신 새로운 삶은 죄 짓는 것 자체를 혐오스럽게 받아 들이게 하는 삶이다. 주님께서는 목마른 자는 누구나 와서 이 삶을 누리라고 하셨다. 이 삶을 누리기 위한 요구조건은 단 두 가지인데 '갈급함'과 '의지'만 있으면 된다. 일반적으로 생각할 때에 가장 목이 마른 사람은 누구일까? 아마도 사막에서 물을 찾아 헤매는데 가장 많은 시간을 소비한 사람일 것이다. 이러한 사람들에게 우리는 무엇을 줘야 하는가?

자유의 영: 말하기 전에 묻기

대부분의 많은 기독교인들은 사람들의 마음 상태나 처해 있는 환경에 대해 관심을 가지고 물어보기 보다는 성경적 말씀을 인용해 어떠한 교훈적 말을 들려주려고만 한다. 그리고 그것이 자신들이 해야 할 일이라고 생각한다. 우리는 사람들에게 진리를 말하고 복음을 전하길 원한다. 비록 그들이 듣고 싶어 하지 않는다 할지라도 우리는 전하고 싶어한다. 하지만 예수님께서는 이와 같이 하지 않으셨다. 예수님께서는 공생에 기간 동안 총 183회의 질문을 받으셨다. 그 중 직접적인 답을 하신 경우는 단 세 번에 불과하다. 그리고 질문에 반문하신 횟수는 307회이다. 예수님은 사람들에게 질문을 던져 호기심과 의지를 유발했는데, 이는 그들이 어떻게 반응하는지 듣고 보기 위함이었다. 요한복음 4장은 예수님과 제자들이 사마리아 지역을 지나다가 피곤하여 정오쯤에 한 우물가에서 멈추었다고 기록하고 있다.

"사마리아 여자 한 사람이 물을 길으러 왔으매 예수께서 물을 좀 달라 하시니 이는 제자들이 먹을 것을 사러 그 동네에 들어 갔음이러라 사마리아 여자가 이르되 당신은 유대인으로서 어찌하여 사마리아 여자인 나에게 물을 달라 하나이까 하니 이는 유대인이 사마리아인과 상종하지 아니함이러라"

[요한복음 4:7-9]

당시 바리새인들은 사마리아인들을 경멸했다. 사마리아인들은 그

걸작품을 보다

들의 부도덕한 행실, 타 인종과의 결혼, 비정상적인 신학 때문에 사람들로부터 완전히 외면을 당했다. 바리새인들은 그들과 식사도 같이 하지 않았으며 말도 하지 않았다. 심지어 그들과 함께 있는 것 조차도 원치 않았다. 더욱이 사마리아 여인들은 바리새인에게 더 저급한 취급을 받으며 살았다.

예수님 시대에는 '랍비'라는 유대교 지도자(교사)가 있었는데, 그들은 하루도 빠지지 않고 기도를 하는 사람들이었다. 기도는 이러했다. "하나님, 제가 이방인이나 여자로, 노예로 태어나지 않게 해주셔서 감사합니다." 그러나 예수님께서는 바리새인들과는 달리 인종, 문화, 종교적 경계를 넘어 사마리아인들에게 다가 가셨다. 예수님이 우물가에서 사마리아 여인을 만났을 때, 그 여인이 다섯 번의 이혼을 했었다는 것과 지금은 한 남자와 동거 중이라는 사실을 알고 있었다. 예수님께서는 그녀에게 물을 달라고 하시며 대화를 시도함으로써 그녀의 품위를 높여 주셨다. 그녀는 순간 자신이 가치 있는 사람이라고 느꼈을 것이다. '저 사람이 사마리아인인 나에게 말을 걸어 왔어. 나를 경멸이나 멸시의 대상이 아닌 한 인격체로 대하고 있다구!'

우리는 사회 구성원간의 차이점과 격차를 넘어 사람들을 품위 있는 인격체로 대하고 있는지 우리 자신에게 물어볼 필요가 있다. 당신은 인종적인, 사회 경제적인 차이 그리고 성(性)의 차이를 뛰어 넘어 사람들과 대화에 임하고 있는가? 그렇다면 생활방식과 행동방식의 경계를 뛰어 넘어 보는 것은 어떤가? 사람들의 잘못을 지적하고 고치려 하고 변화시키려 하지 말고 그들에게 질문하고 그들의 말에 귀를 기울이고 대화를 시도한다면 우리는 예수님을 닮아 갈 수 있게 될 것이다. 하지만 이는 자유케 하시는 성령님께서 우리를 인도하신다는 것을 신뢰할 때 가능하다.

필요에 귀를 기울이다

"예수께서 대답하여 이르시되 네가 만일 하나님의 선물과 또 네게 물 좀 달라 하는 이가 누구인 줄 알았더라면 네가 그에게 구하였을 것이요 그가 생수를 네게 주었으리라 여자가 이르되 주여 물 길을 그릇도 없고 이 우물은 깊은데 어디서 당신이 그 생수를 얻겠사옵나이까 우리 조상 야곱이 이 우물을 우리에게 주셨고 또 여기서 자기와 자기 아들들과 짐승이 다 마셨는데 당신이 야곱보다 더 크니이까 예수께서 대답하여 이르시되 이 물을 마시는 자마다 다시 목마르려니와 내가 주는 물을 마시는 자는 영원히 목마르지 아니하리니 내가 주는 물은 그 속에서 영생하도록 솟아나는 샘물이 되리라 여자가 이르되 주여 그런 물을 내게 주사 목마르지도 않고 또 여기 물 길으러 오지도 않게 하옵소서" [요한복음 4:10-15]

예수님께서는 그 사마리아 여인과 대화하시면서 그녀의 삶에 있어 가장 중요한 것이 무엇인지 말씀해 주셨다. 그녀가 우물가에 온 이유는

걸작품을 보다

물이 필요해서이다. 그러나 지금 그녀에게 절실히 필요한 것은 우물에서 길어 낸 물이 아니라 영적인 물이라는 것을 예수님께서는 이미 알고 있었다. 사랑받고 싶고, 인정받고 싶고, 소중히 여김을 받고 싶은 갈증을 해소할 수 있는 물 말이다. 주님께서는 그녀가 마음에 갈망하고 있던 것, 즉 그녀가 필요로 했던 생수와 사랑 채워주셨다. 그녀가 정말 도움이 필요한 때에 예수님께서 찾아 오신 것이다.

예수님께서 사람들을 대하셨던 것처럼 하려면 사람들에게 먼저 다가가 대화를 시도함으로써 보이지 않는 경계를 넘어야만 한다. 그리고 그들의 말에 귀를 기울여 그들의 필요와 고통과 관심사가 무엇인지를 이해하려고 노력해야 한다. 바리새인들은 자신들이 할 말만 하고 들으려 하지는 않았다. 그러나 예수님께서는 사마리아 여인에게 어떠한 설교나 강연도 심지어 잘못된 점을 지적하거나 바꾸어야 할 삶에 태도에 대해서도 말씀하시지 않으셨다. 주님은 단지 그녀의 말을 들어주고 그녀에게 필요한 것이 무엇인지에 대해서만 관심을 보이셨다. 이러한 예수님의 관심은 그녀의 영적 호기심을 불러일으키는 계기가 되었다.

크리스티나는 상스럽고 부도덕한 직장 동료를 위한 기도를 멈추지 않았다. 그런데 크리스티나에게 새로운 변화가 찾아오기 시작했다. "내가 그녀를 위해 기도하는 것 이상으로 그녀를 걱정하고 관심을 가져야 한다는 생각이 들었습니다." 크리스티나가 지난 날을 회상했다. 그녀의 간증을 들어보자.

나는 그 직장 동료를 섬길 방법을 여러모로 찾아 보았습니다. 그리고 그녀가 필요로 하는 것이 무엇인지를 알아내고 그녀의 삶에 더 많은 관심을 갖기 시작했습니다. 나는 그녀에게 이런 저런 질문을 하고 그녀의 말에 귀를 기울였습니다. 그리고 그녀가 고양이를 두 마리를 키우고 있다는 사실을 알게 되었습니다. 한번은 몇 일 동안 집을 비우게 될 거라는 그녀의 말에 그 고양이들을 보살펴 주겠다고 했습니다. 그녀가 지독한 감기에 걸렸을 때에는 정성스레 준비한 식사를 가져다 주었습니다. 그리고 그녀가 승진 했을 때에는 다른 직장 동료들과 함께 깜짝 파티를 준비했습니다. 좋아서 어쩔 줄 몰라 하더군요. 내가 그녀를 섬기는 과정에서 전혀 기대하지도 않았던 선물을 받게 되었는데, 그것은 바로 하나님께서 스테이시에게 있는 좋은 점들을 볼 수 있는 눈을 열어 주셨다는 것입니다. 바리새인의 안경을 끼고 봤을 때는 절대 볼 수 없었죠.

게이트웨이 교회의 영성훈련 과정인 '모프'에서 내준 과제 중 한가지가 비기독교인의 깊은 갈망에 귀를 기울이는 것이었습니다. 그래서 스테이시에게 그녀의 꿈과 소망이 무엇인지 내게 말해 줄 수 있는지 물어보았습니다. 과제를 수행하기 위해서는 두 가지 질문을 해야 했습니다. 첫 번째: '당신은 삶에서 무엇을 소망하고 기대하십니까?' 두 번째: '당신의 마음은 무엇을 가장 갈망합니까?' 그리고 과제수행 규칙상 그녀의 대답을 듣는 중에는 질문을 명확히 하기 위한 말이나 메모를 하거나 상대방의 말에 응하는 단답형의 대답이나 격려의 말 이외에는 어떠한 행동도 이야기도 간증도 할 수 없었습니다. 나는 한 시간 넘

걸작품 을 보다

게 그녀의 말에 귀를 기울이고 그녀의 삶에 대해 질문을 했습니다. 우리의 대화가 끝났을 때, 스테이시가 싱글벙글한 얼굴로 내게 말했습니다. "이렇게 즐거운 대화는 내 평생 처음 가져 보는걸요."

다음 해, 스테이스의 남자친구가 사고로 목숨을 잃었습니다. 그녀는 깊은 절망 가운데 있었는데, 하루는 나를 찾아와 자신의 심경을 이야기 하면서 왜 자신에게 그렇게 잘 대해주는지 물었습니다. 그렇게 우리의 깊은 대화는 시작되었고 삶과 믿음 그리고 예수님께서 내 삶에 행하신 일에 대해 나누게 되었습니다. 그 일이 있은 후, 스테이시는 나와 함께 교회에 나오기 시작했습니다. 그리고 간절함으로 하나님을 구하고 찾더니 마침내 믿음을 갖게 되었습니다. 내가 참을 수 없을 만큼 싫어했던 여자가 지금은 예수 그리스도 안에서 한 자매가 되었을 뿐만 아니라 나의 가장 친한 친구가 되었습니다.

나의 불만으로도 변화시킬 수 없었던 그녀, 하지만 가치 있고 소중하게 여기는 법을 배우며 그녀에게 필요한 것이 무엇인지를 발견하고 섬김의 자리에 있었더니 그녀에게 변화가 찾아왔습니다. 이것이 바로 그녀를 새로운 삶으로 초대하기 위해 예수님께서 사용하신 방법입니다!

예수님이 우물가에서 사마리아 여인을 만났을 때, 그녀는 몹시도 목이 말라 있었다. 그러나 그녀의 목마름은 육적인 것이 아니라 영적인 것이었다. 그렇다. 그녀는 사랑에 목말라 있었다. 하지만 잘못된 방법으로 그 목마름을 해결하고 있었고 예수님께서는 이 사실을 이미 알고 있었다. 그녀가 영적인 물을 마시겠다는 의지를 보이자 예수님께서는 은혜로 진리를 전하시며 정죄가 아닌 소망으로 그녀의 상한 심령에 빛을 비추셨다.

> "이르시되 가서 네 남편을 불러 오라 여자가 대답하여 이르되 나는 남편이 없나이다 예수께서 이르시되 네가 남편이 없다 하는 말이 옳도다 너에게 남편 다섯이 있었고 지금 있는 자도 네 남편이 아니니 네 말이 참되도다 여자가 이르되 주여 내가 보니 선지자로소이다"[요한복음 4:16-19]

사마리아 여인은 예배할 장소에 대한 난해한 신학적 논쟁으로 대화의 주제를 바꾸었다[요한복음 4:20]. 그러나 예수님께서는 대화의 흐름을 다시 그녀가 지금 필요한 것에 대한 쪽으로 자연스럽게 돌리셨다. 예수님께서는 이같이 하신 이유는 그녀의 행실을 변화시키려는 목적이 아니라 생명을 살리는 영을 주기 위함이었다.

예수님은 그녀에게 성(性)을 도구로 자신의 안전을 보장을 받으려 남자와 동거하는 것을 그만두라고 말씀하지는 않으셨다. 왜냐하면 그녀의 삶을 향한 주님의 뜻은 잘못된 행실을 바로 잡으려는데 있는 것이 아니었기 때문이었다. 예수님께서는 깨어지고 상한 그녀의 삶에 더 좋은 것을 주고 싶어 하셨다. "지금까지의 너의 삶은 그다지 행복하지 못했다. 그렇지? 더 나은 삶을 살고 싶지 않느냐?" 예수님께는 그녀가 다섯 번의 이혼을 했고 지금 동거하는 남자도 남편이 아니라는 사실을 말했음에도 불구하고 그녀는 정죄 받는다는 느낌을 전혀 받지 않았다. 그녀는 마을로 달려가 우물가에서 있었던 일을 사람들에게 전했다. 그리고 그녀로 인해 많은 사마리아인들이 믿음을 갖게 되었다.

의지가 답이다

우물가의 사마리아 여인에게는 갈급함과 더불어 의지가 있었다. 예수님께서 영원히 목마르지 않는 생수를 그 사마리아 여인에게 줄 수 있었던 것은 그녀의 의지 때문이었다. 겉으로 드러나는 행실만 문제 삼아 사람들을 변화시키려 한다면 우리 모두가 가지고 있는 근본적인 문제인 깊은 영적인 목마름은 결코 해결할 수 없게 된다. 하나님의 영으로부터 공급되는 시원한 생수의 강이 우리 안에 흐르지 않는다면 우리 자신이 아무리 노력한다 할지라도 영적으로는 더 메말라 갈 수 밖에 없다. 이에 대해 바울은 우리를 변화시키시는 성령님과 동행하라고 말한다.

"그리스도께서 우리를 자유롭게 하려고 자유를 주셨으니 그러므로 굳건하게 서서 다시는 종의 멍에를 메지 말라, 내가 이르노니 너희는 성령을 따라 행하라 그리하면 육체의 욕심을 이루지 아니하리라, 너희가 만일 성령의 인도하시는 바가 되면 율법 아래에 있지 아니하리라, 오직 성령의 열매는 사랑과 희락

과 화평과 오래 참음과 자비와 양선과 충성과 온유와 절제니
이 같은 것을 금지할 법이 없느니라"

[갈라디아서 5:1,16,18,22-23]

매 순간마다 우리의 의지를 성령님께 드리고 그분을 따라갈 때 우리의 삶은 변화된다. 하나님은 우리의 자유의지에 어떠한 강제성도 띠지 않으시며 성령님은 우리의 의지 여부에 따라 역사하신다. 새로운 삶으로의 변화는 우리의 열심이나 율법을 잘 따른다고 되는 것이 아니라 성령의 인도하심을 잘 따라갈 때 일어난다. 우리가 먼저 성령님의 인도하심을 받은 후, 사람들이 그들의 의지로 성령님을 믿고 따라갈 수 있도록 도와야 한다. 우리 스스로가 사람들의 행실을 고치고 변화시키려 하는 무모한 일은 상황을 더 악화시키기 때문에 우리는 단지 하나님께서 얼마나 선하신 분이지 볼 수 있도록 그들을 격려하면 된다. 그렇게 할 때 사람들은 성령님께서 그들 안에 엄청난 일을 행하시는 분이라는 것을 믿게 된다. 우리에게 주어진 역할(사명), 즉 사람들을 귀하고 가치 있게 여기기 위하여 신분과 계급의 경계를 뛰어 넘어 그들에게 묻고 귀 기울이며 선하신 하나님을 신뢰하고 사랑하도록 격려하는 일을 온전히 감당할 때, 성령님께서 우리의 삶을 통해 그분의 일을 행하신다.

마크 부차난은 캐나다 온타리오 주의 구엘프시에 위치한 리버사이

걸작품을 보다

드 공원에 세워져 있는 조형미술품에 대해 다음과 같이 언급했다. "구엘프시는 매년 지역 주민들을 초청해 대대적인 청소를 실시합니다. 강바닥에 있는 쓰레기를 치우고 이물질을 제거하기 위해 강물을 모두 빼냅니다. 강바닥에는 끈적끈적하고 고약한 냄새가 나는 이물질을 비롯해 우리가 상상할 수 있는 모든 물건이 거의 다 나옵니다. 낡은 타이어, 녹슨 쇼핑 카트, 자전거, 맥주 캔, 자동차 펜더 심지어 공중화장실의 소변기도 있습니다. 이런 쓰레기들이 강바닥에 산더미처럼 쌓이고 쌓여서 나중에는 강둑을 이룹니다. 이에 구엘프시는 조각가들에게 강에서 건져낸 쓰레기로 조형 작품을 만들어 달라는 의뢰를 했습니다. 어떤 이들에게는 쓰레기로 보이는 것들이지만 예술가들은 이 쓰레기들로 강둑을 아름답게 수 놓는 조형물로 변모시킵니다."

예수님께서는 자유의지, 죄, 고통, 더 나아가 고물이 되어 버린 우리의 삶을 사용하셔서 새롭고 아름다운 형상을 만드신다. 얼마 전, 샘이라는 남성으로부터 이메일 한 통을 받았다. 16년 전쯤에 믿음을 갖게 된 그는 자신의 동성애적 사상 때문에 힘겨운 나날을 보내고 있었는데, 하루는 캠퍼스 사역을 하는 한 목사에게 자신의 문제를 고백한 적이 있다고 했다. 사탄은 순수한 의도에서 해 준 그 목사의 조언을 샘을 참소하고 정죄하는데 사용했고 그는 결국 믿음을 잃고 예전의 삶으로 돌아가고 말았다. 그러나 하나님께서는 추한 것으로도 아름다운 것을 만들어내는 최고의 예술가이시다. 다음에 나오는 글은 샘이 나에게 보내온 이메일이다.

2010년 1월 1일 새벽 1시 24분.

내게 일어나고 있는 모든 징후들을 볼 때, 세상의 종말이 오는 것이 아닌가 하는 생각을 해보지 않을 수가 없습니다. 무슨 뜻이냐구요? 16년 만에 처음으로 술을 마시지 않고 새해를 맞이하고 있기 때문입니다. 조금 전 2009년의 마지막 시간이 지났고 내 방에서 무릎을 꿇은 채 지금까지 주신 축복을 하나님께 감사 드리며 올해도 성령님의 인도하심을 구하는 기도를 드렸습니다. 그리고 예수님께서 십자가에서 주신 은혜에 대한 보답으로 나 자신을 주님께 드리며 2010년의 새해를 시작했습니다. 마치 내가 정신이상에 걸린 것 같은 생활을 시작한 거죠. 그래서 목사님께 제 이야기를 들려 드리고 싶었습니다. 이제 일주일만 있으면 술을 안 마신지 6개월이 되는데 자축을 할 예정입니다. 그리고 잘 될지는 모르겠지만 빠지지 않고 매주일 교회에 나가려고 합니다. 동성애에 대한 유혹도 하나님의 뜻에 맡겼습니다. 저는 제 과거의 모습을 잘 알고 있는 형제들로 구성된 소그룹 모임에 참석하고 있는데 그들은 모두 저처럼 어두운 과거를 경험했던 사람들입니다. 그래서 저를 더 잘 이해하고 더 많은 관심을 주었습니다. 지금은 저도 나와 같은 어려움을 겪는 형제를 돌보고 있습니다. 이 일로 인해 내가 하나님과 공동체 안에서 쓸모 있는 존재라는 것을 실감하고 있고 앞으로 더 쓰임 받는 사람이 되고 싶습니다. 저는 요즘 주님 안에서 진정한 자유함을 맛보고 있습니다.

예수님의 이름으로 사랑합니다.

From. 샘

걸작품을 보다

자유의 영은 의지가 있는 모든 사람을 그리스도 안에서 자유케 한다. 그러나 하나님께서는 때때로 자유함을 얻게 하기 위하여 고통이나 고물 같은 삶을 이용하기도 하신다. 당신은 예수님께서 하신 것처럼 사람들의 고통을 이해하고 고물 같은 그들의 삶을 헤아릴 준비와 의지가 있는가? 만약 그런 의지가 당신에게 있다면, 삶의 현장에서 당신과 함께 하시는 예수님을 경험하게 될 것이다. 그러한 경험은 종종 당신이 예상하지 못한 놀라운 방법으로 찾아 오기도 한다.

1. 묵상 포인트

사람들의 행실을 고치려 하고, 조종하려 하고, 강압적으로 변화시키려 하는 당신의 모습을 어느 때에 발견하게 되는가? 하나님께서 당신을 보실 때 느끼는 가치와 당신이 자신을 볼 때 느끼는 가치 중 어느 것이 평가절하 된다고 생각하는가? 이 두 가지 질문이 어떤 상관관계가 있는지 생각해 보라.

그리고 어떻게 하면 당신이 하나님께서 사람들에게 주신 자유를 더 존중할 수 있는지 생각해 보라.

2. 실천 포인트

당신이 누군가의 행실을 고치려 하고, 당신의 생각대로 다루려 하고, 강압적으로 변화시키는 일을 하고 있다면 그들의 자유를 존중하길 권면하는 바이다. 이번 주 그 사람과 대화를 할 때 어떠한 조언도 하지 말고 단지 영적인 질문과 그들의 말에 귀를 기울여 보라. 그리고 하나님께서 그들의 삶에 어떠한 일을 행하시는지 지켜보라.

대화의 문을 열 때, "형제님(자매님)의 영적인 배경, 환경에 대해 듣고 싶습니다"라는 질문으로 시작해 보는 것도 좋다. 그들에게 귀 기울이고 관심을 갖되 어떠한 판단이나 선입견도 있어서는 안 된다. 그리고 하나님께서 어떻게 일하시는지 지켜보도록 하자.

예수님의 눈으로 바라보기
SEEING THROUGH THE EYES OF JESUS

Chapter 7

고통을 나누다

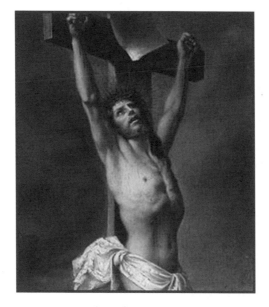

The Suffering Servant

Photo: wikimedia.org

살아가면서 고통이나 상처를 받지 않는 사람은 없다. 그리고 상처받은 모든 사람이 보살핌을 받는 것은 아니다. 게이트웨이 교회를 개척한 첫 해에 나는 한 여자 성도로부터 뜻밖의 이메일을 한 통 받았다. 컴퓨터 스크린에 올라온 편지 내용을 읽으면서 상황의 심각성이 점점 더 명확해졌고 이 상황을 어떻게 대처하면 좋을지 주님께 지혜를 구하는 기도를 드렸다. 아래에 나오는 글은 린디가 내게 보내 온 편지 내용이다.

내가 게이트웨이 교회에 나오기 시작한지 그리 오래되지 않았습니다만, 삶의 소망과 목적을 찾으려고 애쓰고 있습니다. 사람들이 '하나님이 이곳에 계십니다'라고 말을 하는데, 나는 도무지 하나님이 계시다는 것을 느낄 수 없습니다. 뿐만 아니라 어떠한 삶의 고통이나 고난도 덜어지는 것 같지 않습니다. 저는 상처받은 사람들을 위로하고 돌보는 호스피스 사회복지사로 일하고 있는데 제가 이런 사람들과 같은 상황에 처해지면 어디로 가서 위로와 도움을 받아야 합니까? 내가 느끼기에 예전에는 교회가 그러한 역할을 하지 못했습니다. 그렇지만 난 여전히 소망을 가지고 교회를 나옵니다. 지금 내가 이 글을 쓰는 것 자체가 너무 무섭고 떨립니다. 이 편지를 쓰는 것으로 인해 내 자신이 드러난다는 것 또한 나에게는 큰 상처가 되는 것 같습니다. 지난 몇 달 동안 죽음에 대해 깊이 생각해 왔는데 어떻게 하면 죽음을 앞당길 수 있을까 하는 것이었습니다. 저는 호스피스 자격증을 따는 과정에서 자살의 징후들을 알아 볼 수 있는 교육을 받은 사람입니다. 그런데 내게서 자살의 징후들이 나타나고 있습니다.

걸작품을 보다

그녀가 보내 온 편지를 읽는 동안 나의 마음은 찢어질 듯한 고통으로 물들었다. 나는 망연자실하여 의자에 앉은 채 몸을 뒤로 젖혔다. "주님, 제가 그녀를 위해 무엇을 해야 할까요? 지금 그녀는 삶과 죽음의 갈림길에 서 있는 것 같습니다. 아직 소망이 있음을 그녀가 알게 해 주세요. 무슨 말을 건네야 할지조차 모르겠습니다. 그녀에게 무슨 말을 해야 할지 저에게 말씀해 주시고 보여 주세요." 린디는 5년전 남편과 결혼을 했고, 전적으로 남편을 신뢰하고 의지했다. 결혼한지 3년이 되었을 때, 그녀는 남편이 다른 여자와 바람을 피우고 있다는 것을 알게 되었다. 남편만을 바라보고 살았던 그녀의 마음은 갈기갈기 찢어졌고 삶은 피폐해져만 갔다. 남편과 이혼을 한지 9개월이 지났을 즈음 남편은 자신의 잘못된 행동에 용서를 구하며 부부 간에 믿음을 지키겠다는 맹세를 했다. 그녀는 남편에게 한번의 기회를 주기로 마음먹고 그를 받아 들였다. 하지만 일년도 채 지나지 않아 남편이 다른 여자와 다시 부적절한 관계를 맺고 있다는 사실을 알게 되었다.

나는 내가 돌보는 고객으로부터 구박과 학대를 받고 있다는 것을 최근에서야 인식하게 되었는데, 그러한 일이 나에게 일어나고 있다는 사실에 대해 무지했습니다. 결혼생활의 파탄으로 인한 충격으로 인지 능력이 떨어지고 정상적인 생활에서 멀어지고 있는 것 같습니다.

나를 더 힘들게 하는 것은 배신자 남편이 나에게 했던 다정한 말과 행동들이 내게서 떠나지 않고 있고 떨쳐버릴 수도 없다는 사실입니다.

거절감도 저를 졸졸 따라 다니는 것 같습니다. 나에게 사랑한다 말하고 서약까지 한 사람이 그렇게 끔찍한 방법으로 나를 배신했는데 어느 누가 나를 인정하고 받아 들이며 관심을 가질 거라고 생각할 수 있겠습니까? 지난 달 법원에 다시 이혼 신청을 했습니다. 그런데 이혼신청을 한 것에 대한 죄책감이 나를 옭아매고 있습니다. 하나님께서는 이혼에 대해 어떻게 생각하실까요? 이렇게까지 외롭다고 느낀 적이 없는데, 요즘은 홀로 남겨진 것 같은 생각이 자꾸 듭니다. 이제 그만해야 할 것 같습니다. 벌써 이 편지를 보내는 것에 대한 갈등이 밀려오네요. 그렇지만 보내게 되겠죠……

From. 린디

그녀의 편지를 다 읽었을 때, 나는 공황상태에 빠지는 것 같은 느낌이 들었다. 린디를 위해 다시 기도를 하기 시작했다. 기도를 마쳤을 때, 잘 알지도 못하는 이 여인의 마음을 이해하고 공감하는 나 자신을 발견하게 되었다. 나는 그녀가 불가지론자이며 게이트웨이 교회에 온 목적이 신이 없다는 것을 주장하기 위함이라는 것과 다른 사람들의 믿음을 시험해 보려는 의도임을 다른 성도들로부터 들어 알고 있었다. 그런 그녀의 이메일을 읽으면서 자신에게 찾아온 고통으로 인해 힘들어하며 문제를 해결해 줄 도움의 손길을 애타게 기다리고 있음을 알 수 있었다. 내가 기억하는 그녀는 굉장히 매력 있고 재치가 있는 사람이지만 다른 한 편으로는 굉장히 차가운 사람으로 남아 있다. 그녀는 항상 사람들과 일정한

걸작품을 보다

거리를 두었고 자신의 속마음을 절대 드러내지 않았다.

린디에게 답장을 하기 전, 무슨 말을 해야 할지 주님께 물어 보았다. 믿음의 선진들에 대한 이야기가 기록된 히브리서 11장 말씀이 머리 속에 떠 올랐다. 내가 좋아하는 성경 말씀이긴 했지만 소망을 잃고 자살하려는 사람에게 주는 성경구절이라고 보기에는 너무 거리가 멀다고 여겨졌기 때문에 히브리서 11장 말씀은 잊고 계속해서 편지를 써내려 가기 시작했다. 그런데 편지를 써내려 가면 갈수록 히브리서 11장 말씀이 계속해서 떠 올랐다. 하는 수 없이 답장 쓰는 것을 잠시 멈추고 말씀을 천천히 읽어 내려갔다. 많은 믿음의 선진들이 말할 수 없는 끔찍한 고통을 참고 견뎌낸 마지막 부분을 읽어 내려갈 때, '가치가 있다'라는 말이 마음속에 아주 크고 강하게 들려왔다.

"주님, 이 말은 그녀가 듣고 싶어하는 것도 그녀에게 필요한 것도 아니잖아요! 그녀는 믿음도 없고 주님을 잘 알지도 못하잖습니까? 그런데 왜 히브리서 11장 말씀을 주시는 건가요?" 두 눈을 감고 말씀을 묵상하는 중에 린디에게 해 주고 싶은 말이 떠올랐다. 그녀에게 아직 소망이 남아 있으며 하나님께서 게이트웨이 교회까지 인도하신 데에는 분명 이유가 있다고 말해 주었다. 그녀가 상상하는 것 이상으로 하나님이 사랑하고 있다는 말을 전하면서 예수 그리스도를 통해 보여준 그분의 은혜가 어떤 것인지 설명해 주었다. 그리고 그녀의 이해를 돕기 위해 고난과 고통을 당한 믿음의 선진들에 관한 이야기를 들려주면서 하나님께서는 그들이 참고 견딘 모든 고난과 고통을 목도하시고 증인되셨으며 그것이 하나님께서 보시기에 얼마나 가치 있는 것인지 말해 주었다. 마지막으로 하나님을 찾고 구하라는 격려의 말과 함께 지금 그녀가 겪는 고난과 아픔이 나중에 좋은 것을 얻기 위한 아주 가치 있는 것임을 잊지 말라고 당부했다.

그녀에게 답장을 보내고 5일이 지나 다시 메일이 왔다.

목사님의 글 중에, 하나님께서 믿음의 선진들이 겪은 고난과 고통을 지켜 보셨고 그것을 아주 가치 있고 귀하게 여기신다는 말이 내게 큰 위로를 가져다 주었습니다. 그 말이 왜 내게 큰 의미로 다가 왔는지 잘 모르겠지만, 아무튼 제게는 큰 위로가 되었습니다. 목사님의 편지를 읽으면서 전 남편이 불륜을 저질렀을 때 잘못을 용서해 주는 조건으로 내가 얻게 되는 보상이 무엇인지 남편에게 물었던 것이 기억났습니다. 그리고 옳은 일이나 선한 일을 하는 것이 영광스럽거나 영예스러워 보이지 않는 것 같다는 생각이 들었습니다. 당신이 말하는 하나님이 계시다면 아마도 그분에게 해당되는 것이 아닌가 싶습니다. 그 누구고 알지 못하는 나의 어려움을 하나님이 지켜보고 있고 나에게 지대한 관심을 갖고 있을지도 모른다는 생각을 하는 것 만으로 내게 위로가 됩니다. 위로와 힘을 주는 당신의 편지에 감사를 드립니다.

From. 린디

놀라운 하나님의 긍휼을 깨닫게 되니 갑자기 목이 메이고 콧날이 시큰해 졌다. 하나님께서는 나처럼 아주 평범하고 부족한 사람도 그분의 도구로 사용하며 우리의 생각과 말을 통하여 그분의 소망의 말씀을 전하게 하신다. 린디는 지속적으로 우리 교회에 나오고 있고 얼마 전부터는 소그룹 모임에도 참석하기 시작했다. 나는 우리 교회 성도들이 그녀에게 사랑을 베풀고 상처받은 마음을 감싸길 기도했다. 어느 날, 린디는 이메일을 통해 그녀가 간직하고 있는 깊은 절망의 근원에 대해 고백했다.

그녀는 스스로 사랑을 받을만한 자격이 없다고 느끼며 자라왔기 때문에 자신에게 일어나는 모든 일에 대해 자책하고 자신을 정죄하며 살아왔다. 아픔과 상처로 가득 찬 과거가 그녀를 따라다니며 끊임없이 괴롭히고 또 괴롭혔다. 오래 전, 린디의 오빠는 자살을 했다. 그녀는 오빠의 자살에 대해 깊이 생각하곤 했었는데, 오빠가 자신에게 도움을 요청하지 않은 이유가 자신의 잘못 때문은 아닌지 자책하며 지내왔다. 그리고 성폭행의 피해자였음에도 오히려 '그때 더 강하게 저항했어야만 했어! 더 크게 소리 질렀어야 했단 말이야!'라며 모든 책임을 자신에게 돌렸다. 결혼 후에는 유산이라는 아픈 경험을 했었는데 유산의 원인이 정상 체중을 유지하지 못한 자신에게 있다고 생각했다. 그로 인해 자신에게 분노하며 자해도 서슴지 않고 행했다.

내게 편지를 보내고 난 뒤 어느 주일에 린디는 예수님에 대해 더 알아가고 싶은 마음이 강렬하게 들었다. 그녀는 대형 서점이 있는 방향으로 자동차의 핸들을 돌렸다. 그리고 서점에 들어서자 마자 기독교 서적이 있는 곳으로 발걸음을 옮겼다. 린디는 책장에 꽂혀 있는 엄청난 양의 기독교 서적들을 보고 다소 당황스러워 하며 자신의 궁금증을 해결해 줄 책을 어떻게 찾아야 할지 고민하기 시작했다. 그때 한 남자가 그녀의 옆으로 가까이 다가와 섰다. 남자가 자신에게 너무 가까이 다가온 것 같다고 느꼈지만 필요한 책을 찾기 위해서 일지도 모른다고 생각했다.

순간 린디는 그 남자의 행동에 깜짝 놀라고 말았다. 남자는 린디의 바로 앞에 있는 책장에서 책을 한 권 꺼내더니 그녀에게 건네 주면서 말했다. "당신에게는 이 책이 좋겠네요." 책을 받아 든 린디는 '왜 난생 처음 보는 남자가 이 책을 권했을까?'하는 생각을 하며 그 남자를 빤히 쳐다 보았다. 그리고 책을 펴서 목차를 들여다 보았다. 린디가 목차를 확인한 후 그 남자에게 감사의 말을 전하려 했지만 그 짧은 순간 남자는 이미 자리를 떠나고 없었다.

그러한 일이 있고 난 일주일 후, 그녀가 내게 이메일을 보내왔다. "당신이 믿는 하나님이 내게 어떠한 일들을 계속해서 보여주고 있습니다. 아마도 내가 치유 받는데 필요한 일이지 모른다는 생각이 듭니다. 그분이 나를 위해 무엇인가를 작정하신 것이 아닌가 하는 생각이 떠나지를 않습니다." 그녀는 서점에서 만났던 천사의 이야기도 언급하면서 이렇게 말했다. "그 남자가 건네 준 책은 전혀 가능할 것 같아 보이지 않는 여러 가지 방법들로 내게 도움을 주었습니다. 그리고 당신이 믿는 하나님이 내게 또 하나의 메시지를 보내주었습니다."

그리고 일주일 후, 린디가 다시 메일을 보내왔다.

영혼의 깊은 어둠에서 빛을 향해 걸어 온 지난 두 달 동안의 여정이 얼마나 놀라운지 모릅니다. 하나님께서 나를 살리기 위해 친히 찾아오셨음을 알게 되었습니다. 당신이 나에게 처음 보내 온 답장에 '가장 위대한 믿음의 행동은 때로는 상황이 나아질 때까지 인내하고 기다리는 것'이라고 한 것과 '하나님께서는 우리가 인내하고 견뎌온 인고의 시간들을 잘 알고 계시며 그것들을 소중하고 가치 있게 여기신다'는 말이 힘든 삶의 여정을 견딜 수 있는 힘이 되었습니다. 당신이 보내 준 편지 한 통이 나를 하나님께 한걸음 더 나아가도록 도왔다는 것을 말해 드리고 싶습니다. 내가 한 번도 본 적도 느낀 적도 없는 하나님을 볼 수 있게 도와 준 사람이 바로 당신입니다. 그분은 비난과 정죄의 시선으로 나를 대하지 않고 긍휼의 마음으로 나를 찾아와 준 분입니다. 오늘 서점에서 성경책을 샀습니다. 그리고 당신이 믿는 하나님께 이렇게 기도했습니다. '하나님, 이제 나의 하나님이 되어주세요.' 그분이 나의 하나님이 되셨음을 믿습니다.

From. 린디

세상의 모든 상처, 예수는 치료자

상처가 없는 사람은 없다. 그리고 모든 사람이 자신의 상처나 타인의 상처에 관심을 갖지는 않는다. 그러나 예수님께서는 세상의 모든 상처에 관심을 가지고 계시며 치유하기를 원하신다. 예수님께서는 당신 주변에 있는 린디 같은 사람들을 돌보길 바라시며, 하나님께서는 그들의 마음을 끌어 안고 싶어 하신다. 대부분의 많은 사람들이 하나님께서 자신들을 돌보고 사랑하시며 그들의 삶에 계획하신 목적이 있다는 것을 믿고 싶은 갈망을 가지고 있다. 하지만 사탄은 그들이 과거에 받은 상처와 잘못한 일을 빌미로 끊임없이 정죄할 뿐만 아니라 그들을 향한 하나님의 계획에 대해 거짓된 말로 속이며 절망의 틀 안에 가두어 버린다. 상처받고 고통 가운데 있는 사람들을 보게 될 때, 당신은 어떠한 마음이 드는가? 당신은 그들에게 관심을 갖고 따뜻한 위로의 말을 건네는가? 하나님의 마음이 사람들 안에 들어 오면 상처와 고통의 시간들은 종종 믿음을 성장시키는 촉매제로 작용하기도 한다.

　　예수님은 상처받고 고통 받는 사람들을 찾아가 그들의 깊은 갈증과 갈망을 채우시고 하나님께서 얼마나 그들을 아끼시고 사랑하시는지 보여주셨다. 예수님께서 행하신 최고의 일을 마음속에 그려보라. 예수님은 아침부터 저녁까지 3년 동안 사람들을 만나러 다니셨는데 그들이 주님을 믿던지 믿지 않던지 그것과는 상관없이 가장 극한 고통의 시간을 보낼 때 그들을 만나주시고 필요를 채워 주셨다. 주님께서는 사람들이 가장 절실하게 도움이 필요한 시점에 그들을 찾아가셨다.

　　요한복음 4장, 예수님께서 갈릴리 가나에 이르렀을 때에 한 고위 관료를 만났다. 이 사람은 헤롯 왕을 가까이서 보위하는 사람으로 이교 도이었을 지도 모른다. 그는 비록 예수님을 믿지 않았지만 예수님의 도움이 절실히 필요했다. 그의 아들이 중병에 걸려 투병생활을 해 오고 있었는데 병세가 점점 악화되어 위독한 상황에 놓이게 된 것이다.

그 고위 관료는 예수님에 대한 소문을 듣고 가버나움에서 가나까지 한 걸음에 달려왔다. 그리고 너무 늦기 전에 아들을 살려 달라고 예수님께 애원했다. 그러자 예수님께서 그 사람에게 다음과 같이 말씀하셨다. "가라, 네 아들이 살아 있다." 여기서 우리는 그 고위 관료가 예수님을 믿지 않는 사람이었다는 것과 먼저 그 사람과 온 집안이 예수님을 영접하고 믿게 만든 후에 그의 간청을 들어 준 것이 아니라는 사실에 주목해야 한다.

우리는 이와 거꾸로 생각하고 행동할 때가 얼마가 많은가? 우리는 고통 중에 있는 사람이나 도움이 절실히 필요한 사람을 볼 때, 그들이 예수님을 믿기 전까지는 어떠한 도움이나 관심도 갖지 않을 때가 있다. 그러나 예수님이 만났던 사람들을 보면 항상 그들의 필요를 먼저 해결해 주셨다는 것을 알 수 있다. 예수님께서 사마리아에서 갈릴리 지역으로 가실 때에 열 명의 나병환자가 저 멀리 예수님이 지나가시는 것을 보고 자비를 구했다. 예수님께서는 아무런 조건 없이 그들의 간청을 들어주시며 제사장들에게 가서 몸을 보이라고 하셨다. 그들은 예수님의 말씀대로 제사장들에게 자신들의 몸을 보이러 가는 중에 냄새 나고 피고름 나는 몸이 말끔히 치유되는 기적을 경험했다.

"그 중의 한 사람이 자기가 나은 것을 보고 큰 소리로 하나님께
영광을 돌리며 돌아와 예수의 발 아래에 엎드리어 감사하니 그
는 사마리아 사람이라" [누가복음 17:15-16]

예수님께서는 지금도 여전히 고통의 한 가운데 있는 사람들과 도움
이 절실히 필요한 사람을 만나주시고 계시다는 것을 알고 있는가? 비록
그들이 예수님을 믿지 않는다 할지라도 말이다.

각종 중독에 빠진 사람들, 그들이 하나님의 도움이 절대적으로 필
요하다는 것을 인정하고 자신의 의지를 내어 드릴 때, 은혜와 힘을 주
시는 하나님의 큰 권능으로 인해 스스로는 절대 나올 수 없는 늪에서 빠
져 나오는 사례를 우리는 얼마나 많이 보아 왔는가! 그렇게 하실 수 있
는 분은 오직 하나님뿐이시다. 하나님은 감사할 줄 모르는 사람, 믿지
않는 사람들에게도 여전히 치유의 손길을 보내신다는 것을 믿는가? 그
런 사실을 믿는다면 우리는 고통 중에 있는 사람, 도움이 절실히 필요한
사람들을 찾아가서 예수님이 그들에게 지대한 관심을 가지고 있다는 것
을 몸소 보여주어야만 한다. 그렇게 할 때 사람들은 하나님의 선하심과
자비를 보게 되며 그들이 가던 길에서 돌아서서 주님을 따르고 찬양하
게 될 것이다.

예수님의 긍휼, 나의 긍휼

어느 주일 예배를 마친 후 캐빈이 내게 다가오더니 이렇게 말했다. "이런 말씀을 드리기가 좀 그렇지만, '예수'라는 말을 들을 때나 혹은 찬양가사 속에서 볼 때마다 굉장히 혐오스러운 사람이라는 생각이 듭니다."

"정말요…?" 나는 그의 말에 다소 충격을 받았다. "아마도 당신은 예수님이 정확히 어떤 사람인지 모르는 상태에서 일반적인 사람들과 비슷한 분으로 생각하고 있는지도 모르겠군요. 혹시 예수님의 생애를 다룬 책을 읽어보신 적이 있나요?"

"아뇨, 그런 책은 읽어본 적이 없습니다." 그는 진심을 담아 대답하는 것 같았다. 나는 그에게 도움이 될만한 책 몇 권을 추천해 주었다. 일주일 후, 그가 나를 찾아 오더니 다음과 같은 말을 건넸다. "당신이 말해준 책을 구해서 읽었습니다. 예수란 사람은 제가 만났던 크리스천들과는 많이 다른 분이더군요."

하나님을 믿지 않는 사람들이 '예수는 인간들이 겪는 여러 가지 고통을 보고 있음에도 불구하고 어떠한 자비도 긍휼도 베풀지 않는 잔인한 사람이야' 라는 인상을 갖는다는 것은 얼마나 비극적이고 참담한 일인가! 그들이 당연히 겪어야 하고 마땅히 받아야 하는 고통과 역경이라고 치부함으로써 본의 아니게 예수님은 사람들이 겪는 고통이나 아픔에는 별로 관심을 두지 않는다는 잘못된 인식을 심어주고 있지는 않는가?

Chapter 07. 고통을 나누다

이러한 것들은 바리새인들이나 일삼았던 생각이고 행위였다. 이에 대해 마태는 다음과 같이 말했다.

"예수께서 모든 도시와 마을에 두루 다니사 그들의 회당에서 가르치시며 천국 복음을 전파하시며 모든 병과 모든 약한 것 을 고치시니라 무리를 보시고 불쌍히 여기시니 이는 그들이 목 자 없는 양과 같이 고생하며 기진함이라" [마태복음 9:35-36]

예수님께서는 사람들을 만날 때마다 분노와 화를 잠식시키기 위해 술이나 마약을 하는 사람들과 외로움을 감추려는 사람들의 내면에 흐르 는 아픔과 상처 그리고 고통의 강물을 영의 눈으로 바라 보셨다. 또한 예 수님은 외로움을 견디기 힘들어하고 두려워한 나머지 부적절한 관계를 맺고 있는 사람들의 내면도 들여다 보셨고 상처받는 것이 두려워 자신 만의 보호막으로 다른 사람과의 교제와 관계를 차단하는 사람들의 마음 도 헤아리셨다. 그리고 자신이 가치 있는 사람이라는 것을 증명해 보이 기 위해 사람들이 왜 그렇게 애를 쓰고 노력하는지도 충분히 이해하셨 다. 예수님께서는 유한한 인생 밑에 감추고 있는 우리들의 가식을 보실 수 있다. 모습은 어른이지만 사실 우리의 내면은 상처입고 분노하며 근 심에 가득한 채로 혼돈스러워 하는 어린 아이와도 같다. 우리를 회복시 키실 수 있는 유일한 분이신 하나님께 반항하며 도망치고 있는 어린 아이의 모습 말이다.

신약성경에 등장하는 '긍휼'(Compassion)이라는 헬라어는 'Splagna'(스플라그나)라는 단어에서 유래한다. 이 말은 문자적으로 '배짱'이라는 의미를 가지고 있다. 학교 수업시간에 배운 '의성어'에 대해 기억하는가? 어떤 사물이 내는 소리를 명사화한 것 말이다(시계가 '똑딱'거리는 소리나 파도가 '철썩'하는 소리, 폭발물이 '쾅'하고 터지는 소리 등). 당신이 다른 사람들을 바라볼 때 느끼는 '긍휼'이라는 것은 마치 당신에게 내재되어 있는 '배짱'이 어떤 소리를 발하는 것과도 같다. 그렇지 않은가? 예를 들어, 비극적인 소식을 접할 때나 누군가가 당신의 마음을 아프게 할 때, 자녀나 사랑하는 누군가에게 안 좋은 일이 일어났을 때, 마음 깊은 곳에서 일어나는 짠한 감정을 느끼지 않는가?

마태복음 9장 36절의 말씀이 무엇을 의미하는 바가 무엇인지 생각해 보자. 예수님께서는 인간이 겪는 마음의 상처와 아픔, 질병과 낙심, 갈등과 혼란을 느끼실 수 있었다는 것을 말한다. 예수님께서는 우리가 겪는 고통을 마치 주먹으로 복부를 가격당한 것처럼 느끼셨다. 사람들을 향한 예수님의 참을 수 없는 긍휼, 그 긍휼이 직접 행동으로 옮기게 만들었다. 동시에 사람들에게 치유, 희망, 회복을 가져다 주는 하나님 나라에 대해 어렴풋이 말씀해 주셨다. 하나님께서는 그분의 나라가 인간들의 삶을 통해 이 땅에서 미리 보여지길 원하신다.

예수님께서 고통스러워하고 낙심 가운데 빠진 사람들을 보시고 긍흉의 마음이 일어 날 때, 그분이 가지고 있는 해결책은 과연 무엇이라고 생각하는가? 그 사람들에게 나타나셔서 그들이 처해 있는 상황을 바로 해결 해주시는 것이 예수님의 해결방법일까? 아니다. 예수님의 해결책은 바로, 당신을 그 사람들에게로 보내는 것이다! 마태복음 9장 37-38절을 통해 예수님께서 이렇게 말씀하셨다. "추수할 것은 많되 일꾼이 적으니 그러므로 추수하는 주인에게 청하여 추수할 일꾼들을 보내 주소서 하라 하시니라". 주님께서는 제자들의 기도에 대한 응답으로 그들을 세상으로 보내셨다. "아버지께서 나를 보내신 것 같이 나도 너희를 보내노라"[요한복음 20:21]. 만약 우리가 예수님께서 하셨던 사역과 동일한 사역을 하는 자로 세상에 보냄을 받았다면 어찌하겠는가?

때때로 예수님은 사람들의 삶이 어떤지를 꿰뚫어 볼 수 있는 신적 능력이 있는 것처럼 보인다. 그러나 예수님의 삶을 자세히 살펴보면 그러한 통찰력이 우리 안에도 동일하게 거하시는 성령님으로부터 왔다는 것을 알 수 있다. 예수님은 하나님이시기도 했지만 동시에 인간이시기도 했다. 유한한 능력과 생명을 지닌 인간으로서 예수님은 우리가 해야 하는 일들을 동일하게 하셨던 것이다. 즉, 하나님의 음성에 귀 기울이고 사람들의 말에 귀를 기울이셔야만 했다는 뜻이다.

아픔을 나누고 필요를 채워주는가?

예수님께서 예루살렘에 거하실 때, 하루는 베데스다 연못에 가셨다. 그때의 상황에 대해 요한은 다음과 같이 말했다[요한복음 5:3-4]. '수많은 병자들이 베데스다 연못가에서 천사가 물을 움직이기만을 기다렸는데, 이는 물이 움직인 직후에 먼저 들어가는 사람의 몸이 완전히 치유되었기 때문이었다.' 하나님께서는 예수님에게 특정한 한 사람을 주목하게 하셨다. 그는 38년 동안 누워서만 지냈는데, 어느 날 베데스다 연못에서 물이 움직일 때마다 기적이 일어난다는 소식을 들었다. 우여곡절 끝에 연못에 도착했지만 수년이 지나도록 연못에 들어가지 못하고 있었다. 낫고자 하는 그의 소망은 자신보다 일찍 연못에 들어가는 사람들에 의해 매번 꺾이고 말았다. 안타까운 그의 처지를 많은 사람들이 지켜보았지만 그를 불쌍히 여겨 돕고자 하는 사람은 아무도 없었다. 흥미로운 사실은 많고 많은 병자들 중에 예수님이 그 사람을 눈 여겨 보셨다는 것이다.

이어지는 상황을 성경은 다음과 같이 말한다. "예수께서 그 누운 것을 보시고 병이 벌써 오래된 줄 아시고 이르시되 네가 낫고자 하느냐?"[요한복음 5:6]. 예수님께서 하신 질문이 조금은 이상해 보이지는 않는가? 그 사람이 왜 낫고 싶어하지 않았겠는가! 그러나 우리가 익히 알고 성경에 기록된 바, 예수님께서는 우리가 의지를 드릴 때 비로소 일하시는 분이시다. 이것은 진리이다. 때때로 우리는 병 낫기를 원치 않는 경우도 있다. 질병, 중독 증상, 두려움이 점점 우리에게 익숙해지고 편안해져서 이러한 것들 없이 살아가는 것이 오히려 어색하고 두려워지기도 한다.

Chapter 07. 고통을 나누다

그래서 예수님이 그 자에게 낫기를 원하는지 물었던 것이다.

　우리가 주목하여 볼 것이 또 있다. 예수님께서 먼저 그 사람의 상태를 유심히 보시고 관심을 가지셨다는 것이다. "예수께서 그 누운 것을 보시고 병이 벌써 오래된 줄 아시고"[요한복음 5:6]. 완전한 인간의 몸으로 오신 예수님은 하나님의 영과 온전하게 교통하셨고 아버지께서 하시는 일을 그대로 행하셨다. 유한한 존재인 인간의 몸을 입은 예수님이었기에 사람들의 삶에 귀 기울이고 보고 살피시는 일도 병행하셔야만 했다. "아들이 아버지께서 하시는 일을 보지 않고는 아무 것도 스스로 할 수 없나니 아버지께서 행하시는 그것을 아들도 그와 같이 행하느니라"[요한복음 5:19]. 예수님께서는 하나님 아버지의 뜻을 행하시기 위하여 성령님의 말씀에 귀를 기울여야 했을 뿐만 아니라 사람들의 삶에도 관심을 가지고 귀를 기울여야만 했다.

　이와 동일하게 우리도 성령님이 하시는 말씀에 귀를 기울이고 사람들의 삶에 관심을 갖고 그들의 말에 귀 기울인다면, 하나님 아버지께서 우리의 삶을 통해 하시기 원하시는 일을 알게 될 것이다. 예수님께서는 우리에게 다음과 같이 권면하셨다. "그러므로 너희가 어떻게 들을까 스스로 삼가라 누구든지 있는 자는 받겠고 없는 자는 그 있는 줄로 아는 것까지도 빼앗기리라 하시니라"[누가복음 8:18]. 우리는 반드시 귀 기울이는(듣는) 능력을 함양해야 하며 그래야만 하나님의 일에 온전히 참여할 수 있게 된다. 우리가 더 귀 기울이고 반응하게 될 때, 듣고 볼 수 있는 기회를 더 많이 얻게 되며 하나님의 일도 더 많이 할 수 있게 된다. 성령님께서 말씀하실 때 귀 기울이지 않는다면 우리에게 주어지는 기회도 당연히 적어 질 수 밖에 없다.

나를 포함해 많은 크리스천들이 귀 기울이는 데에는 익숙해 있지 않은 것 같다. 때때로 우리는 말하는 것을 좋아하고 주님의 음성이나 사람들의 말을 듣는 것은 싫어하는 바리새인과 같은 모습일 때가 얼마가 많은지 모른다. 바리새인이 아닌 예수님을 닮은 사람이 되고 싶다면 스스로에게 질문을 던져보라. '긍휼의 마음을 가지고 사람들의 아픔이나 상처를 돌아보며 그들에게 필요한 도움이 무엇인지 귀 기울인다는 것은 과연 무엇일까? 나는 내 삶에서 그러한 일들을 행하고 있는가?'

하나님의 우연

몇 개월 전, 목회자 세미나에 참석하기 위해 샌프란시스코에 간 적 있다. 내가 탑승한 비행기가 연착되어 달라스에서 갈아 탈 비행기를 놓치고 말았다. 내가 도착하기 전에 세미나가 진행되면 어쩌나 노심초사하며 마음을 졸였다. 왜냐하면 내가 그 세미나의 기조연설자였기 때문이었다. 그때 나는 스트레스를 받고 있는 내 자신을 보며 마음을 점검해 보았다. 순간 처해진 상황에 대해 노심초사 하면서도 정작 그 문제에 대해서는 하나님께 여쭈어 보고 있지 않다는 것을 깨닫게 되었다. 그리고 마음속으로 기도를 드렸다. "주님, 제 능력으로는 이 문제를 해결할 수 없습니다. 당신의 뜻이 무엇인지 보여 주세요." 나는 하는 수 없이 다음 샌프란시스코행 비행기에 오를 수 밖에 없었다.

　　나는 복도 측에 있는 좌석을 배정 받았는데 옆에는 60대로 보이는 여성이 앉자 있었고 그 옆에는 갓난 아이를 데리고 온 젊은 여성이 앉아 있었다. '아이가 울어대는 소리 때문에 연설문 준비하는 것은 물 건너 갔군.' 이것이 나의 속마음이었다. 나에게 여전히 나쁜 습관과 태도가 남아 있음을 보게 되는 순간이었다. 부끄러운 나의 모습을 보게 되니 기도가 저절로 나왔다. "주님, 저는 너무 이기적인 사람입니다. 도와주세요." 뭔가에 집중해야 하는 상황에서 나의 입장만을 위해 기도하는 것은 분명 잘못된 것이다.

　　비행기가 이륙하자 마자 일이 터지고 말았다. 45도의 각도로 이륙하는 비행기에서 그 젊은 애기 엄마는 아기의 기저귀를 갈 준비를 하고 있었다. 맙소사! 아기의 엉덩이에서 무언가가 흘러내리고 있는 게 보였다. 옆에 앉아 있던 나이 든 여성이 당황한 기색으로 나를 한 번 쳐다 보더니 애기 엄마를 돕기 시작했다. 지켜만 보기에는 마음이 편치 않아 나도 도움의 손길을 주었다. 그러면서 우리는 이런 저런 이야기를 나누었고 애기 엄마가 미혼모라는 사실을 알게 되었다. 초보 엄마인 젊은 여성에게는 기저귀 가는 일이 쉽지 않은 일이었다. 기저귀 가는 일을 마친 뒤, 나는 옆에 앉은 나이 든 여성에게 말했다. "기저귀 가는 데에 선수시군요."

나는 그녀와 대화를 하면서 그녀의 말에 귀를 기울이기 시작했다. 그녀는 세 명의 자녀를 홀로 키우면서 대형 마트에서 일을 한다고 했다. 그리고 결혼하지 않은 그녀의 딸이 아기를 낳았다는 사실까지도 내게 말해 주었다. 그녀가 기저귀를 숙련되게 갈 수 있었던 이유가 있었던 것이다. 나는 할머니가 된 그녀에게 축하의 말을 건넸다. 그녀는 자신의 딸이 브라운 대학에 입학을 했는데 얼마 지나지 않아 임신을 하게 되었고 그로 인해 학업을 중단하고 집으로 돌아왔다는 이야기도 털어 놓았다. 나는 그녀가 한 말의 뜻을 간파하고 용기를 북돋아 주는 말을 건넸다. "딸이 브라운 대학에 입학할 정도였다면 혼자서 굉장한 일을 하신 거네요. 홀로 모든 일을 감당하기가 힘들지 않으셨어요?"

작은 격려의 말과 애정 어린 질문들이 사람들로 하여금 그들의 삶을 이야기하게 만든 는 것을 볼 때마다 나는 항상 놀라움을 감추지 못한다. 우리는 사람들이 무엇을 필요로 하는지, 무엇 때문에 고통을 당하는지 귀 기울여 들어야만 한다. 그녀는 마음을 열고 자신의 삶이 얼마나 힘겹고 고달팠는지 이야기하기 시작했다.

"내가 걸어온 인생의 길은 꽤나 험난했습니다. 여덟 살 된 아들이 지켜보는 앞에서 남편이 주먹으로 내 코뼈를 부러뜨렸을 때 나를 학대하고 마약에 찌들어 살던 남편과는 더 이상 살 수 없었습니다. 그때는 자녀들이 모두 초등학교를 다닐 때여서 나의 보살핌이 필요했고 육체적으로도 정신적으로도 힘들었지만 혼자 세 아이를 감당할 수 밖에 없었습니다. 그러한 나의 헌신과 노력에도 불구하고 아들 녀석은 아빠가 갔던 잘못된 길을 걸어 갔습니다. 마약을 구입하기 위해 내 지갑에서 돈을 계속 훔쳤을 때에는 정말 어려운 결단을 내려야만 했습니다. 고심 끝에 아들을 경찰에 신고 했습니다. 그것이 아들을 위해 할 수 있는 최선의 방법이라고 생각했기 때문입니다. 세 번째 신고했을 때, 아들은 이미 모든 것을 훔쳐간 뒤였습니다. 그런 상황에서 내가 무엇을 할 수 있었겠습니까?" 그녀는 머리를 흔들며 다른 곳으로 시선을 돌렸다. 감추어져 있던 아픔을 자신도 모르게 꺼냈다는 사실에 그녀는 조금 당황스러워 했다.

그녀에게 감추어져 있던 아픔, 하나님께서는 그 아픔을 치유하길 원하셨다. 성령님께서 그녀의 삶에 대해 더 귀를 기울이라는 마음을 주셔서 그녀에게 물었다. "아들과의 관계는 지금 어떤가요?"

"아들을 못 본지 벌써 4년이 넘었습니다. 교도소에 수감 되었었는데, 출소 후에는 어디로 갔는지 소식 조차 알 수 없습니다. 나를 보고 싶어할 리가 없죠."

나는 그녀에게 꼭 해주고 싶은 말이 있어서 아주 조심스럽게 입을 열었다. "가족의 학대나 마약으로 인해 상처받고 엉망이 되어 버린 가정에 하나님께서 놀라운 회복을 가져다 주신 것을 나는 많이 보아 왔습니다. 하나님께서는 당신과 아들이 겪은 아픔을 치유하시길 원하시며 곧 회복시키실 것입니다."

"아뇨, 불가능합니다. 우리가 처한 상황은 어떻게 손 쓸 방법이 없

걸작품을 보다

습니다.”

“아니요, 그렇지가 않습니다. 하나님께 불가능이란 없거든요. 이 것은 진리입니다.”

“말했잖아요! 절대 불가능한 일입니다. 불가능한 일이라구요!” 그녀는 자신이 처한 상황을 비관하듯 말했다. 그녀는 내가 목사라는 것을 아직 모르는 것 같았지만 이 대화로 인해 그녀는 마음의 문을 조금 더 열게 되었고 하나님에 대해 그리고 우리를 향한 그분의 뜻과 어떻게 우리에게 자유의지를 주셨는지, 우리가 하나님의 뜻과는 반대로 서로를 학대하고 비방할 때 하나님께서 슬픔에 빠지신다는 것에 대해 이야기해 줄 수 있었다. “하나님은 당신과 당신의 아들에게 지대한 관심을 가지고 있으며, 당신의 모든 아픔과 상처를 치유하시기 원하십니다. 하나님께서는 어떠한 강압적인 방법을 통해 우리의 삶을 이끄시지는 않기 때문에 당신의 의지를 하나님께 내어드릴 때 비로소 당신의 삶에 전적으로 개입하실 것입니다. 이 원리는 모든 사람들에게 적용되며 당신의 아들과 당신의 전남편도 마찬가지입니다.”

우리는 많은 대화를 나누었다. 그녀는 아들을 나쁜 길로 빠지게 만들고 자신을 학대한 전남편을 향한 분노와 그 사람으로부터 비롯된 쓴 뿌리, 아들을 교도소로 보낸 것에 대한 죄책감, 혐오스럽고 싫지만 끊고 싶지 않은 흡연중독 그리고 수십 년 동안 하나님을 떠나 살게 된 이유를 말해 주었다. 그리고 예수 그리스도를 통해 우리에게 주신 하나님의 은혜에 대해, 우리의 의지를 내어 드릴 때 어떻게 우리가 그분의 걸작품으로 회복되는지 그리고 우리의 의지로 그분은 어떻게 일하시는 지에 대한 이야기를 들려주었다. 우리의 대화가 끝났을 때, 그녀가 내게 물어왔다. "오늘 당신이 내 옆 자리에 앉게 된 것이 우연이라고 생각하시나요?"

"아뇨, 절대 우연이 아닙니다."

"혹시, 당신이 천사는 아니죠? 그렇죠?"

"아닙니다. 천사는 아니지만 오늘 당신을 만난 것이 절대 우연이 아니라는 것은 확신할 수 있습니다. 저는 어떠한 일을 만나게 되면 하나님께 이렇게 기도합니다. '하나님, 당신이 일하시고 계심을 제게 보여 주세요. 그리고 저도 그 일에 동참할 수 있게 해 주세요'라고 말입니다. 그럴 때마다 하나님께서는 항상 제 기도를 들어주십니다. 하나님은 당신과 당신의 아들에게 지대한 관심을 가지고 계시며, 당신에게 일어나는 모든 일을 주목하고 있습니다." 나는 그녀가 믿음의 발걸음을 내 디딜 수 있게 도와 줄 책을 한 권 건넸다. 우리가 헤어질 때 그녀는 감사의 말과 함께 나를 꼬옥 안으면서 주체할 수 없는 기쁨의 눈물을 흘렸다.

전 세계의 많은 사람들이 하나님께서 자신들의 삶에 관여하고 있는지에 대한 확신이 없는 상태로 고통과 낙심 가운데 빠져 있으며 스스로 문제를 해결하려고 안간힘을 쓰며 살아간다. 우리가 익히 알고 있는 바와 같이 예수님께서는 마음 깊은 곳에서 흘러 나오는 긍휼의 마음으로 사

람들을 대하셨으며 도움이 절실히 필요한 사람들을 만나주시고 그들의
필요를 채워주셨을 뿐만 아니라 희망과 치유와 회복을 가져다 주셨다.
우리는 다른 사람들이 필요로 하는 것이 무엇인지, 그들의 어려움이 무
엇인지, 그들의 관심사가 무엇인지 알기 위해서는 그들의 이야기를 충
분히 들어야만 한다. 그리고 하나님께서 그들의 삶에 어떻게 일하시고
계신지를 보여달라고 기도해야 한다. 이렇게 할 때, 그들은 우리를 통해
예수님을 만나게 될 것이다.

세상의 상처받고 깨어진 사람들이 당신에게서 예수님의 모습을 발
견하고 볼 수 있게 하려면 자신에게 이렇게 질문을 던져 보라. '나는 과
연 하나님의 마음을 내 삶에서 드러내며 살고 있는가?'

나는 과연 하나님의 마음을 대변하는 자인가?

많은 사람들이 하나님에 대해 왜곡된 시선을 가지고 있는 것을 종종
보게 된다. 말하자면 이렇다. 하나님은 크시고 능력이 있으시지만 가깝
다고 느껴지지는 않는 분, 그리고 사랑이 많은 것 같지도, 친절한 것 같
지도, 개인적으로 친분을 쌓는 분 같지도, 관심을 많이 가지시는 분 같
지도, 이해심이 많은 것 같지도 않으시는 분. 그러나 이것은 엄청난 오해
이다. 우리가 그러한 시선으로 하나님을 바라본다는 것 자체가 모순이
라고 여겨지지 않는가? 하나님께서 우리 인간을 창조하셨으며 자유 의
지를 주셨다. 이 말은 하나님께서 우리를 사랑하시며 우리보다 위대하

239

시고 크시다는 것을 의미한다. 우리가 아무리 노력한다 할지라도 하나
님보다 긍휼이 많고 배려심이 많게 될 수는 없다. 상처받은 사람들은 누
군가가 하나님의 깊은 사랑 때문에 변화되고 그분의 마음과 사랑을 삶에
서 나타내는 것을 보기 전까지는 하나님께서 자신들의 아픔과 상처를 돌
보지 않는다고 생각한다.

하나님께서는 구약 시대에 선지자들을 통해 그분의 성향(인격)과 감
정이 어떠신지 보여주셨다.

> "그가 말씀하시되 그들은 실로 나의 백성이요 거짓을 행하지
> 아니하는 자녀라 하시고 그들의 구원자가 되사 그들의 모든 환
> 난에 동참하사 자기 앞의 사자로 하여금 그들을 구원하시며 그
> 의 사랑과 그의 자비로 그들을 구원하시고 옛적 모든 날에 그
> 들을 드시며 안으셨으나 그들이 반역하여 주의 성령을 근심하
> 게 하였으므로 그가 돌이켜 그들의 대적이 되사 친히 그들을
> 치셨더니" [이사야 63:8-10]

우리가 고통당 할 때, 하나님께서도 우리와 동일한 고통을 느끼신
다. 하나님께서는 우리가 느끼는 모든 감정을 함께 나누시며 우리가 하
나님으로부터 멀어지거나 반역할 때, 그리고 우리가 서로에게 상처를
줄 때, 성령님께서는 마음 아파하시고 근심하신다. 그러나 우리가 의지

를 드릴 때, 그분의 사랑과 자비 안에서 우리는 회복된다. 하나님은 우리가 당하고 겪는 모든 고통에서 우리를 건져주시지 않는 것처럼 보이지만 그분을 의지할 때, 모든 고통으로부터 우리를 이끌어 내신다. 예수님께서는 말씀을 통해 이것을 우리에게 전해 주셨을 뿐만 아니라 삶에서도 직접 보여 주셨다. 하나님께서는 우리가 고통을 당할 때 함께 아파하신다.

우리가 사람들을 만나고 그들의 아픔과 고통에 귀를 기울일 때, 한 가지 주의해야 할 것이 있다. 그것은 그들과의 대화에서 항상 말 조심을 해야 한다는 것이다. 다시 말해, 실수라 할지라도 그들에게 상처가 되는 말이 입에서 나오면 안 된다는 뜻이다. 말 실수가 그들의 귀와 입을 닫아 버리게 만들기 때문이다. 그들의 아픔과 고통에 귀 기울이고 난 후에는 하나님께서 그들의 고통과 아픔과 필요를 다 알고 계시다는 것을 말해 주어야 한다. 그러나 그들의 고통을 빨리 해결해 줄 목적으로 문제가 무엇인지를 파헤쳐서 그들의 삶을 고치려 한다면 오히려 악영향을 끼치게 되며 본의 아니게 하나님께서 그들에게 관심을 갖지도 돌보지도 않는다는 인상을 심어주게 된다.

예수님의 친구였던 나사로가 죽었을 때, 예수님께서 어떻게 하셨는지 살펴보자. 마리아와 마르다 그리고 나사로는 예수님을 따르던 사람들이었다. 성경은 예수님께서 그들 남매를 사랑하셨다고 기록하고 있다. 그런데 나사로가 병이 들었다는 이야기를 듣고도 길을 재촉하지 않고 계시던 곳에서 이틀을 더 머무셨다[요한복음 11:5-6]. 그러자 마리아

Chapter 07. 고통을 나누다

와 마르다는 예수님께서 오빠 나사로의 병을 제때에 고치러 오지 않으시는 것을 보고 혼란스러워하며 마음에 상처를 입고 슬퍼했다. 예수님은 그들에게 일어난 일을 모른 체 한 것이 아니라 그들이 알지 못하는 계획과 목적을 가지고 있었기 때문에 그렇게 한 것이다.

하나님께서는 우리의 생각과 방법대로 일하시는 분이 아니다. 그분은 때때로 상처받은 사람들의 삶을 통해 더 크고 원대한 그림을 그리려 하신다. 그렇다고 우리의 고통과 아픔을 보고도 모른 체 하는 분이 아님을 명심해야 한다. 예수님께서 베다니에 도착했을 때에는 나사로가 죽은 지 이미 나흘이 지난 뒤였다. 마르다가 예수님이 오셨다는 소식을 듣고 달려가서 다음과 같이 말했다. "주께서 여기 계셨더라면 내 오라버니가 죽지 아니하였겠나이다"[요한복음 11:21].

이제 본격적인 일이 시작된다. 예수님은 하나님께서 주시는 회복의 능력을 나타내 보이실 일만 남았다. 그것은 다름 아닌 죽은 나사로를 다시 살리시는 능력이다. 모든 것이 잘 되는 것만 같았는데 전혀 예상치 못한 상황이 전개된다. "예수께서 그가 우는 것과 또 함께 온 유대인들이 우는 것을 보시고 심령에 비통히 여기시고 불쌍히 여기사 이르시되 그를 어디 두었느냐 이르되 주여 와서 보옵소서 하니 예수께서 눈물을 흘리시더라 이에 유대인들이 말하되 보라 그를 얼마나 사랑하셨는가 하며"[요한복음 11:33-36].

왜 예수님께서 눈물을 흘리셨을까? 나사로 때문에 눈물을 흘리신 것이 아니라는 사실만은 확실하다. 왜냐하면 나사로가 다시 살아날 것을 아셨기 때문이다. 예수님께서는 마리아와 마르다 그리고 위문하러 온 유대인들이 슬퍼하는 모습을 보시자 마음 깊은 곳에서부터 나오는 슬픔으로 인해 눈물을 흘리셨다. 예수님께서는 그들이 느끼는 슬픔과 아픔을 동일하게 느끼셨던 것이다!

당신은 혼자가 아닙니다

아버지의 장례식을 마친 후, 방에 들어 온 나는 바닥에 무릎을 꿇은 체 하염없이 눈물을 흘렸다. 그리고 주먹으로 카펫을 내리치며 고통 가운데 하나님께 부르짖었다. "하나님, 저를 다루시는 방법이 이런 것이라면, 왜 굳이 제가 하나님께 순종하고 따라가야 하는지 잘 모르겠습니다!" 아버지는 나에게 반석과 같은 분이셨고 친구 같은 분이셨고 용기를 주는 분이셨는데 내가 예수님께 나의 삶을 드리고 난 직후에 돌아가셨다. 왜? 도대체 왜? 아버지를 데리고 가셨는지 알 수가 없었다. 그때 나는 위험한 인생의 갈림길에 놓여 있다는 것을 알고 있었다. '고통과 믿음'이라는 교차로앞에서 고통과 함께 하나님을 따를 것인가 아니면 하나님을 원망할 것인가 하는 아주 어려운 결정을 내려야만 했다. 나의 생각과 이해와 판단을 내려 놓고 하나님을 전적으로 믿고 신뢰해야 하는 길을 선택하거나 상처와 아픔을 안은 체 하나님을 떠나 내가 가고자 하는 길을 가는 선택의 기로 말이다. 삶을 살아가는 동안 모든 사람들이 이러한 중대한 결정을 해야 하는 기로에 서게 된다. 그렇다면 이 같은 문제에 직면한 사람들을 만나게 될 때 우리는 어떻게 그들에게 설명하고 안내할 것인가?

내가 아버지를 잃은 아픔과 고통 중에 있을 때, 친한 친구 중 몇 명은 나를 찾아와 주지도 않았었다. 분명 좋은 의도로 그렇게 했지만 결과는 그리 좋지 않았다. 그들은 내게 상처가 되는 어떠한 말도 하길 원치 않았을 뿐만 아니라 내가 고통과 아픔 가운데 있다는 것만으로 그들 스스로가 죄책감과 유감스러운 마음을 가지고 있었기 때문에 나를 찾아오지 않았던 것이다. 고통 중에 있는 사람에게 다가가지 않는 실수를 범하지 않길 바란다. 그것으로 그들이 치유되거나 상황이 좋아지지 않기 때문이다.

나의 소식을 듣고 랜디와 카렌이라는 친구가 찾아 왔다. 그들은 내 옆에 앉아서 그냥 나와 함께 있어 주었다. 그들이 내게 건넨 말은 단 두 마디뿐이었다. "존, 정말 안타깝구나. 슬픔 가운데 널 홀로 남겨 둘 수가 없었다." 그리고 그들은 나와 함께 울고 슬퍼해 주었다.

나와 함께 울어 준 랜디와 카렌은 내가 느꼈던 고통과 아픔을 동일하게 느꼈다. "하나님께서 이 모든 상황 가운데에서 선한 길로 너를 인도하실 거야." 만약 그 친구들이 나에게 이렇게 말했었다면, 나는 마음을 닫아버렸을지도 모른다. 그러나 그들은 예수님께서 마리아, 마르다와 함께 슬퍼하셨던 것처럼 나와 함께 울어 주었다.

걸작품을 보다

랜디와 카렌은 단지 내가 느끼는 고통과 아픔에 대해 관심을 보인 것뿐이다. 어떠한 말도 하지 않았다. "너희 아버지는 담배를 많이 피우셨잖아, 그래서 암에 걸린거구. 어쩌겠냐, 인생이 다 그런거지." 가령, 랜디가 이런 말을 했다고 한다면, 그가 말한 것이 사실일지는 몰라도 애정이나 사랑이 전혀 없는 상처만 가득한 말이 되었을 것이다. 그 친구들은 아버지의 병을 낫게 해 달라는 나의 기도에 '하나님께서는 왜 너의 기도에 응답하지 않으셨을까?' 하는 의문 섞인 난해한 말도 하지 않았고 '이 모든 일이 더 큰 일을 행하시기 위한 하나님의 뜻일지도 모른다.' 라는 식의 말도 하지 않았다.

그들은 그냥 내 옆에서 함께 울어 주었다. 랜디와 카렌은 아버지에 대해 전혀 아는 바가 없었지만 내가 가진 아픔과 고통을 함께 나누시길 바라시는 하나님의 마음을 품고 나를 찾아 왔다. 나는 그들이 흘리는 눈물을 통해 하나님께서 얼마나 나를 사랑하시는지 얼마나 많은 관심을 내게 쏟고 계시는지 알 수 있었다. 그리고 내가 아픔과 고통 가운데 있었을 때에도 예수님은 늘 나와 함께 하셨으며 나와 함께 눈물을 흘리고 계셨음을 알게 되었다.

랜디와 카렌이 돌아가고 난 후 하나님께 물었다. "하나님, 제가 당신과 동행하지 않는 예전의 삶으로 돌아간다면 분명 내 삶에 어떠한 희망도 없다는 것을 잘 알고 있습니다. 하지만 전 지금 너무 마음이 아프고 낙심이 됩니다. 제가 하나님을 믿고 따라가기로 결정하면 나의 아버지가 되어 주실 수 있으신가요?" 그 순간, 내가 느끼는 고통은 그대로 남아 있었지만 하나님께서 나를 위로하고 계시다는 것을 느낄 수 있었다. "네가 아픔과 고통 중에 있다는 것을 안다. 그렇지만 넌 혼자가 아니란다." 라고 말씀하시는 것 같았다. 몇 년의 시간이 흐른 뒤, 나는 우연히 시편 68편 5절의 말씀을 접하게 되었다. "그의 거룩한 처소에 계신 하나님은 고아의 아버지시며 과부의 재판장이시라". 이 말씀을 통해 하나님께서 고통 중에 있던 내게 친히 아버지가 되어 주셔서 나를 위로하시고 그분 께로 돌아오게 하셨다는 것을 깨달았다.

상처입고 슬퍼하며 어려움에 처한 사람들에게 바리새인들처럼 말하거나 행동해서는 안 된다. 바리새인들은 고통 중에 있는 사람들의 잘못된 생활 방식을 고치려 하고 하나님의 주권을 옹호하려고만 한다. 이는 오히려 사람들을 더 외롭게 만들며 하나님이 멀리 있는 것처럼 느끼게 만드는 결과를 초래한다. 그들은 모든 것을 좌지우지 하려는 속셈으로 상투적이고 진부한 답변만 늘어 놓는다. 그들은 예수님과는 전혀 다른 행동방식으로 사람들을 대했다.

예수님께서도 보여주셨듯이, 하나님께서 때때로 고통과 아픔을 허락하시는 것은 경종을 울려 잠들어 있는 세상을 깨우시려는 것이다. 우리는 깨어진 삶을 통해 하나님이 우리에게 정말 필요한 분이라는 것을 깨닫게 되며 그분의 나라가 우리 삶에 온전히 임해야 한다는 소망을 품게 된다. 예수님께서는 부분적인 예화를 들어 하나님의 나라가 임하는

걸작품을 보다

것이 이와 같다고 하셨다. 하나님의 나라가 임하면 죽음, 질병, 굶주림, 증오가 변하여 생명과 사랑으로 변하게 되며 하나님께서 느끼시는 것을 우리도 느끼게 된다고 하셨다. 하나님께서는 우리가 겪는 모든 고통을 통하여 더 강한 믿음의 사람으로 거듭나기를 원하신다.

우리가 고통과 아픔 중에 있는 사람을 만나게 될 때, 예수님을 대하듯 그들을 섬겨야 한다. 당신이 가지고 있는 재능으로 그들을 도우며 그들 옆에 앉아서 슬픔과 아픔을 나누고 하나님께서 그들을 돌보시고 계시다는 것을 상기시켜 줘야 한다. 이것이 바로 예수님께서 고통 중에 있던 사람들에게 주셨던 메시지이다.

하나님을 위한다면서 다른 사람들에게 고통을 주지는 않는가?

예배를 마친 후, 한 여자 성도가 하나님을 믿지 않는 자신의 친구를 데리고 와서 다음과 같은 질문을 했다. "내 친구가 궁금해 하는 것이 있습니다. 우리가 고향 집을 방문했을 때 갔던 교회 목사님이 그러는데 우리에게 일어나는 모든 일은 하나님의 뜻이라고 하더군요. 하나님이 모든 만물의 통치자이기 때문에 좋은 일이든 나쁜 일이든 하나님의 뜻을 벗어나는 일은 결코 일어 날 수 없다고 했습니다. 그런데 당신의 설교는 그 목사님의 이야기와 다르거든요."

그녀의 친구가 끼어 들면서 말했다. "짐승만도 못한 의붓아버지가 나에게 지속적으로 성폭행과 학대를 가한 것도, 엄마가 의붓아버지의 편을 들며 얼굴도 본 적이 없는 마약중독자인 생부에게로 나를 보낸 것도 다 하나님의 뜻이었단 말인가요?"

여기서 잠깐 생각해 볼 것이 있다.

이와 같은 고통과 아픔을 가진 사람들을 만나 질문을 받게 된다면, 당신은 뭐라고 대답하겠는가? 이 과정에서 의도하지는 않았지만 남에게 상처를 주는 경우가 우리에게 발생하기도 한다. 그로 인해 아픔과 고통을 함께 나누며 그 과정을 통해 구원의 길로 인도하시는 하나님으로부터 사람들을 멀어지게 만들기도 한다. 그렇다면 고통 중에 있는 사람들에게 우리는 어떻게 하나님의 뜻을 설명해줘야 하는가?

성경을 읽다 보면, 때때로 긴장과 갈등 그리고 역설적인 상황이 펼쳐지는 것을 볼 수 있다. 또한 성경 전반에 걸쳐 예정과 자유의지에 대한 말씀이 131구절, 하나님의 주권에 대한 말씀이 95구절, 인간의 자유의지에 관한 말씀이 73구절이 나온다. 어떠한 상황이 우리 앞에 놓일 때, 우리는 선택의 기로에 서게 되는데 우리의 결정에 따라 하나님의 뜻과 같은 방향으로 또는 반대 방향으로 가게 된다. 또한 우리가 어떠한 결정을 내리든 간에 하나님의 뜻과 감정에 영향을 미치게 되어 있다. 만약 당신이 하나님께서 제시하는 역설(예정과 자유의지)을 수용하기를 거부한다면 중대한 실수를 범하는 것이 되며, 이는 곧 당신의 손해로 이어지게 될 것이다. 하나님의 입장에 볼 때, 예정과 자유의지라는 역설적인 관계는 모두 진리이기 때문이다.

걸작품을 보다

우리의 제한적인 관점으로는 이 두 가지를 한꺼번에 진리로 받아 들이기는 어렵다. 만약 하나님께서 미래에 일어날 모든 일(예정)을 아신다면 우리에게 자유의지가 있을 수 없다. 그 뿐만 아니라 자유의지 자체가 우리에게는 무의미해진다. 나를 찾아왔던 그녀의 말을 인용해 보자. '의붓아버지가 나를 성폭행할 것이라는 것을 하나님께서 미리 알고 있었다면, 이는 분명 하나님의 뜻이었음이 틀림없겠지요.' 그러나 하나님께서는 성경을 통해 악행은 하나님의 뜻이 아님을 명확하게 말씀하고 계신다. 많은 고민과 생각 끝에 나는 하나님께서 우리가 알고 있는 것 같은 1차원적인 시간의 틀 안에 계시지 않는다는 결론에 이르렀다. 하나님께서 2차원 혹은 3차원적인 시간의 틀에 존재하신다면 그분의 주권적인 예지와 우리의 자유의지는 공존할 수 있게 된다.

내가 왜 끝날 것 같지 않은 토론과 열띤 논쟁의 주제인 '하나님의 주권과 우리의 자유의지'를 거론하는지 아는가? 핵심을 먼저 말하자면, 이 세상에서 일어나는 모든 일이 다 하나님의 뜻은 아니라는 것이다. 모든 일이 하나님의 뜻이라면, 왜 예수님께서 우리에게 하나님의 나라가 임하길 구하고 '뜻이 하늘에서 이루어진 것 같이 땅에서도 이루어지이다[마태복음 6:10]'라고 기도하라 하셨겠는가? 이 세상에서 일어나는 일이 하나님의 뜻이라면, 하나님의 뜻이 이 땅에서 이루어진 것이나 마찬가지이다. 그렇다면 마태복음 6장 10절의 기도는 할 필요가 없지 않겠는가?

Chapter 07. 고통을 나누다

하나님의 영광과 주권을 옹호한다는 입장 하에 고통과 아픔 가운데 있는 사람들에게 모든 것이 하나님의 뜻이라고 말할 수는 있다. 그러나 어떠한 모양이건 간에 그들에게 일어난 악행은 절대 하나님의 뜻이 아님을 알아야 한다. 하나님께서는 궁극적인 그분의 뜻을 성취하시기 위해 악행을 역이용하시는 분이시다. 악행 조차도 하나님의 뜻이라고 말한다면 우리는 예수 그리스도를 대적했던 바리새인들과 같은 실수를 범하게 되는 꼴이 되어 버린다.

> "화 있을진저 또 너희 율법교사여 지기 어려운 짐을 사람에게 지우고 너희는 한 손가락도 이 짐에 대지 않는도다. 화 있을진저 너희 율법교사여 너희가 지식의 열쇠를 가져가서 너희도 들어가지 않고 또 들어가고자 하는 자도 막았느니라 하시니라"
>
> [누가복음 11:46, 52]

예수님이 사셨던 시대의 종교계에서 가졌던 일반적인 생각은 이러했다. '고통을 당하는 것은 고통을 당할 만한 일을 했거나 부모가 잘못된 일을 했기 때문이다.' 그러나 예수님께서는 이 말이 거짓이며 잘못되었음을 지적하셨다. 예수님께서 길을 가다가 날 때부터 맹인 된 사람을 만나게 되었는데, 그때 제자들이 예수님에게 다음과 같은 질문을 했다. "이 사람이 맹인으로 난 것이 누구의 죄로 인함이니이까 자기니이까 그의 부모니이까 예수께서 대답하시되 이 사람이나 그 부모의 죄로 인한 것이 아니라 그에게서 하나님이 하시는 일을 나타내고자 하심이라"[요한복음 9:2-3].

예수님께서 사역하시던 시대에 두 가지 비극적인 일이 일어났다. 실로암에서 망대가 무너져 열 여덟 명이 사망한 것과 어떤 갈릴리 사람들이 빌라도의 칼에 억울한 죽음을 당한 사건이 그것이다. 빌라도에게 죽임을 당한 갈릴리 사람 때문에 자신들에게까지 피해가 가자 이것이 누구의 잘못인지를 가리려 하는 몇 명의 갈릴리 사람들을 예수님께서 만났을 때, 모든 인간이 겪는 고통과 아픔에 대해 우리가 반드시 알아야 할 중요한 사실을 말씀하셨다.

"그 때 마침 두어 사람이 와서 빌라도가 어떤 갈릴리 사람들의 피를 그들의 제물에 섞은 일로 예수께 아뢰되 대답하여 이르시되 너희는 이 갈릴리 사람들이 이같이 해 받으므로 다른 모든 갈릴리 사람보다 죄가 더 있는 줄 아느냐 너희에게 이르노니 아니라 너희도 만일 회개하지 아니하면 다 이와 같이 망하리라 또 실로암에서 망대가 무너져 치어 죽은 열여덟 사람이 예루살렘에 거한 다른 모든 사람보다 죄가 더 있는 줄 아느냐 너희에게 이르노니 아니라 너희도 만일 회개하지 아니하면 다 이와 같이 망하리라" [누가복음 13:1-5]

Chapter 07. 고통을 나누다

예수님께서 고통과 아픔에 대해 아주 중요한 두 가지 사실을 우리에게 보여 주셨다. 첫 번째: 잘못에 대해 섣불리 판단하지 말며 죄에 대한 벌로써 비극적인 일이나 악행이 발생한 것이라고 결론짓지 말라. 예수님은 죄에 대한 결과가 항상 이와 같은 것이 아니라는 것을 분명하게 말씀해 주셨다. 두 번째: 하나님께서는 특별한 목적을 두시고 인간이 선택하는 악행과 비극적인 일들을 허락하신다. 이러한 일들은 일반적으로 모든 인간들이 하나님께로 돌아와야 한다는 경고로서의 수단이 되기도 한다.

아픔과 고통, 비극과 악행은 우리로 하여금 이 땅에서의 삶이 일시적이고 한시적이라는 것을 상기시킨다. 우리가 살고 있는 이곳은 천국이 아니며 우리가 겪는 아픔과 고통, 하나님의 뜻에 역행하는 비극과 악행도 영원히 지속되지 않는다. 하나님께서 때때로 아픔과 고통을 허락하시는 이유는 우리에게 더 좋은 것을 주시기 위함이며 우리에게 더 안 좋은 상황이 발생할 가능성을 배제하기 위함이다. 하나님께서는 우리의 삶이 어떠할 때 완전한 하나님의 나라가 임하는지(천국), 우리의 삶이 어떠할 때 하나님의 나라가 임하지 않는지(지옥)를 잘 알고 계신다. 그런데 우리는 종종 우리의 힘으로 인생을 이끌어 갈 수 없다는 고통스러운 사실에 직면해서야 비로소 자신이 하나님과 같은 존재라도 된 것과 같은 착각으로부터 빠져 나오게 된다. 생각해 보라. 만약 우리가 우리의 힘으로 모든 것을 통제할 수 있다면 삶은 우리가 뜻한 대로 이루어져야만 할 것이다.

고통과 아픔은 회개의 길로 들어서라는 총체적 부름이다. 이는 우리의 생각을 바꾸고 온전히 하나님께로 돌아오라는 것인데, 이로써 우리는 육체적인 죽음보다 더한 멸망의 길을 걷지 않고 영원히 하나님과 함께 하는 삶을 살게 되는 것이다.

예수님께서는 고통과 아픔이 갖는 원대한 목적을 알고 있음에도 불구하고 하나님 나라에 이르는 길을 보여주시며 어려움 가운데 처한 사람, 중병에 걸린 사람들을 만나 위로하고 그들의 어깨에 놓인 근심과 걱정, 인생의 짐을 벗겨 주셨다. "수고하고 무거운 짐 진 자들아 다 내게로 오라 내가 너희를 쉬게 하리라"[마태복음 11:28]. 예수님은 고통과 아픔이 온전한 하나님의 뜻이 아니지만 우리에게 부분적으로 필요한 것이라는 것을 설명해 주셨다.

다음에 나오는 메시지는 고통과 아픔 가운데 있는 사람들을 위한 것이다.

"당신에게 일어난 잘못된 일, 안 좋은 일은 결코 하나님의 뜻이 아닙니다. 어떠한 고통과 아픔도 궁극적으로 하나님의 뜻이 될 수 없습니다. 하나님께서 예수님을 통해 하신 일들은 우리를 돌보시고 긍휼히 여기사 우리의 고통을 함께 하시는 그분께 다시 연결하시기 위한 것이며 고통과 아픔을 통해 우리를 진리 가운데로 나아가게 하기 위함입니다."

상처받은 치료자

션과 에린 부부는 빈곤 지역을 돕기 위해 브라질로 이주했다. 그리고 결혼 16년째가 되는 해에 에린은 6년전 자신이 저질렀던 불륜을 남편인 션에게 고백했다. 아내에게 배신감을 느낀 션은 절망의 늪에서 헤어나올 수가 없었다. 이 시기에 하나님께서는 두 부부를 폴투 알레그리의 몬세라트 교회로 인도하셨는데, 마침 '완전한 사람은 이곳에 없습니다' 라는 슬로건 아래 세미나가 진행 중이었다. 그들은 이 세미나를 통해 고통스러웠던 결혼생활에 치유와 회복을 얻게 되었다.

1년 후, 션과 에린은 아픔과 고통으로부터 치유되고 자유하게 된 간증을 여러 교회에서 나누었다. 그리고 이것이 발단이 되어 다른 사람들을 돕는 사역을 시작하게 되었다. 어느 날, 라파엘이라는 악명 높은 마약상이 그들 부부가 하는 사역에 대한 소식을 듣고 그 길로 션을 찾아가서 말했다. "션, 아내가 바람을 피우고 있습니다. 이 사실을 알고 나니 아내와 그 남자를 죽여버리고 싶은 마음뿐입니다. 하지만 당신에 관한 이야기를 듣고 나니 먼저 당신과 이야기를 하고 싶어졌습니다." 션은 아내의 부정한 일과 깨어진 신뢰 때문에 겪은 아픔을 나누면서 고통과 아픔을 통해 하나님께서 어떻게 자신을 가르치시고 결혼생활에 회복을 가져다 주셨는지를 말해 주었다. 그리고 하나님께서 모든 사람들에게 보여주신 사랑과 용서가 어떠한 것인지 라파엘에게 알려 주었다. 션과 같이 우리는 모두 아픔과 고통 가운데 있는 사람들에게 상처받은 치료자가 될 수 있다. 라파엘은 아내가 자신을 버리고 떠났음에도 불구하고 마약을 끊고 마약 판매에서도 손을 떼었다. 그는 자신을 버리고 떠난 아내를 용서하고 예수님이 가셨던 그 길을 따라가고 있다.

예수님께서도 우리에게 상처받은 치료자가 되셨다.

"그는 멸시를 받아 사람들에게 버림 받았으며 간고를 많이 겪었으며 질고를 아는 자라 마치 사람들이 그에게서 얼굴을 가리는 것 같이 멸시를 당하였고 우리도 그를 귀히 여기지 아니하였도디 그는 실로 우리의 질고를 지고 우리의 슬픔을 당하였거늘 우리는 생각하기를 그는 징벌을 받아 하나님께 맞으며 고난을 당한다 하였노라 그가 찔림은 우리의 허물 때문이요 그가 상함은 우리의 죄악 때문이라 그가 징계를 받으므로 우리는 평화를 누리고 그가 채찍에 맞으므로 우리는 나음을 받았도다"

[이사야 53:3-5]

우리는 모두 상처를 받고 살아간다. 상처입고 깨어진 세상에서 예수님이 사셨던 삶을 살아가려면, 상처받은 자이지만 또한 치유자가 되어야 한다.

우리가 사람들과 우리의 삶을 나눌 때, 우리의 깨어지고 연약한 부분까지도 이야기해야 한다. 우리가 겪었던 아픔과 고통을 하나님께서 어떻게 치유하시고 회복시키셨는지 말해줌으로써 우리가 가졌던 소망을 그들도 품게 해야 한다. 아픔과 고통으로 혼란스러웠던 우리의 삶, 그러나 치유되고 회복된 삶을 나눌 수 있는가? 이런 간증은 종종 사람들 간에 깊은 연대감을 가져오기도 하며 하나님에 대해 마음의 문을 여는 계기가 되기도 하는데, 이때 그들에게서 예수님의 말씀에 대해 듣고 싶어하는 마음을 발견하게 될 것이다. 그렇다면 어떤 메시지를 전할 것이며 어떻게 예수님처럼 잘 전할 수 있는가? 우리가 대화를 할 때 주의해야 할 점이 있다. 그것은 예수님의 말씀을 왜곡하는 우를 범해서는 안 된다는 것이다. 이 점을 유의하지 않는다면 우리는 바리새인이 되어 사람들을 하나님으로부터 멀어지게 만들 것이다.

1. 묵상 포인트

상처받은 누군가를 만나게 될 때, 당신은 어떠한 반응을 보이는가? 왜 그런 반응이 나오는가? 당신은 당신이 겪은 아픔과 고통 혹은 실패에 대해 그들에게 어떻게 이야기하는가? 그리고 이것이 그들에게 어떠한 영향을 미칠 것 같은가? 그렇다면 상처받은 사람들을 어떻게 대할 것인가?

2. 실천 포인트

이번 주는 하나님께 이렇게 기도해 보라.

'하나님, 상처받은 사람을 만나게 해 주세요.' 당신이 상처받은 사람을 만나게 되면, 그 사람의 말에 귀를 기울이고 공감해 주며 하나님께서 그에게 관심을 가지고 계시다는 사실을 알려주라.

예수님의 눈으로 바라보기
SEEING THROUGH THE EYES OF JESUS

Chapter 8

예수님의 복음 나누기

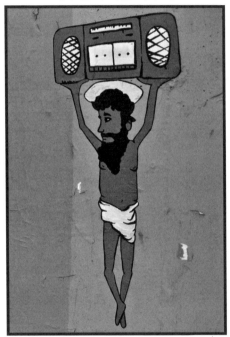

Boom Box Jesus, Michael Johanston

www.mikejohnstonartist.com

오래전, 게이트웨이 교회를 개척했을 때의 일이다. 당시 살고 있던 집의 타일에 금이 생긴 것을 발견한 나는 처음에는 대수롭지 않게 생각했다. 왜냐하면 언제든지 수리에 필요한 모든 것들을 구입해서 복구를 하면 될 것이기 때문이었다. 오랜 시간이 지나서야 시작한 복구작업은 내 생각과는 달리 오히려 금이 더 커지고 말았다. 결국, 나는 타일을 교체해 줄 수리공을 불러야만 했다. 수리공인 톰은 두 어린 아이를 데리고 왔는데 곧 우리 아이들과 어울려 놀기 시작했다. 타일을 교체하는 법을 익혀두는 것도 좋을 것 같다고 생각한 나는 톰이 작업하는 모습을 지켜보았고 자연스럽게 이런 저런 질문을 던지게 되었다.

톰과 대화를 이어가던 중 일터에 아이들을 데리고 오는 일이 얼마나 자상해 보이는지 말해주었다. 그러자 톰은 "때로는 일에 방해가 되기도 하죠. 전문성이 없어 보이니까요. 하지만 여름 방학에는 어쩔 수가 없답니다."

"아이들을 혼자 키우고 있나요?"

"그렇습니다. 아이들 엄마는 지난 해 우리를 떠났어요." 톰의 목소리에서 나는 그가 아직 충격에서 벗어나지 못하고 있음을 알 수 있었다.

"그것 참 안타까운 일이로군요." 톰과 같은 처지라면 과연 어떤 기분이 들까 생각해 보았다. "무슨 일이 있었던 거죠? 어떻게 저렇게 귀여운 아이들을 두고 떠날 수가 있었단 말인가요?"

"나와 한 집에서 사는 것이 더 이상 견딜 수 없다고 하더군요. 그리

걸작품을 보다

고는 다른 남자와 함께 떠나고 말았습니다." 톰이 겪었을 상처와 아픔이 전해지는 것 같았다.

내가 할 수 있었던 것은 고작 "정말, 힘든 일을 겪으셨군요."라는 위로의 말이 전부였다. 일손을 멈춘 톰은 약 30분에 걸쳐 자신의 심정을 털어놓았다. 남편으로서 자신이 저지른 실수와 세 아이를 엄마 없이 키워야 하는 절망적인 상황에 대해 걱정을 늘어 놓았다. 특히, 열세 살 된 딸아이가 아빠로부터 멀어지기 시작하는데 어떻게 그 아이를 사랑으로 훈육해야 할지 당혹스럽다고 했다. 톰이 자신의 상황에 대해 말하는 동안 나는 그의 말에 귀 기울이고 질문만 했다. 그러면서도 내 머리 한 쪽에서는 톰에게 지불해야 하는 총 임금 중 대화 시간은 임금 지불에서 빼기로 한 것에 대해 안도하고 있었다.

자신의 이야기를 듣고 있는 사람이 목사라는 사실은 꿈에도 생각하지 못한 채 톰은 이렇게 말했다. "당신이 신의 존재를 믿는지 어떤지는 모르지만 나는 상황이 나빠지면 나빠질수록 끝이 가까워지는 것 같은 생각이 듭니다. 끝장이 나는 것 말입니다."

나는 평소에 종종 하는 질문을 그에게도 했다. "톰, 당신은 종교에 대해서 어떻게 생각하십니까?"

"나는 종교에 그다지 큰 관심은 없습니다. 교회에 간 적은 없지만 때때로 생각은 합니다. 당신은 어떻습니까?"

지금까지 자신의 이야기를 듣고 있던 사람이 목사라는 사실을 알게 되면 톰이 어떤 반응을 보일지 걱정스러웠다. "사실, 나는 이 동네에 새로 생긴 교회의 목사입니다." 나는 톰과 같이 신의 존재에 대해 의문을 가지고 있는 사람들을 교회가 어떻게 환영하고 도와주는지 설명해 주었다.

그러자 톰은 "나는 종종 신의 존재에 대해 생각을 하곤 합니다. 내 생명이 끝났을 때, 과연 무슨 일이 일어날지 무척이나 궁금하거든요. 내가 죽은 후에는 어떻게 되는 거죠?"라고 물었다.

"톰, 이 말을 먼저 하고 싶군요. 당신이 하나님과 함께 있으면 안전하다는 것과 누구든지 원하기만 하면 그분의 자녀로 삼아주신다는 것, 그리고 당신이 지금 겪고 있는 어려움들을 헤쳐나갈 수 있도록 도와주실 분이 하나님이라는 것 말입니다. 그분에 대해 더 알고 싶지 않으신가요?"

"네, 하나님이 그런 분이라면 당연히 더 알고 싶습니다." 톰이 말했다.

여기서 잠깐! 당신이 내 입장이라고 생각해 보라. 당신은 톰에게 무엇이라고 말하겠는가?

하나님 나라의 복음

"이 천국 복음이 모든 민족에게 증언되기 위하여 온 세상에 전파되리니 그제야 끝이 오리라"[마태복음 24:14]. 이 말은 예수님께서 제자들에게 하신 말씀이다. 예수님의 제자라면 누구나 다른 사람들이 천국복음을 이해할 수 있도록 돕는 일에 숙련되어야 한다. 그런데 여기서 복음이란 무엇인가? 또 왕국(하나님 나라)은 무엇인가? 우리는 이 개념들을 어떻게 오늘날의 언어로 바꿀 수 있을 것인가?

복음이라고 번역된 그리스어의 원어는 '유앙겔리온'(euangellion)인데 '좋은'이라는 의미의 'eu'와 '메시지'라는 뜻의 'angellion'의 합성어이다. 천사(angel)라는 말은 전달자(messenger)라는 뜻을 가지고 있다. 복음은 문자적으로 '좋은 메시지', '좋은 선포' 혹은 '좋은 소식'이다. 복음주의(evangelism)라는 단어가 여기서 유래한 것은 다소 아이러니하다. 오늘날 기독교 세계관을 상실한 나라에서 복음주의라는 단어는 대부분의 사람들에게 '좋은 소식'이라는 의미로 받아들여지지 않고 있는 실정이다. 이는 우리가 복음의 진정한 의미를 잘못 전달하고 있다는 것을 의미한다.

우리는 왕국이라는 단어를 보편적으로 사용하지 않지만 그것은 왕의 의지와 방식이 관철되는 영역과 통치권을 뜻한다. 따라서 하나님의 왕국이란 하나님의 뜻과 방식이 이루어지는 곳이다. 그런 일은 물론 하늘에서 이루어졌으며 언젠가 이 땅에서도 전적인 성취를 가져오게 될 것이다. 그러나 아직 우리는 "나라가 임하시오며 뜻이 하늘에서 이루어진 것 같이 땅에서도 이루어지이다"[마태복음 6:10]라고 기도한다. 다시 말해, 영원한 생명을 맛보는 것은 하나님의 나라가 자신의 삶에서 구현되고 있는 사람들의 삶을 통해 이 땅으로 흘러 들어갈 때 가능하다는 것을 의미한다. 그리고 하나님의 나라에서의 삶은 영원히 지속된다. 그래서 하나님 나라의 복음은 하나님과 함께하는 영원한 삶에 관한 좋은 소식인 것이다.

공생애 사역을 시작하신 후, 예수님께서는 1년 동안 수많은 사람들을 고치시고 모든 고통으로부터 해방시키셨다. 이 소식이 퍼지자 절실한 도움이 필요한 사람들이 예수님에게 몰려들었다. "날이 밝으매 예수께서 나오사 한적한 곳에 가시니 무리가 찾다가 만나서 자기들에게서 떠나시지 못하게 만류하려 하매". 그러나 주님께서는 "내가 다른 동네들에서도 하나님의 나라 복음을 전파해야 하리니 나는 이 일을 위해 보내심을 받았노라"[누가복음 4:42-43]라고 말씀하셨다.

우리는 모두 그분과 함께 사명을 가지고 세상으로 '보냄을 받은' 자들이므로 우리의 최우선 순위는 예수님이시다. "아버지께서 나를 보내신 것 같이 나도 너희를 보내노라"[요한복음 20:21]. 우리도 예수님처럼 사람들의 물질적 필요와 영적인 필요를 동등하게 보살펴야 한다. 또한 사람들에게 하나님의 좋은 소식을 전할 때 말과 행동이 동시에 수반되어야 한다. 그것이 우리가 보냄을 받은 이유이기 때문이다.

바로잡을 것인가? 보살필 것인가?

다음은 오하이오의 데이톤에 사는 에드워드로부터 받은 이메일이다.

나는 오랜 시간 동안 예수님을 믿어왔습니다. 하지만 내 믿음을 다른 이들에게 나누어 주는 일에는 매우 서툽니다. 당신의 책 'No Perfect People Allowed'(완전한 사람은 이곳에 없습니다)를 읽고 나서 내가 이제까지 취한 방식이 바리새 주의라는 것을 깨닫게 되었습니다. 나는 사람들의 이야기를 들어주고 그들을 받아들이며 하나님의 은혜가 그들의 인생을 어떻게 변화시킬 수 있는지를 보여주려고 하기 보다는 단순히 그들을 '교정'하려고 했습니다.

그는 이어 믿음을 새로이 발견하고자 다른 사람들과 함께 시작한 성경 공부에 대해 언급했다. 심지어 사교에 빠져 있던 한 여성도 그의 새로운 시도를 통해 믿음을 발견하는 일에 참여했다고 전했다.

우리의 믿음을 다른 사람들에게 전하는 것이 어렵게 느껴지는 이유는 상대방을 교정 또는 변화시키거나 개종하게 만드는 것이라고 생각하는 오해에서 비롯된다. 바울 역시 그것은 우리의 일이 아니라고 말하고 있다. "나는 심었고 아볼로는 물을 주었으되 오직 하나님께서 자라나게 하셨나니 그런즉 심는 이나 물 주는 이는 아무 것도 아니로되 오직 자라게 하시는 이는 하나님뿐이니라….우리는 하나님의 동역자들이요 너희는 하나님의 밭이요 하나님의 집이니라"[고린도전서 3:6-7, 9].

우리는 단지 추수할 때에 하나님과 동역하는 일을 할 뿐이다. 당신은 다른 사람들의 믿음을 성장하게 할 수 없으며 회심하게 할 수도 없다.

Chapter 08.예수님의 복음 나누기

혹은 회개를 강요하는 것도 불가능하다. 이 모든 시도는 무의미한 것이다. 우리는 씨를 심고 물을 줄 수는 있지만 결과는 하나님께 맡겨야 한다. 때로 우리는 믿음의 첫 씨앗을 뿌리는 역할을 할 수도 있고, 이미 뿌려진 씨에 물을 주게 되는 경우도 있다. 때때로 우리는 사람들이 믿음의 첫 발걸음을 내딛는 것을 목격하게 되는 경우도 있을 것이다. 예수님께서는 이 모든 단계가 중요하다고 말씀하신다. "거두는 자가 이미 삯도 받고 영생에 이르는 열매를 모으나니 이는 뿌리는 자와 거두는 자가 함께 즐거워하게 하려 함이라 그런즉 한 사람이 심고 다른 사람이 거둔다 하는 말이 옳도다 내가 너희로 노력하지 아니한 것을 거두러 보내었노니 다른 사람들은 노력하였고 너희는 그들이 노력한 것에 참여하였느니라"[요한복음 4:36-38].

복음과 소통하기

하나님이나 성경에 대한 지식이 결여된 세대 속에 사는 사람이 믿음으로 나아오기 까지는 짧으면 6개월에서 2년 정도의 시간이 걸리는 것이 보편적인 현상이라고 할 수 있다. 이것은 불신자가 믿음을 얻는 하나의 과정이며, 이 과정이 성립하기 위해서는 믿는 자들의 공동체와 부담 없는 학습환경이 필요하다(이 학습환경에 대해서는 2권에서 살펴 볼 것이다). 하지만 우리가 우선적으로 전해야 할 메시지는 무엇인가? 그리고 때가 무르익었을 때 당신은 어떻게 다른 사람을 믿음으로 인도할 수 있는가?

신약 성경을 통 털어서 예수님과 그의 제자들이 복음을 전했던 모든 사례들을 자세히 살펴볼 때 획일적인 공식 같은 것은 발견되지 않는다. 복음 전파에 있어서 반복적으로 행해져야 하는 규정 같은 것은 존재하지 않는다는 뜻이다. 하지만 세 가지의 두드러진 주제가 독창적인 표현 방식으로 사용되고 있는 것을 볼 수 있다. 나는 하나님으로부터 떠나 있던 수 천명의 사람들이 이 세 가지의 원리를 통하여 그리스도에게 반응하고 제자가 되는 것을 목격해 왔다. 이 세 가지 원리를 이해한다는 말은 단순히 지식으로서가 아니라 가슴으로 받아들인다는 의미이다. 이 원리를 앞으로 자세히 살펴보겠지만 우선 간략히 정리하면 아래와 같다.

1. *하나님과 인생에 대한 좋은 소식!*
   하나님께서는 사람을 창조하시되 하나님과 사랑의 관계를 가지도록 지으셨다. 또한 다른 사람들과의 사랑의 관계 역시 하나님께서 뜻하신 바이다. 하나님께서는 우리가 갈망하는 영원한 생명의 삶으로 인도하실 수 있는 분이다.

2. *예수님에 대한 좋은 소식!*
   예수님의 삶과 죽음 그리고 부활은 하나님께서 우리의 죄를 용서해 주시고 정죄하지 않는다는 사실을 드러낸다. 그래서 우리는 성령님의 도우심에 힘입어 하나님께서 주시고자 뜻하신 생명을 누리게 되는 것이다.

3. *우리의 역할에 대한 좋은 소식!*

하나님께서는 사람과 하나님 사이의 모든 장애물을 제거하셨다. 그러나 오직 한 가지, 우리의 자유의지는 예외이다. 이로써 우리는 하나님을 신뢰하고 그분께로 향하기로 선택할 수 있는 것이다. 우리는 예수 그리스도로 인해 값이 지불된 하나님의 용서를 체험하고 성령님의 전적인 도우심을 따라 생명으로 인도되는 것이다.

우리는 어떻게 예수 그리스도를 따를 수 있는가? 창조적으로 표현된 이 세 가지 주제를 살펴봄으로써 우리의 친구와 이웃들이 하나님을 향한 믿음을 발견하는 일에 도움을 줄 수 있다.

하나님과 생명에 대한 좋은 소식

어느 날, 나는 오스틴에서 가장 규모가 큰 호텔 중 하나인 ○○호텔의 주방 가구 대리석 마감과 싱크대 설치를 총괄하는 공사 책임자와 이야기를 나누고 있었다. 그는 이번 공사가 자신을 얼마나 힘들게 하고 있는지에 대한 불평을 토로하기 시작했다. 설계 도면에 따라 대리석을 절단하고 설치를 시작했으나 들어맞는 것이 하나도 없었다. 이미 절단해 놓은 대리석 조리대의 구멍과 벽에 설치된 수도관이 들어맞지 않았기 때문에 모든 대리석 조리대를 다시 절단해야만 했다. 이 일로 인해 엄청난 비용

손실이 생겼고 공사를 하는 사람들끼리 책임을 묻는 상황이 발생했다.

그러나 다행히도 문제의 원인을 찾아낼 수 있었다. 건물의 중심을 표시하는 선이 정 중앙에서 약 2.5cm 정도 벗어나 있었던 것이다. 건물의 기초가 세워진 후, 공사 책임자는 각 층에 중심선을 표시해 놓았고 그 중심선에 따라 인테리어 공사가 진행되었던 것이다. 그러나 중심선을 바로 잡기 전까지는 건물의 설계자가 의도한 대로 공사를 진행할 수가 없었다.

예수님께서는 우리의 인생에도 중심선을 주셨는데 모든 일들은 이 중심선에 근거하여 측정되어야만 한다. 율법 교사가 예수님에게 했던 질문을 기억하는가? "내가 무엇을 하여야 영생을 얻으리이까?" 예수님께서는 도리어 이렇게 물으셨다. "율법에 무엇이라 기록되었느냐?" 다시 율법 교사의 답변이 이어진다. "네 마음을 다하며 목숨을 다하며 힘을 다하며 뜻을 다하여 주 너의 하나님을 사랑하고 네 이웃을 네 자신 같이 사랑하라 하였나이다."

이에 예수님께서 말씀하셨다. "이를 행하라 그러면 살리라"[누가복음 10:25-28].

이것이 바로 예수님께서 우리에게 주시는 메시지의 중심선이다. 하나님께서는 우리를 영원한 생명으로 초대하고 계신다. 영원한 생명의 삶은 하나님을 진정으로 사랑하는 법을 배우는 것에 중심을 두는 삶이고, 이를 통해 하나님은 우리가 이웃을 진정으로 사랑할 수 있도록 인도하신다. 이 점에 대한 명확한 이해가 없으면 우리는 '중심선'을 놓치게 되고 만다. 복음의 본질은 하나님과 사람의 관계를 회복시킴으로 또 다른 관계의 회복을 가져오는 것이다. 이 모든 일의 시작은 바로 하나님이시다.

복음을 전파하시는 예수님의 모습을 살펴 보면 하나님과 함께 하는 생명으로의 초청을 공개적으로 하고 계신다는 사실을 알게 될 것이다. 사실 예수님의 메시지는 죄, 사망, 심판, 지옥으로부터의 구원이라는 것에만 집중되어 있지 않다. 물론 이것이 중요하다는 점을 말씀하셨지만 예수님께서 주신 메시지의 핵심은 하나님의 나라에 있는 생명으로 들어가는 구원에 있다. 이 구원을 통해 우리는 하나님의 실존 안에 살게 되며 이와 같은 초청은 모든 사람에게 열려있다.

이제부터 나는 예수님께서 사람들을 만나 하나님의 선하심과 영생으로의 초대에 대해 말씀하시는 모든 장면을 재구성해 보려고 한다. 예수님이 어떠한 식으로 사람의 이성(하나님의 방식에 대한 이해를 심어줌으로써)에 호소했는지, 더 나아가 어떻게 사람의 감성(하나님의 마음을 알 수 있도록 이야기와 비유 그리고 그림 같은 묘사를 활용하여)에 더욱 깊은 호소를 했는지 살펴 볼 것이다. 만약 당신이 듣는 사람의 마음의 문이 아닌 이성의 문에만 노크하게 되면 그들은 동기를 상실한 채 이해만 소유하게 될 것이다. 또한 당신이 청중의 이성을 무시한 채 마음에만 호소하게 되면 그들은 믿음의 성장을 위한 원칙을 놓친 채 열정만을 소유하게 될 것이다.

걸작품을 보다

예수님께서는 청중의 이성과 감성 모두에 호소하셨다.

예수님께서는 바리새인이었던 니고데모에게 하나님의 성령으로부터 오는 영생과 거듭남에 대한 이야기를 하심으로써 그의 호기심을 이끌어 내셨다. "성령에 속한 삶을 육으로는 이해할 수 없다. 그것은 마치 네가 눈으로 바람을 볼 수 없지만 그 존재를 부인하지 않는 것과 같다." 그리고 나서 예수님은 "하나님이 세상을 너무 사랑하셔서 독생자를 주셨는데, 이는 사람들이 하나님을 모른 채 멸망하지 않고 그분의 나라에서 영원히 살도록 하기 위함이다. 그리고 그곳은 하나님의 의지와 방식이 온전히 이루어지는 영역이다. 하나님은 사람들을 정죄하는 분이 아니시다. 오히려 그분은 독생자를 보내셔서 사람들을 구원하신 분이시다. 다시 말해 창조주와 바른 관계를 회복하기 원하는 모든 사람들에게 생명의 길을 열어주신 것이다. 하나님의 아들을 믿는 사람은 누구나 정죄 당하지 않고 영생을 살도록 하신 것이다"[요한복음 3:1-21].

예수님의 두 번째 만남은 야곱의 우물가에서 만난 한 여인에 관한 이야기이다. "하나님께서 네게 주고자 하신 선물이 무엇인지 알았더라면. 그리고 내가 누구인지 알았더라면 너는 나에게 구했을 것이요. 나는 네게 생수를 주었을 것이다. 내가 주는 생수를 마시면 결코 다시 목마르지 않을 것이다. 그것은 너의 삶에서 영생하도록 솟아나는 샘물이기 때문이다. 내가 말하는 영생이란 네가 아는 생명이 아니라 영원한 가치를 가진 생명이다." 하나님을 진정으로 예배하는 자에게 찾아오는 기뽐이야말로 여인의 내면에 자리잡고 있는 손상된 관계로부터 기인한 깊은 갈증을 해소할 수 있다고 예수님께서 말씀하고 있는 것이다. "네가 그토록 갈망하는 사랑이야말로 하나님이 네게 주시고자 하는 선물이란 다!"[요한복음 4장].

예수님은 자신을 죽이려고 하는 사람들에게도 영생을 주고자 했다. "내가 진실로 진실로 너희에게 이르노니 내 말을 듣고 또 나 보내신 이를 믿는 자는 영생을 얻었고 심판에 이르지 아니하나니 사망에서 생명으로 옮겼느니라"[요한복음 5:24]. 예수님은 자신을 미워하는 자들에게도 영생을 주려고 했다. "그러나 너희가 영생을 얻기 위하여 내게 오기를 원하지 아니하는도다"[요한복음 5:40]. 하나님의 초대로부터 제외된 사람은 아무도 없다. 예수님을 미워하고 죽이려 했던 사람들까지도 예외는 아니었다. 예수님은 "다만 이 말을 하는 것은 너희로 구원을 받게 하려 함이니라"라고 간청하고 있는 것이다.

예수님은 생애의 마지막 시간을 보내시면서 큰 무리를 향하여 "썩을 양식을 위하여 일하지 말고 영생하도록 있는 양식을 위하여 하라 이 양식은 인자가 너희에게 주리니…나는 생명의 떡이니 내게 오는 자는 결코 주리지 아니할 터이요 나를 믿는 자는 영원히 목마르지 아니하리라"[요한복음 6:27, 35]라고 말씀하셨다. 예수님은 사람들을 향하여 영적인 생명으로 나아가 그들의 깊은 영적 허기를 채우고 갈증으로 말라버린 영혼을 생수로 해갈하라고 초대한 것이다.

이 영생으로의 초대는 성령과 동행하는 삶에서 기원하는 것인데, 예수님은 자신의 십자가 처형 전 마지막 유월절에 "서서 외쳐 이르시되 누구든지 목마르거든 내게로 와서 마시라 나를 믿는 자는 성경에 이름과 같이 그 배에서 생수의 강이 흘러 나오리라…이는 그를 믿는 자들이 받을 성령을 가리켜 말씀하신 것이라"[요한복음 7:37-39]라고 선포하셨다.

사도 바울은 후일 하나님의 성령으로부터 솟아나는 이 영생이 "사랑과 희락과 화평과 오래 참음과 자비와 양선과 충성과 온유와 절제"[갈라디아서 5:22-23]를 만들어 낸다고 설명하고 있다. 이와 같은 성령의 열매야 말로 온 세상이 추구해야 하는 가치들이다. 다만 세상이 오해하고 있는 것은 영생을 향한 끈질긴 갈증이 사람의 계획과 소유에 의해 해소되고 만족을 누릴 수 있다고 생각한다는 점이다. 영생은 오직 하나님의 성령에 의해 사람의 내면에서 솟아나는 것임에도 불구하고 말이다. 이 오해를 바로 잡아주고 사람들로 하여금 바른 이해를 갖도록 돕는 것이 우리가 감당해야 할 몫이다.

하나님께서는 사람들이 소유하고자 애쓰는 이 영생을 주시려고 우리를 초대하고 계신다. 세상에 속한 것들은 결국 사람들에게 빈 껍데기만 남겨 줄 것이다. 영생은 오직 하나님의 성령에 의해 사람의 내면으로부터 솟아나는 것이다. 바로 이 점이 본서에서 우리가 주목하여 살펴 볼 복음의 본질이다.

측량할 수 없는 하나님의 선하심

예수님을 통하여 사람들에게 보여주시고자 하는 하나님의 선하심과 사랑 그리고 그분의 계획은 아무리 강조해도 지나치지 않다. 예수님은 가는 곳마다 하나님의 기쁜 소식을 선포했다고 마가는 기록하고 있다. "때가 찼고 하나님의 나라가 가까이 왔으니 회개하고 복음을 믿으라"[마가복음 1:15]. 하지만 번역에 사용된 언어와 표현의 한계성 때문에 어쩌면 당시에 예수님과 함께 있었던 사람들이 누린 기쁨의 실체를 제대로 전달하지 못하고 있는지도 모른다. 어쩌면 전혀 다른 것을 전하고 있을 수도 있다.

예수님께서 하나님의 뜻과 길이 가까이 도래했음을 선포한 곳에서는 어디에서나 질병과 고통의 치유가 있었고 억압과 속박에 묶여있던 자들이 자유케 되는 일들이 일어났다. 예수님을 주의 깊게 관찰한 사람들은 종종 치유와 하나님 나라의 도래를 한 묶음으로 생각했다. "예수께서 온 갈릴리에 두루 다니사 그들의 회당에서 가르치시며 천국 복음을 전파하시며 백성 중의 모든 병과 모든 약한 것을 고치시니"[마태복음 4:23]. 하나님 나라의 소식이 전해지는 곳에서는 지속적으로 치유와 속박으로부터의 놓임이 동시에 일어났다[마태복음 9:35; 10:7-8; 마가복음 6:12-13; 누가복음 9:2; 9:6; 9:11; 10:9; 11:20].

왕이신 하나님과의 영적인 연합이 가져올 선한 유익에 대해 곰곰이 생각해 보라. 하나님께서 상하고 엉망이 된 모든 심령들을 고치시는 모습을 머리에 떠올려 보라! 예수님께서 제자들을 보내셨을 때, "나가 각 마을에 두루 다니며 곳곳에 복음을 전하며 병을 고치더라"*[누가복음 9:6]라고 기록하고 있다. 하나님이 얼마나 선한 분이신지 그리고 죄로 인해 상처입고 신음하는 사람들을 향한 그분의 선한 뜻이 얼마나 귀한 것인지에 대해서는 아무리 강조해도 다함이 없을 것이다. 예수님께서는 사람들의 질병을 치유하시고 억압의 멍에를 풀어주셨다. 이와 같은 하나님의 선한 의도를 사람의 말로 충분히 전한다는 것은 불가능한 일일 것이다.

예수님은 은유와 미소 그리고 암시를 통해 하나님의 선하심과 우리를 영원한 생명으로 초대하시는 그분의 마음을 전하셨다. "도둑이 오는 것은 도둑질하고 죽이고 멸망시키려는 것뿐이요 내가 온 것은 양으로 생명을 얻게 하고 더 풍성히 얻게 하려는 것이라"[요한복음 10:10]. 인생의 무게에 시달려 지치고 힘든 모든 사람들(오늘날 대부분의 사람들일 것이다)을 향해 예수님은 "수고하고 무거운 짐 진 자들아 다 내게로 오라 내가 너희를 쉬게 하리라 나는 마음이 온유하고 겸손하니 나의 멍에를 메고 내게 배우라 그리하면 너희 마음이 쉼을 얻으리니 이는 내 멍에는 쉽고 내 짐은 가벼움이라"[마태복음 11:28-30]고 말씀하셨다. 예수님을 영

---

* 나는 복음 선포가 반드시 치유를 동반해야 한다고 주장하는 것은 아니다. 나는 믿음을 발견한 수많은 사람들을 목격했지만 치유가 동반된 경우는 단 한번 있었다. 그 조차도 나 자신과는 아무런 관계가 없는 일이었다. 하지만 예수님의 메시지에 수반된 하나님의 선하심을 잘못 전하는 일이 있어서는 안 된다. 하나님의 선하심이란 그를 신뢰하는 모든 사람들의 인생이 궁극적으로 회복되는 일이다.

접하는 사람은 누구나 하나님의 자녀이자 가족이 되는 복을 누리게 된다.[요한복음 1:12]. 또한 예수님은 "내게 오는 자는 내가 결코 내쫓지 아니하리라"[요한복음 6:37]고 말씀하셨다.

영존하시는 성령으로부터 분출되는 사랑, 양자됨, 안전, 스트레스 없는 삶, 무게가 가벼운 책임감, 내면에서 솟아나는 기쁨, 영혼의 평화, 가치, 인도함 등은 우리로 하여금 풍성함 삶을 누리도록 하는 것들인데, 모든 죄로부터 용서와 모든 정죄로부터 우리를 자유케한다. 이러한 것들이 있는 곳이 바로 하나님 나라이며 우리가 사람들을 초대하려고 하는 바로 그 나라이다. 우리는 사람들을 지옥으로 가지 않도록 해주는 보험을 판매하려고 하는 것이 아니다. 우리가 권면하려고 하는 것은 사람들로 하여금 하나님의 자녀로서 그분과 함께하는 영생을 누리라는 것이다.

하나님의 선하심은 아무리 강조해도 지나친 법이 없다!

좋은 것으로 바꾸라

아내와 함께 처음 러시아의 세인트 피터스버그에 이주했을 때, 우리는 러시아어를 거의 알아듣지 못했다. 그래서 우리는 매일 오전 네 시간씩 러시아어를 공부했다. 생뚱맞은 이야기일지는 모르지만 그때 만일 어떤 러시아인이 우리에게 와서 '고르바초프 대통령이 당신들을 선택했고 이제 그와 함께 러시아 왕국에서 모든 혜택을 누리며 살게 되었소'라고 말했다면, 그것은 분명 대단한 초대였을 것이다. 그러나 그 순간 누군가가 러시아어로 된 대통령의 초대장을 영어로 번역해 주지 않는다면 러시아어를 모르는 우리는 그 초대에 응할 기회를 놓치고 말았을 것이다.

같은 이치로 하나님의 선하심이라는 주제는 우선 사람이 이해할 수 있는 언어로 번역되어야만 한다. '왕국', '회개', '구원'과 같은 단어들은 대부분의 사람들에게 생소하고 이상하게 들릴 것이다. 우리가 '칭의', '성화', 혹은 '구속'이라고 말할 때, 우리는 마치 '기독어'라는 이름의 난해한 외국어를 말하는 것과도 같다. 물론 이런 단어들은 매우 중요하다. 하지만 하나님의 메시지에 담겨 있는 진리를 보통 사람들도 충분히 이해할 수 있는 평범한 말로 번역해야 한다.

하나님은 선하시며 사람들을 향한 선한 의도와 계획을 가지고 계시다는 사실에 대해 사람들이 무지하다면 어떻게 껍데기뿐인 인생, 사랑, 그리고 안전이라는 허구로부터 떠나 하나님께로 시선을 돌릴 수 있겠는가? 예수님은 사람들이 이해할 수 있도록 창의적인 언어와 다양한 비유를 활용하여 '하나님 아버지의 선하심'이라는 그림을 정확하게 그려내고 있다. "하나님은 탕자를 향하여 두 팔을 벌리고 달려가신다.", "그리고 아들에게 좋은 선물을 주신다.", "그는 당신을 많은 참새보다 더 귀히 여기신다." 그리고 "그분은 마치 어미 새가 새끼를 날개 아래에 품듯이 당신을 보호해 주시려고 한다." 이처럼 예수님은 생생한 언어적 묘사를 통하여 '하나님의 선하심'이라는 그림을 그려 내셨고, 이 그림을 본 사람들은 마음을 열지 않을 수 없었을 것이다.

죄 다음으로 사람들의 믿음에 장애물이 되는 것이 있다면 그것은 하나님의 선하심에 대한 부적절한 이해와 관점이다. 사람들로 하여금 하나님을 신뢰하고 그분께로 향하게 하는 회개와 믿음이 그들의 삶 가운데에 일어나게 하기 위해서는 하나님은 신뢰할 수 있는 분이며 그들을 영생으로 이끄시는 분이라는 사실을 먼저 들어야만 하는 것이다.

희망을 잃은 자에게 희망을

쉐이는 하나님이나 교회라는 말만 떠올려도 마치 수치심과 정죄라는 이름의 파도가 자신을 씻어 내리는 것 같은 느낌이 들었다. '어떻게 해야 하지?' 교회에 나가자는 오빠의 전화를 받았을 때, 그녀에게 처음 든 생각이었다. 쉐이는 자신을 압도하는 실패감을 직면할 자신이 없었다. '스물 일곱의 나이에 세 번의 결혼 실패라니, 이혼을 대수롭지 않게 생각하는 풍조라 할지라도 세 번의 결혼 실패는 분명 수근거림과 정죄를 불러일으킬 것이 틀림없지 않은가?' 그녀는 자신을 점점 더 회의적인 시선으로 바라보며 현실과 마주하길 꺼려했다. 그렇다고 고통스러운 현실로부터의 도피는 그녀에게 아무런 도움이 되지 않았다.

"누군가의 도움이 필요하다는 것을 알고 있었어요." 쉐이는 지난 날을 회상하며 말했다. "나는 어디서 희망을 찾아야 할지 몰랐어요. 막다른 골목에서 좌절하고 있었지만 잘도 숨기고 살아왔습니다. 오빠는 내가 도움이 필요하다는 것을 잘 알고 있었어요. 오빠는 기독교인은 아니었지만 이 교회에 호감을 가지고 있었습니다. 그래서 나에게 게이트웨이 교회를 다니라고 했습니다. 교회에서 듣는 설교 말씀과 여기서 만나는 사람들을 통해 굳이 나의 과거를 숨기지 않아도 된다는 생각을 하게 되었습니다. 왜냐하면 하나님은 나의 모습 이대로 받아주실 거라는 것과 나에게 도움을 베푸실 만큼 나를 사랑하신 다는 것을 믿게 되었기 때문입니다. 나는 교회 성도들이 말하는 '생명'이라는 단어를 듣고 희망을 가지기 시작했습니다. 그것은 바로 하나님께서 우리의 내면으로부터 솟아나게 하는 것이죠. 나는 서서히 그 동안 숨어 지냈던 그늘에서 나오게 되었고 하나님께서 약속하신 삶으로 나를 인도해 가실 거라는 확신을 가지게 되었습니다."

약 8개월에 걸쳐 쉐이는 하나님의 말씀을 듣고 배우며 그분의 선하심을 알아가게 되었다. 그리고 그녀는 소그룹 공동체 안에서 자신의 삶을 고백하고 그들의 사랑과 포용을 체험하면서 앞으로 나아갈 용기를 얻었다. 믿음의 소그룹 공동체 안에서 치유와 회복을 경험한 쉐이는 마침내 세례를 받게 되었고, 그리스도를 따르는 인생을 살기로 결단하였다. "저는 하나님에 대해 큰 오해를 하고 있었다는 것을 깨닫게 되었습니다. 제가 결심한 바를 행동으로 옮기기 전까지는 하나님께서 저게 너무 실망하셔서 어떤 일도 저와 함께 하기를 원치 않으실 거라는 생각을 했었습니다. 저는 하나님의 은혜가 무엇인지 또 어떤 것인지 전혀 모르고 있었던 겁니다. 그러니까 그분이 저와 함께 해주시지 않으면 제가 결신하는 것조차도 불가능하다는 것을 모르고 있었던 겁니다."

이 일은 10년 전에 내가 목격한 이야기이다. 나는 쉐이가 믿음 안에서 성장하는 것을 지켜 보아왔고, 이제는 소그룹의 리더가 되어 다른 이들이 그리스도 안에서 믿음을 발견하고 성장해 가도록 돕는 일을 지켜보는 특권을 누리고 있다. 나는 하나님께서 거듭 실패하는 결혼 생활로 인해 산산조각 난 쉐이의 인생을 치유하고 회복시키시는 과정을 목격했다. 마치 극장의 앞자리에 앉아 모든 것을 지켜 본 관객과도 같았다. 하나님을 신뢰했을 때, 그분의 사랑과 위로와 안정감이 쉐이의 내면에 깊이 뿌리 내리게 되었다. 그녀는 훌륭한 크리스천 남편을 만나 10년째 행복하고 견고한 결혼 생활을 이어오고 있다. 하나님께서는 쉐이를 사랑으로 품으시고 풍성한 삶으로 인도해 주셨다.

Summary

하나님과 인생에 대한 좋은 소식

하나님 나라의 복음을 다른 사람들에게 전할 때, 당신이 삶에서 목격한 하나님의 선하심을 당신만의 고유한 방식으로 전해보라. 나는 항상 단순하게 말하려고 노력하는 편이다. "하나님은 하나님 자신을 위해 당신을 지으셨습니다. 다시 말씀 드리면, 하나님은 당신과 사랑의 관계를 가지려고 당신을 지으셨습니다. 당신을 향한 하나님의 지고한 사랑을 당신은 상상조차 할 수 없습니다. 하나님은 사랑의 원천이시며 당신이 생각해 낼 수 있는 모든 선한 일들의 근원이십니다. 이것은 사실이며 실제입니다. 당신이 체험한 어떤 선한 일도 하나님으로부터 기원하지 않은 것이 없습니다. 하나님은 우리가 추구하는 이상적인 삶(사랑과 기쁨과 평화와 목적이 있는 인생)으로 이끌기 원하십니다. 그러한 삶은 외부에서 찾아오는 것이 아니라 당신의 내면에서 생겨나는 것입니다. 그런 이상적인 삶은 우리가 하나님과 동행할 때, 그분이 우리의 내면에 생겨나게 하시는 것입니다. 이것은 당신에게만 국한된 일은 아닙니다. 하나님께서는 당신이 하나님의 사랑으로 다른 이들을 사랑하는 데까지 이끄려고 합니다. 한 가지 잊지 말아야 할 것이 있습니다. 하나님께서는 결코 당신에게 그분의 뜻과 방식을 강제하시지는 않을 것입니다. 이것은 전적으로 당신의 의지와 선택에 달린 문제입니다."

예수님에 대한 좋은 소식

'하나님과 함께 하는 삶'이라는 좋은 소식이 모든 이들에게 주어질 수 있는 이유는 무엇인가? 그것은 이 세상에 오신 왕, 예수 그리스도에 대한 좋은 소식이 먼저 있기에 가능한 것이다. 예수님의 삶과 죽음 그리고 부활이라는 일련의 사건들을 통해 우리 앞에 하나의 중요한 인식으로 향하는 문이 열리게 되었다. 그것은 하나님께서 우리를 정죄하지 않으시고 우리의 죄를 용서하셔서 그분의 성령과 함께 영생으로 걸어 들어갈 수 있게 하시며 궁극적으로 하나님이 의도하신 모습으로 빚어지도록 하신다는 사실이다.

그리스도인들이 예수님을 모르는 사람들에게 복음의 의미를 전할 때, 종종 실수하는 부분이 바로 이 점이다. 예수님은 우리의 죄값을 치르기 위해 십자가에 달리셨다. 이로써 하나님과의 영원한 교제가 가능하게 된 것이다. 성경 전체는 예수님의 십자가 구속이라는 중대한 사건에 대한 기록이며 하나님의 정의와 자비가 마침내 십자가에서 구현된 것을 전하고 있다.

이 세상의 악한 것들이 우리나 우리의 가족을 해치려 할 때, 우리는 그것들을 증오하며 정의를 찾게 된다. 그러다가 우리에게 고통을 가져다 주는 모든 악을 제거해 버리지 않는 하나님을 원망한다. 이것이 우리의 모습이다. 우리가 하나님의 관점에서 정의를 생각하는 경우란 거의 없다. 만약 모든 악한 행위의 뿌리가 하나님을 향한 인간의 반역에 근거를 두고 있다면, 다시 말해 인간이 하나님의 자리에 앉아 '하나님의 뜻이 이루어지이다' 대신 '나의 뜻이 이루어지이다'를 되뇌고 있다면 선과 악을 가로지르는 경계선은 바로 인간의 마음 한 복판을 가로지르고 있는 셈이다. 만약 하나님께서 모든 악을 세상에서 쓸어버리신다면 당신과 나를 포함한 모든 인간을 없애버리셔야 마땅한 것이다.

하나님께서는 우리에게 해를 가져오는 악을 미워하시되 우리보다 더 미워하신다. 그와 동시에 하나님은 악을 행하는 우리들을 사랑하신다. 악을 향한 하나님의 미움과 사람을 향한 하나님의 사랑이 만난 장소가 바로 십자가이다. 하나님께서는 인류 구속의 희생 제물로 예수님을 십자가에 내어주어 피를 흘리게 하셨다. 그리고 이를 믿는 자들에게 구원을 선물로 주셨다. 이 일은 하나님께서 자신의 공의를 드러내고 예수님을 믿는 모든 이들을 의롭다 칭하기 위해 행하신 일이다[로마서 3:25-26]. 하나님의 관점에서 볼 때, 공의의 대가는 인간이 지불할 수 있는 가장 큰 가치인 '죽음'이다. 육신의 삶으로부터의 분리를 의미하는 육체적인 사망뿐만 아니라 창조주의 생명으로부터 분리를 뜻하는 영적인 죽음도 포함된다. 하나님은 의가 시행되도록 하기 위하여 자신의 공의가 요구하는 대가를 지불하셨으며 하나님께로 돌아오기 원하는 모든 사람들이 정당하게 용서받고 하나님과의 바른 관계를 회복하도록 하셨다. 베드로는 이 사실을 다음과 같이 묘사했다. "그리스도께서도 단번에 죄를 위하여 죽으사 의인으로서 불의한 자를 대신하셨으니 이는 우리를 하나님 앞으로 인도하려 하심이라"[베드로전서 3:18]. 하나님께서는 악한 자를 구속하시는 이 일을 단번에 이루시고 승리하셨다.

어떤 이들은 이렇게 말할지도 모른다. "왜 예수가 필요하지? 십자가가 왜 필요하단 말인가?" 만약 하나님이 용서하고 싶다면 그냥 용서해주면 되는 것 아닌가? 그러나 용서란 결코 대가 없이 주어지는 것이 아니다. 상태를 원래대로 복원시키기 위해서는 누군가가 대가를 치러야 하는 것이다.

당신과 나를 '그저 용서하기' 위해서 하나님이 지불하셔야 했던 대가가 바로 십자가이다. 그리고 하나님의 뜻과 방식을 무시함으로 하나님을 반역하게 된 모든 인간을 용서하기 위해서 하나님이 지불하셔야 했던 것이 바로 십자가이다. 예수님의 십자가 구속 사역은 우리의 죄값을 청산하는 것 이상의 의미를 가지고 있다. 그것은 바로 우리는 언제가 영원속에서 하나님과 함께 있게 된다는 것이다. 또한 예수님의 십자가 구속은 우리가 믿음으로 사는 한 하나님께서 우리와 함께 계실 수 있는 이유가 된다.

믿음은 신뢰의 행위이다. 우리가 먼저 우리의 삶을 청산하는 것이 아니다. 우리가 먼저 잘못을 교정하고 제대로 가고 있음을 증명하는 것이 아니다. "너희는 그 은혜에 의하여 믿음으로 말미암아 구원을 받았으니 이것은 너희에게서 난 것이 아니요 하나님의 선물이라"[에베소서 2:8]. 당신의 구원은 은혜(대가 없이 주어지는 하나님의 선한 뜻과 배려)와 당신의 믿음(어린 아이 같은 순진한 신뢰)을 통해 얻어지는 것이다. 그런데 이 모든 것이 우리에게 왜 주어지는가?

에베소서 2장10절은 계속해서 전한다. "그리고 이렇게 우리는 하나님의 걸작품이 되어가는 것이다. 예수 그리스도 안에서 복원되어, 오래 전 우리를 위해 계획되었던 대로 살아갈 수 있는 길이 열리는 것이다"(저자 번역). 그것이 바로 은혜의 본질이다. 하나님의 걸작품의 완전한 복원말이다! 복음의 진수는 우리를 영생으로 이끄시는 유일하신 하나님으로부터 더 이상 도망가거나 숨을 필요가 없다는 사실이다.

우리는 너무나 자주 복음을 보험 같은 것으로 만들어 버린다. "그래서 당신은 지옥과 심판을 피할 수 있는 것이다", "그래서 당신의 모든 죄는 사함을 받게 될 것이다", "그리고 당신은 의롭다 칭함을 받고 성화되며 영화 되어 언젠가 하늘의 하나님과 함께 있게 될 것이다" 그러나 복음은 우리가 죽은 후에 누리는 삶뿐만 아니라 바로 지금 변화된 삶을 살 수 있게 해 준다! 만약 이 일이 어떻게 가능하게 되는지 사람들이 확실하게 이해하지 못한다면 그들은 단순히 보험을 구입하듯이 복음을 받아 들이는 것이다. 하지만 그런 방식으로는 하나님의 인도하심을 전적으로 신뢰하는 것은 불가능하다. 결과적으로 그들은 변화되지 않는 인생을 살게 되는 것이다. 이제 그 이유를 구체적으로 살펴보자.

로마서 7장에서 사도 바울은 하나님의 도우심 없이 우리 자신의 힘으로 변화되려고 노력할 때 직면할 수 밖에 없는 싸움에 대하여 말하고 있다. 여기 바울의 원색적인 해설이 있다. "내가 행하는 것을 내가 알지 못하노니, 곧 내가 원하는 것은 행하지 아니하고 도리어 미워하는 것을 행함이라 내가 원하는 바 선은 행하지 아니하고 도리어 원하지 아니하는 바 악을 행하는도다"[로마서 7:15, 19]. 당신은 '어떤 일을 행하는 것을 그만 두겠다' 라든지 '다음 번에는 더 잘하겠다' 라는 다짐이나 맹세를 하고서도 주저함 없이 같은 일을 반복하고 있는 자신을 발견한 적이 있는가?

당신이 이와 같은 나쁜 죄의 습관을 가지고 '이번에야말로 이 습관을 고치겠다'라고 맹세한 적이 있을 것이다. 하지만 당신의 노력과 능력으로는 맹세를 지킬 수 없음을 깨닫게 될 것이다. 그리고 당신은 죄책감과 수치심이라는 굴레에서 벗어나기 위하여 자신을 혹사시키고 다음 번에는 더 노력하겠다는 무의미한 맹세를 하게 될 것이다.

Chapter 08.예수님의 복음 나누기

사도 바울은 계속해서 다음과 같이 말한다. "만일 내가 원하지 아니하는 그것을 하면 이를 행하는 자는 내가 아니요 내 속에 거하는 죄니라"[로마서 7:20]. 이것은 아주 중대한 선언이다. 우리 모두가 죄의 본성을 가지고 있는데, 이것은 하나님께서 우리를 지으실 때 의도하신 모습이 아니라고 바울은 말하고 있는 것이다. 우리가 가지고 있는 죄의 본성은 상속된 것이다.

이처럼 우리에게 상속된 죄의 본성은 우리가 성장하면서 점점 하나님의 방식 대신 우리 자신의 방식대로 행하게 하려는 경향에 반응하게 한다. 죄란 무엇인가? 그것은 하나님 나라의 의와 방식대로 살기보다 우리 자신의 의와 방식에 따라 사는 삶 그 자체이다. 그리고 그 죄된 삶의 방식은 우리에게 너무도 자연스러우며 체질화되어 있어서 우리로 하여금 영생의 원천이신 하나님과의 동행을 누리지 못하게 한다. 그래서 사도 바울은 다음과 같은 고백을 했다. "오호라 나는 곤고한 사람이로다. 이 사망의 몸에서 누가 나를 건져내랴 우리 주 예수 그리스도로 말미암아 하나님께 감사하리로다. 그런즉 내 자신이 마음으로는 하나님의 법을 육신으로는 죄의 법을 섬기노라"[로마서 7:24-25].

예수님은 실패와 수치심 그리고 우리의 노력과 지속적인 실패라는 이 죄악의 악순환으로부터 우리를 해방시키려고 하셨다. 이에 대해 사도 바울은 다음과 같이 설명하고 있다. "그러므로 이제 그리스도 예수 안에 있는 자에게는 결코 정죄함이 없나니"[로마서 8:1]. 하나님께서는 우

걸작품을 보다

리의 죄악에 대하여 그리스도의 대속의 대가를 지불하심으로 우리를 모든 정죄로부터 건져내려고 하셨다. 만일 당신이 하나님께 "예수님이 하신 일이 나에게도 적용되기를 원합니다."라고 고백하기만 한다면 구속의 은혜는 당신의 것이 될 것이며 당신은 더 이상 정죄 당하지 않는다는 사실을 깨닫게 될 것이다.

정죄 당함을 피할 수 있다는 것은 경이로운 일이지만 그것이 전부는 아니다. 하나님께서는 우리 각 사람의 삶에 전적인 복원이 이루어지기를 바라신다. 하지만 하나님께서 우리의 마음과 생각에 간섭하시기 전에는 그와 같은 일은 절대 불가능하다. 하나님께서 우리 각 사람의 삶을 주도하시기 전에는 우리는 결코 하나님께서 의도하신 사람으로 빚어질 수 없다. 하나님께서는 그리스도 안에서 행하신 일을 우리에게도 하실 것이다. "육신을 따르지 않고 그 영을 따라 행하는 우리에게 율법의 요구가 이루어지게 하려 하심이니라"[로마서 8:4].

만일 우리가 예수님께서 우리를 위해 이루신 일을 받아들이기만 하면 실패할지라도 우리를 떠나지도 정죄하지도 않으신다는 깨달음을 얻을 수 있게 될 것이다. 그와 같은 사실을 인식하는 것은 우리로 하여금 하나님의 성령께 마음을 열게 할 것이며, 우리가 실패하거나 타락했을 때(종종 인생에서 우겨 쌈을 당할 때) 가장 필요한 도움을 받을 수 있게 하실 것이다. 영적 성장은 하나님께서 주도하신다! 하지만 하나님이 정죄하시지 않을까 의심하고 두려워한다면 우리를 전적으로 변화시키실 수 있는 유일하신 분으로부터 도망치는 결과를 낳게 될 것이다. 이 원리가 이해되는가?

사도 바울은 다음과 같이 말하고 있다.

"육신을 따르는 자는 육신의 일을, 영을 따르는 자는 영의 일을 생각하나니 육신의 생각은 사망이요 영의 생각은 생명과 평안이니라" [로마서 8:5-6]

예수님께서는 죽으시고 부활하심으로 단번에 영원한 구속의 대가를 지불하셨다. 이로써 영생의 근원이신 하나님께 우리를 다시 연결시켜 주신 것이다. 이것이 바로 예수님에 관한 좋은 소식이다. 이제 우리는 세상에서 실패하고 좌절했을 때에도 성령님께 우리의 생각을 고정시킬 수 있으며 실패의 과정을 통해서도 하나님이 뜻하신 모습으로 성장해 가도록 성령님께서 우리를 도우실 것이다.

하나님께로 달려가다

사라는 하나님이 원하시는 인생을 살아내지 못하고 있다는 생각 때문에 하나님으로부터 도피하는 삶을 살았다. 그녀는 진정한 사랑과 인생의 안정을 가져다 줄 남자를 찾아 다니며 성적인 관계를 맺는 어리석은 일을 반복적으로 행했다. 그리고 이로 인해 생겨난 죄책감으로부터

걸작품을 보다

도피하는 인생을 살았다. 그녀가 감내해야 했던 성적 학대로 인해 사라의 내면에는 자신이 더럽고 흠집이 생긴 불량품이라는 깊은 수치심이 자리잡게 되었다. 사라는 자신을 힘들게 하는 수치심을 떨쳐버리기 위한 방편으로 도망치는 생활을 이어갔지만 결국 그녀가 만나게 된 사람들은 언제나 고통과 마음의 짐을 더 무겁게 할 뿐이었다. 사라가 더 이상 도망칠 곳이 없는 막다른 골목까지 다다랐을 때, 비로소 하나님을 향해 달려가게 되었다. 다음은 사라가 보내온 이메일이다.

저는 인생의 대부분을 죄책감에 사로잡혀 살아왔습니다. 하나님은 용서하시고 사랑하시는 분이라는 사실을 모른 채 말이죠. 저는 어리석게도 하나님을 떠나 나에게는 전혀 도움이 되지 않는 사람들을 만나고 쓸데없는 일들만 하고 다녔습니다. 삶이라는 것이 저에게는 너무 두려웠습니다. 그래서 술과 마약, 사람들과의 관계 속에서 그 문제를 해결하려 했지만 더 깊은 구덩이를 파고 있는 자신을 보게 되었습니다. 그것은 외로움과 절망이라는 이름의 구덩이였습니다. 임신 5개월이 된 몸으로 남자 친구에게 버림받았을 때, 저는 상처 입은 빈털터리였습니다.

그때 한 친구가 저를 게이트웨이 교회로 초대했습니다. 하나님께서는 게이트웨이의 천사들을 통해 제 자신이 스스로 설 수 있도록 도와주셨습니다. 그분들의 도움으로 저는 안전한 임시거처에서 생활할 수 있었고 아이의 양육을 위한 도움도 받게 되었습니다. 그분들은 저를 정죄가 아닌 사랑으로 대해주셨습니다. 게이트웨이 교회는 저에게 가정과 같고 가족과 같은 곳입니다. 저는 소그룹 모임에도 참여했는데 그곳에서 위로와 도움을 많이 받았습니다. 그리고 그분들의 섬김을 통해 하나님께 나아가는 첫 발걸음을 떼게 되었습니다. 저는 소그룹 모임에서 다른 싱글맘들을 만나게 되었는데 저처럼 도움이 필요한 다른 싱글맘들을 돕고 섬기는 일에 자원하기로 했습니다. 하나님께서는 게이트 웨이 교회의 '상처입은 심령의 치료'라는 프로그램을 통해 지난 과거의 성적 학대로부터 치유함을 받고 일어설 수 있도록 하셨습니다. 그리고 하나님께서는 2005년 저와 세 살 된 딸에게 축복을 내려주셨습니다. 그것은 너무나도 훌륭한 크리스천 남성을 만나 제가 결혼하게 된 것입니다. 그리고 남편과 저에게 둘째 아이를 선물로 주셨습니다. 모든 분들의 사랑에 힘입어 저는 이제 하나님께서 원하시는 길을 걷기로 했습니다. 그렇게 결단하자, 놀랍게도 모든 내면의 고통과 증오, 분노심 그리고 과거의 상처가 사라져버렸습니다. 하나님을 제 인생의 중심에 모시고 나자 비로소 사람들을 용서할 수 있게 되었습니다. 목사님, 여러 해 동안 저를 알고 지내온 사람들이 제가 어려움과 불행을 이겨낸 것을 보고 놀라움을 금치 못하고 있습니다.

하나님의 도움으로 인생에 닥쳐왔던 모든 재난과 불행을 이겨냈을 뿐만 아니라 그것들이 지금은 오히려 제 인생을 아름답게 장식해주는 행복으로 바뀌어졌다고 그들에게 말해주고 있습니다. 그리고 이렇게 권면합니다. "당신이 당신의 인생을 하나님께 드리고 그분이 주인이 되셔서 이끄시게 된다면 그것은 그다지 어려운 일이 아니랍니다"라고 말이죠. 이제 저는 고통과 상처를 바라보는 대신 하나님께로 저의 시선을 고정시키기로 했습니다. 또한 저의 도움을 필요로 하는 다른 사람들에게로 말입니다.

걸작품을 보다

Summary

예수님에 대한 좋은 소식

'하나님은 선하시며 우리를 위한 좋은 계획을 가지고 계십니다'라고 설명한 다음 나는 이런 말을 덧붙일 것이다. "하지만 하나님께서는 그분의 뜻과 방식을 우리에게 강제하시지는 않습니다. 그리고 우리가 인생의 대부분의 시간을 하나님의 뜻과 방식보다는 우리 자신의 뜻과 방식에 대해 생각하면서 지내는 것이 실상이지요. 그렇지 않나요? 우리가 미워하는 모든 것들이 사실은 우리 자신으로부터 그리고 하나님의 사랑을 무시하는 다른 사람들로부터 기원한다는 사실입니다. 사람들은 자신을 위해서 가장 좋은 일을 행하고 있다는 착각에 빠져 살아갑니다. 이것이 바로 성경이 말하는 죄이며 하나님과 우리 사이를 갈라놓는 주범입니다. 하지만 하나님께서는 우리의 죄 때문에 우리를 정죄하시지 않습니다. 하나님께서는 우리의 죄값을 지불하기 위해 예수님을 이 땅에 보내시고 십자가에서 죽게 하셨습니다. 이로써 우리는 이제 정죄받지 않는다는 사실과 영원토록 하나님과 올바른 관계 위에 서 있게 되었다는 사실을 깨닫게 되는 것입니다. 이와 같은 이해의 토대에서 우리는 더 이상 하나님으로부터 도피하는 일을 그만두고 그분이 우리의 인생을 인도하시게 해야 합니다. 이것이 바로 하나님을 진심으로 사랑하는 것입니다. 우리가 인생의 중심에서부터 하나님과 동행할 때, 비로소 하나님께서 우리 인생의 하나님이 되실 수 있습니다. 그렇게 되면 하나님께서는 우리가 다른 사람들을 사랑할 수 있도록 이끄실 것입니다. 여기서 우리가 알아야 할 중요한 사실이 한 가지 있습니다. 그분은 절대 우리의 의지를 강요하지 않으신다는 것입니다. 하나님께서는 당신이 의지적으로 그분의 뜻에 동의할 때까지 기다리실 것입니다."

그리고 나서 나는 매우 중대한 질문을 할 것이다. 그것은 내가 톰에게 했던 질문과 같은 것이다. "예수님의 십자가 희생으로 당신을 향하신 하나님의 용서하심이 가능하게 되었습니다. 이와 같은 하나님의 용서하심과 당신의 인생에 대한 그분의 주권에 마음을 내어드리는데 방해되는 것이 무엇입니까?" 많은 사람들이 다음과 같이 답변한다는 것을 알게 된다면 다소 놀랄 것이다. "아니요. 그런 것은 없습니다."

당신의 역할에 대한 좋은 소식

하나님과의 올바른 관계를 세우고 성령님과 동행하는 삶을 시작하기 위해 사람들에게 필요한 것은 무엇인가? 우리가 전할 좋은 소식은 바로 이것이다. '하나님께서는 그리스도를 통하여 그분과 사람들 사이의 모든 장벽을 제거해 주셨다. 다만 한 가지의 예외가 있는데 그것은 우리의 자랑, 즉 하나님께서 우리에게 주신 자유 의지이다! 당신은 겸손하게 하나님께로 돌아가 그분을 신뢰하기로 선택할 수 있다. 그순간 당신은 하나님의 용서를 체험하고 성령의 이끄심을 따라 영생으로 인도함을 받게 된다.' 하지만 이것이 진정 의미하는 바는 무엇인가?

예수님과 그의 제자들은 "때가 찾고 하나님의 나라가 가까이 왔으니 회개하고 복음을 믿으라!"[마가복음 1:15]라고 선포했다. '회개하고 복음을 믿으라!'라는 선포는 계속해서 등장한다. 이 말의 진정한 의미는 무엇일까? 앞에서 언급한대로 이 말이 적절하게 번역되지 않고 단순히 기독교 용어의 자리에 머물러 있게 되면 사람들은 이 말의 요지를 놓치게 될 것이다.

예수님의 시대에 '회개하라'(metanoeo)는 말은 문자적으로는 '어떤 일에 대한 당신의 생각을 바꾸라'는 의미이다. 짐작하건대, 그것은 어떤 한 방향으로 생각하던 것을 새로운 방향으로 바꾸는 것을 의미한다. 이 단어는 또한 방향을 바꿀 때 사용하는 군사 용어가 되었다. 'repent'(회개)라는 제식용어가 들릴 때, 병사들은 180도 방향을 바꾸어 전혀 다른 곳을 향하게 된다. 나는 'repent'(회개)라는 단어가 오늘날 예수님의 복음을 듣는 사람들이 충분히 이해할 수 있는 의미로 번역되어야 한다는 것을 깨닫게 되었다.

가장 간결한 용법으로 말하자면 'repent'(회개)는 나의 의지와 방식으로부터 돌아서서 하나님의 의지와 방식을 따라가는 것이다. "우리는 다 양 같아서 그릇 행하여 각기 제 길로 갔거늘 여호와께서는 우리 모두의 죄악을 그에게 담당시키셨도다"[이사야 53:6]. 내가 사람들에게 설명하는 방식은 다음과 같다. 우리 모두는 스스로 하나님 노릇하며 각기 자기 길과 뜻대로 행하던 자리에서 돌이켜 하나님께서 우리 인생의 진정한 주인이 되시도록 그분의 뜻과 방식을 먼저 구해야 한다고 말이다. 이것이 온전한 회개의 마음이다.

회개하고 믿으라! 그러자 사람들이 예수님께 물었다. "우리가 어떻게 하여야 하나님께서 요청하신 일을 할 수 있습니까?" 다시 말하면 이렇다. 하나님께서 원하시는 것을 우리에게 알려주십시오. 그에 대한 답이 여기에 있다. "하나님의 일은 이것이니, 하나님께서 보내신 이를 믿는 것이니라"라고 주님께서 대답하셨다[요한복음 6:28-29]. '믿는 것'이 우리가 해야 하는 일이다. 그렇다면 어떻게 믿을 수 있는가?

　　믿음, 신념 그리고 신뢰라는 단어는 모두 동의어이다. 신뢰 없이는 어떠한 관계를 가질 수도 맺을 수도 없다. 그래서 하나님께서는 믿음을 중요하게 여기시는 것이다. 하나님과 관계를 갖기 위해서는 하나님을 신뢰하고 그분을 믿으며 그분에게만 나의 마음을 두어야 한다. 복음을 들은 우리는 '나 중심'의 신념에서 '하나님 중심'의 신념으로 삶이 바뀌어야 한다. 하나님 중심의 신념이란 하나님께서는 우리의 죄를 용서하시고 정죄하지 않으시며 우리의 인생에 들어오셔서 그분을 더욱 신뢰할 수 있도록 우리를 도우신다는 사실을 믿는 것이다. 예수님은 바로 이와 같은 믿음에 대한 중심적 사상을 지상에서의 마지막 밤에 제자들에게 전하셨다.

　　"서로 사랑하라 내가 너희를 사랑한 것 같이 너희도 서로 사랑하라 너희가 서로 사랑하면 이로써 모든 사람이 너희가 내 제자인 줄 알리라…하나님을 믿으니 또 나를 믿으라… 내가 곧 길이요 진리요 생명이니 나로 말미암지 않고는 아버지께로 올 자가 없느니라 너희가 나를 알았더라면 내 아버지도 알았으리로다 이제부터는 너희가 그를 알았고 또 보았느니라…아버지

께서 내 안에 계셔서 그의 일을 하시는 것이라…내가 진실로
진실로 너희에게 이르노니 나를 믿는 자는 내가 하는 일을 그
도 할 것이요" [요한복음 13:34-35; 14:1, 6-7, 10, 12]

우리가 궁극적으로 목표하는 것은 '관계'이다. 하나님을 신뢰함으
로 하나님과 메시아되신 예수님을 사랑하는 관계 말이다. 이러한 사랑
의 관계가 맺어지면 하나님께서 그분의 성령을 통해 서로를 사랑하는 전
혀 새로운 길로 인도해 주신다. 그리고 예수님께서는 우리를 하나님에
대한 심오한 신비의 세계로 우리를 초대하신다. 우주의 중심에는 성부
와 성자와 성령 사이에 자신을 내어주는 사랑의 관계가 존재한다. 삼위
하나님은 이 사랑의 관계에 참여하기를 원하는 모든 이들을 통해 하나님
의 나라가 끝없이 확장되기를 원하신다.

같이 기도하기
나는 사람들에게 하나님의 선하심과 우리를 향한 그분의 초대에 대
한 말씀을 전한 다음, 항상 톰에게 했던 바로 그 질문을 한다. "하나님께
당신의 마음을 열지 못하도록 방해하는 것이 무엇인가요?" 만약 그들 중
의 누군가가 생뚱맞은 질문으로 "그럼 진화론은 도대체 뭔가요?"라고
반문한다든지, 혹은 내 질문의 의도로부터 벗어나 "아담과 이브가 진짜
존재했던 사람들이라고 믿나요?"라고 묻는다면, 내 질문과 상관없는 주

제에 집중하지 못하도록 "당신에게 예수님은 누구입니까? 당신은 예수님과 무엇을 하기 원하십니까?"라는 질문에 먼저 답하도록 할 것이다. 그리고 그들에게 책을 주어 읽게 하거나 듣고 깨달을 수 있는 설교를 제공하면서 이렇게 제안할 것이다. "만약 당신을 지으신 하나님이 계시다면 그분은 당신의 모든 생각을 이미 다 알고 있을 겁니다. 그분께 '당신을 나타내 보여주세요'라고 순진하게 요구해 보시는 것은 어떨까요? 만약 하나님이 계시다는 것을 느끼신다면 그분을 알고 싶다고 말하세요. 그리고 하나님이 어떤 일을 보이시고 행하시는지 지켜보세요."라고 말할 것이다. 이때 주의할 것은 당신의 말이 아니라 그들에게 익숙한 말을 사용해야 한다는 점이다. 나는 하나님께서 그분의 약속을 놀랍게 성취하시는 것을 목격했다. "너희가 온 마음으로 나를 구하면 나를 찾을 것이요 나를 만나리라"[예레미야 29:13].

　"예수 그리스도께 당신의 마음을 여는 일을 방해하는 것이 있나요?"라는 나의 질문에 "아니요. 나를 막는 것은 아무것도 없습니다"라고 답변할 경우, "그럼 예수 그리스도께 당신의 마음을 열기 위해 지금 나와 함께 기도하는 것은 어떻습니까? 겸손하게 자원하는 마음만 있으면 됩니다"라고 말할 것이다. 만약 그들이 나와 함께 기도하기를 원치 않을 경우에는 자신이 내린 결정에 대해 하나님께 말하라고 권면하며 그들이 스스로 기도할 수 있도록 도와준다.

　나는 항상 "당신이 기도할 때 필요한 것은 정확한 표현이 아닙니다.

걸작품을 보다

하나님을 바라보는 당신의 마음의 자세가 가장 중요합니다."라고 말한다. 예수님 오른편 십자가에 달려 있던 강도는 "예수여 당신의 나라에 임하실 때에 나를 기억하소서"[누가복음 23:42]라고 말했다. 그의 깊은 마음에서 나온 말이 구원받기에 충분했던 것처럼 말이다. 이 모두는 당신의 마음 상태에 관한 것이기에 정해진 공식 같은 것은 존재하지 않는다.

만약 그들이 나와 함께 기도하기를 원할 경우, 나는 "내가 먼저 기도할테니 당신은 당신이 편한 말로 기도하세요. 예수님이 십자가에서 하신 그 일이 당신에게도 해당되기를 원하며, 당신의 죄가 용서받고 하나님의 성령께서 당신의 인생을 이끄시도록 하나님께 간구하세요."라고 말할 것이다. 그리고 나서 함께 기도할 것이다.

하나님께서 사람의 마음에 새로운 생명을 심어주시는 것을 목격하는 것만큼 인생에서 흥분된 순간은 또 없을 것이다. 어떤 한 사람의 인생이 영원히 뒤바뀌는 일에 당신이 하나님과 연합하고 있다는 사실을 아는 것이야말로 비할 데 없는 기쁨인 것이다. 이 땅에서 가장 위대한 경험을 선물로 주기 위해 당신은 그들을 사랑하고 관심을 기울여야 한다. 어떠한 두려움도 삶의 염려도 당신이 다른 사람을 사랑하는 것을 방해하지 못하도록 하라. 내가 이제까지 말한 것이 '좋은 소식'이다. "그럼 나쁜 소식이란 무엇인가요?"라고 묻는 사람이 있을지도 모르겠다. '나쁜 소식'에 대해서 다음 장에서 살펴 볼 것이다.

Summary Prayer

당신의 역할에 대한 좋은 소식

"주님, 당신은 톰을 사랑하시지요. 그런 당신의 사랑을 톰은 상상조차 할 수 없을 테지만요. 톰은 이제 영원히 당신께로 돌아가기 원합니다. 주님, 당신은 지금 이곳에 우리와 함께 계시며 우리의 마음 속 생각을 다 아시는 줄 믿습니다. 톰이 드리는 마음의 기도를 들어주세요."

그리고 나는 이렇게 말할 것이다. "톰, 당신의 표현으로 하나님께 기도하세요. '하나님, 나를 사랑해 주셔서 감사합니다. 그리고 내 죄값을 치러주신 것도 감사합니다. 예수님이 십자가에서 하신 일이 나에게도 해당되기를 바랍니다.' (그리고 잠시 말을 멈춘 후 그가 기도하도록 할 것이다)"주님, 오셔서 내 인생의 주인이 되어주세요. 그리고 당신이 우리를 사랑한 것처럼 저도 다른 사람을 사랑할 수 있도록 가르쳐주세요."(다시 한번 말을 멈추고 그가 기도하도록 할 것이다. 그리고 끝이다)

"하나님, 톰을 당신에게로 이끌어 주셔서 감사합니다. 그리고 우리는 결코 정죄 당하지 않을 것이며, 하나님은 우리를 절대 떠나지 않을 것이라는 사실을 예수 그리스도를 통해 확실히 알게 하셔서 감사합니다. 이제 우리로 하여금 당신이 지으신 그 모습대로 점점 더 빚어지게 해 주시옵소서. 예수님의 이름으로 기도합니다. 아멘."

그리고 새로운 결정을 내린 톰을 공식적으로 축하하기 위해 세례를 제안할 것이다. 또한 아직 예수 그리스도를 모르는 친구들을 초대하여 톰이 자신의 결정에 대해 그들에게 말해 주도록 권면할 것이다. 그가 이제 하나님과의 새로운 관계에 들어갔음을 다시 한 번 상기시키며 그의 목표가 하나님을 신뢰하고 성실하게 따르는 것임을 알려줄 것이다.

1. 묵상 과제

당신은 복음을 전할 준비가 되어있는가? 만약 당신이 준비되지 않았다고 생각한다면, 본 장의 Summary Prayer의 샘플 기도문을 활용하여 믿음이 필요한 사람들에게 당신이 무엇을 말할 수 있을 것인지 생각해보라.

2. 실천 과제

이번 주, 다른 사람에게 복음에 대해 말할 수 있는 기회를 달라고 기도해보라. 그리고 기회가 찾아왔을 때, 담대하게 전하라. 만약 당신이 지금까지 이웃이나 직장 동료를 상대로 이 같은 연습을 해 왔다면 이미 복음의 씨앗을 뿌리기 위한 토양은 준비된 것이다.

예수님의 눈으로 바라보기
SEEING THROUGH THE EYES OF JESUS

Chapter 9

굳은 진흙과 진리의 망치

Christ Driving the Traders from the Temple, El Greco (1570-75)

Photo: www.nationalgallery.org.uk

내 친구인 스티브와 캐런은 매일 규칙적으로 오스틴 거리를 따라 걸으며 하나님이 두 사람을 통하여 이 도시에서 행하고자 하시는 일이 무엇인지 묻기로 했다. 매월 첫 번째 목요일에는 싸우스 콘그레스(South Cogress)에서 길거리 페스티벌이 열리는데, 이곳에는 다양한 계층의 사람들이 몰려든다. 스티브와 그의 친구들은 군중들로 붐비는 거리를 걸으며 줄지어 있는 가게들을 지나가고 있었다. 바로 그때 "하나님의 심판이 다가옵니다. 회개하지 않으면 하나님의 진노가 임할 것입니다. 당신은 죄인입니다. 지금 회개하지 않으면 당신은 지옥에 가게 됩니다."라고 외치며 다가오는 사람들이 있었다. 이 사람들 중 한 명이 팸플릿을 내밀었고 이를 받아 든 스티브는 감사를 표하며 자신은 이미 예수를 구세주로 믿고 있음을 말해 주었다. 그들은 스티브의 말에 안도함을 느끼는 것 같았고 얼굴 표정도 밝아졌다.

가게를 몇 개 지나자 이번에는 다른 그룹이 스티브와 친구들에게 말을 걸어왔다. "죄를 회개하지 않으면 당신은 지옥에 가게 됩니다." 스티브는 좀 전에 같은 메시지를 들었다고 말해 주며 그 사람들과 같은 팀인지 물었다. "아닙니다. 저 사람들은 우리가 믿는 것과 달라요."라고 말하며 신학적인 차이에 대해 설명했다. 스티브와 캐런은 머리가 복잡해지며 혼동이 오기 시작했다.

스티브와 친구들은 계속 걷기 시작했지만 다음 블럭에 이르기도 전에 각각 다른 기독교 단체에서 나온 세 번째, 네 번째 그룹과 만나게 되었다. 그들 역시 스티브와 친구들을 향하여 당신들은 하나님의 정죄를 받은 죄인들이기 때문에 반드시 회개를 해야 하며 하나님을 신뢰하지 않으면 심판을 피할 수 없다고 말했다. 스티브는 자신이 가지고 있던 팸플릿을 나누어 주려고 했지만 그들은 거절했다.

후일 스티브가 나에게 한 말이다. "그들이 말한 것 중에 신학적으로 틀린 것은 없습니다. 하지만 그들은 신약 성경에 묘사된 예수님처럼 다가오지는 않았답니다."

나쁜 소식이 좋은 소식이 될 때

예수님는 바리새인들을 일컬어 신학적으로 오류가 있는 것은 아니라고 했다. 하지만 그들이 놓치고 있었던 것이 있었는데, 그것은 바로 하나님의 마음이다. "그들이 말하는 바는 행하고 지키되 그들이 하는 행위는 본받지 말라"[마태복음 23:3]. 어떤 기독교인은 타락한 세상에 복음을 제대로 전하기 위해서는 우선 사람들에게 그들이 직면하고 있는 '나쁜 소식'을 이해하게 만들어야 한다고 말한다. 만약 그렇게 하지 않으면 사람들은 회개할 필요를 느끼지 못할 것이며 예수님께서 그들을 죄에서 구원하셨다는 '좋은 소식'을 믿을 수 없게 될 것이라고 말한다.

지금까지 우리는 예수님께서 죄로 훼손된 세상을 향하여 나쁜 소식보다는 좋은 소식으로 먼저 다가가셨음을 살펴보았다. 비록 의도한 것은 아닐지라도 이와 같이 '나쁜 소식'을 먼저 제시하는 방식은 사람들에게 다음과 같은 인상을 남기게 될 것이다. "당신이 그리스도를 영접하면 지금 당장 지옥으로 가는 길에서 건짐을 받게 됩니다. 그러나 여전히 당신은 자신의 힘으로 하나님의 은혜에 버금가는 인생을 살기 위해 노력하고 실패를 반복해야 할 처지에 놓여 있습니다." 이런 생각을 가지고 사랑의 하나님께서 우리를 이끄시고 변화시키실 것이라는 전적인 기대를 품기는 어렵다. 여기에 담겨있는 모순을 당신은 볼 수 있는가? 이처럼 사람들에게 나쁜 소식을 먼저 제시하는 방식은 사람을 관리하는 차원의 복음과 삶을 만들어 낼 뿐이다. 그러나 이와 같은 '나쁜 소식'을 전해야 할 때도 있기는 하다.

예수님께서는 사람들과의 만남에서 때때로 급진적인 발언을 하시기도 했다. 중요한 것은 예수님께서 과격한 발언을 하신 시점과 정황을 이해해야 한다는 점이다. 예수님은 분명 심판과 지옥이라는 '나쁜 소식'을 언급하셨다. 하지만 예수님이 말씀하신 '나쁜 소식'은 자신의 선한 초대에 저항하거나 거절하는 사람들에게 주시는 경고로써, 그 사용이 제한되어 있었다는 사실을 기억해야 한다. 종종 교만과 타락의 정도가 너무 심하여 하나님이 지으신 걸작품인 사람의 내면을 딱딱하게 만들어 버린 경우 원래대로의 복원을 위한 유일한 희망은 진리의 망치를 꺼내어 드는 것이다.

예수님께서는 손상된 상태를 그대로 내버려두지 않으셨다. 그분은 진심으로 진리를 찾는 사람들과 그렇지 않은 사람들을 구분하기 위하여

도전적이고 충격적인 발언을 하셨다. 그러나 진리의 망치와 다가올 심판의 경고는 항상 좋은 소식이 거듭하여 거절된 후에 찾아왔다는 점에 주목해야 한다. 그렇다. 나쁜 소식은 굳은 마음의 소유자들에게 찾아오는 것이다. 그것이 예수님의 방식이었다. 이제 우리는 예수님께서 굳은 마음을 가진 이들을 만났을 때 어떻게 진리의 망치를 사용하셨는지 살펴볼 것이다. 그리고 우리 역시 이 같은 굳은 마음을 가진 사람들을 만났을 때 적용할 수 있는 유용한 원리들을 얻게 될 것이다. 첫 번째로 지속적으로 불신앙을 고집하는 사람들을 살펴보자.

지속적인 불신앙에 대한 단호한 충고

우리는 종종 예수님의 날카로운 지적들이 당시의 부도덕함을 향한 직격탄이었다고 생각한다. 하지만 예수님께서 그분이 만난 사람들에게 직접적으로 죄에 대한 언급을 하신 것은 단 두 번에 불과하다. 그 중 한 번은 간음하다 현장에서 붙잡힌 여인을 향하여 "나도 너를 정죄하지 아니하노니 가서 다시는 죄를 범하지 말라"[요한복음 8:11]고 말씀하신 때이다. 두 번째는 베데스다 연못가에 38년간 누워있던 병자였다. 예수님께서는 그 사람을 고치신 후에 다음과 같이 말씀하셨다. "보라 네가 나았으니 더 심한 것이 생기지 않게 다시는 죄를 범하지 말라"[요한복음 5:14].

이상하지 않은가? 예수님이 만난 모든 죄인들(강도, 창녀, 탐욕스러운 종교 지도자들) 중 "다시는 죄를 범하지 말라"는 말을 들은 사람은 38년 간이나 병으로 자리에 누워있었던 자였다. 자리에 누워있는 상태에서 죄를 지으면 얼마나 지을 수 있었겠는가? 그러나 예수님께서는 죄의 본질적인 문제가 마음에 있다는 것을 아시고 그 사람에게 죄를 짓지 말라고 말씀하신 것이다. 하나님과 그분의 뜻에서 벗어나는 모든 죄의 뿌리는 사람의 마음에 있는 것이다. 사람들이 이 세상에 대해 느끼는 모든 환멸은 사실 우리 자신의 길을 걸으려는 악한 시도 때문에 생기는 것이다. 그리고 사람들이 그와 같은 시도를 아무런 죄책감 없이 행한다는데 문제가 있다. 죄로 인해 분별력을 상실하고 하나님으로부터 떠나 있는 사람들을 돕고자 한다면 이 같은 죄의 성향을 인식해야만 한다.

<걸작품을 보다> 2권에서 살펴보겠지만 불신자들이 기독교 공동체에 머물면서 서서히 믿음을 찾아갈 수 있도록 친근한 환경을 만들어주는 일은 매우 중요하다. 그와 동시에 우리가 기억해야 할 것이 있다. 그것은 불신자들이 기독교인들과 같은 행동을 취하리라고 기대한다면 그것은 당신의 환상에 불과하다는 사실이다. 그렇다면 기독교인으로서 어떻게 불신자들이 가지고 있는 지속적인 죄의 성향에 대처할 수 있단 말인가? 죄인을 만나셨던 예수님의 사례가 우리의 안내자 역할을 해 줄 것이다. 예수님께서는 지속적인 불신에 대해서만은 단호하게 대처하셨다.

이미 살펴본 대로 예수님께서는 자신이 복원하려고 의도한 사람들에게 남아 있는 죄의 흔적들을 그다지 문제삼지 않으셨다. 회복을 일으키기 위한 예수님의 시도에 죄인들이 반응하는 한 그들의 죄는 더 이상 큰 장애가 되지 않았기 때문이었다. 우리는 예수님께서 삭개오의 부당한 세금 징수나 우물가에서 만난 여인의 성적 부도덕, 창녀의 추한 과거에 대하여 언급하지 않았음을 기억하고 있다. 그 이유는 그들이 죄 된 과거의 습관으로부터 돌이켜 하나님을 향하고 있었기 때문이다. 그러나 영생을 주는 하나님의 복음을 듣고도 지속적으로 거부하는 사람들과 하나님의 사랑과 자비와 회복하심을 목격하고도 여전히 마음이 딱딱하여 믿기를 주저하는 사람들을 예수님은 심하게 꾸짖으셨다. 이 같은 책망은 마음이 굳은 사람들에게만 가해졌음을 기억해야 한다.

예수님께서 불신자들을 향하여 이 같은 '진리의 망치'를 처음 사용하신 것은 공생애 2년의 시간이 흐른 뒤였다. 처음 2년 동안 예수님은 말씀을 가르치고 사랑을 보이셨으며 질병을 치유하고 표적과 기사를 행하셨다. 예수님이 행하신 많은 권능들을 목격하고도 회개하지 않는 마을을 향하여 "그 때에 책망하시되 내가 너희에게 이르노니 심판 날에 소돔 땅이 너보다 견디기 쉬우리라"[마태복음 11:20, 24]라고 심하게 책망하셨지만, 곧 이어 예수님은 그래도 하나님께로 돌아오는 사람들이 있을 것이라는 기대를 담아 "수고하고 무거운 짐 진 자들아 다 내게로 오라 내가 너희를 쉬게 하리라"[마태복음 11:28]고 하시며 회개의 자리로 초청하셨음을 보게 된다.

우리가 이웃, 직장 동료들 가운데 예수님을 모르는 사람들에게 사랑과 봉사로 우리의 믿음을 나누고자 할 때 예수님이 보이셨던 동일한 인내를 보여주어야 한다. 하지만 충분한 시간 동안 복음을 전했음에도 반응이 미미할 때에는 상대에게 '진리의 망치'를 사용하여 하나님께 반응하지 못하도록 막고 있는 굳은 마음을 부수어야만 한다. 그러나 우리가 어떤 방법을 동원하더라도 결국 반응을 보이지 않는 경우도 종종 있다.

어둠의 힘

나와 제프는 공통점 많아서 나는 그에게 동질감을 가질 수 있었다. 우리는 둘 다 대학에서 엔지니어링을 전공했고 파도 타기를 즐겼으며 믿음에 관한 지적인 토론을 하곤 했다. 하지만 교회에 다닌 지 약 1년 반의 시간이 흘렀음에도 불구하고 제프는 여전히 불확신 가운데 머물고 있었다. 어느 날, 점심 식사를 함께 하면서 나는 제프에게 예수님을 신뢰하지 못하게 그를 묶고 있는 것이 무엇인지 물어보았다. 그는 말하기를 '예수가 그냥 좋은 선생님으로 남아 있을 수는 없었는지? 예수가 그를 용서하기 위해 반드시 십자가에서 죽었어야만 했는지?'에 대한 이유를 알 수 없다고 했다. 제프는 자신이 용서받아야 한다는 사실을 받아들이지 않고 있었다. 그는 자신이 믿음을 가지기 위해서는 하나님으로부터의 싸인(sign)이 필요하다고 했다.

나는 제프에게 '순전한 기독교'(Mere Christianity)를 읽어보도록 권유했다. 그리고 매일 밤 하나님께 하나님을 보여달라는 기도를 해보라고 권면했다. 물론 제프의 방식이 아닌 하나님의 방식으로 말이다. 나

걸작품을 보다

는 제프에게 하나님께서 어떻게 그분을 보여주시는지 기다려보라고 했고 그는 나의 제안을 받아들였다. 내가 '용서'에 관한 설교를 한 어느 주일, 제프가 나에게 다가왔다.

"정말 이상한 일이 생겼어요."라고 제프는 말을 꺼냈다. "이번 주에 전처에 대한 꿈을 꾸었는데 너무나도 생생했습니다." 제프의 전처는 이혼하면서 그에게 깊은 상처를 남긴 사람이었다. "꿈속에서 우리는 다시 친구가 되었습니다. 그런데 이상한 일은 이튿날 내가 다운타운 콘그레스 거리에 차를 주차하려고 할 때였어요. 무심코 차창 밖을 내다보는데 내 전처가 시야에 들어왔습니다. 2년만에 처음 그녀의 모습을 보았습니다. 그녀는 마침 도로를 건너면서 내 차 바로 앞을 지나가고 있었는데, 순간 나는 악셀을 밟고 싶다는 충동을 강하게 느꼈습니다. 나는 순간 '맙소사 내가 무슨 생각을 하고 있는 거지!'라는 생각과 함께 제정신이 들었습니다. 정말이지 그건 난생 처음 느껴보는 살인 충동이었습니다."

"난 그녀를 죽이고 싶었습니다." 제프가 말했다. "하지만 그럴 수는 없었죠. 그리고 나서 이번 주일 목사님이 용서에 대한 설교를 한 겁니다. 꽤나 이상한 우연이라고 생각하지 않나요?"

"제프, 아직도 모르시겠어요? 하나님께서 당신에게 용서해야 한다고 말씀하고 계시는 것을요. 이제 그녀를 용서하라는 하나님의 메시지입니다!"

"글쎄요, 난 그저 이상한 우연이라는 생각밖에 안 드는군요." 제프가 대꾸했다.

하나님께서는 전처로부터 받은 상처와 그녀를 용서하지 못하는 마음이 하나님의 사랑을 경험하지 못하도록 방해하고 있다는 것을 꿈을 통해 보여주신 것이라고 제프에게 말해 주었다. 제프에게 필요한 것은 하나님의 용서이고, 그 용서를 통해 제프도 전처를 용서하고 상처로부터 회복될 수 있다는 것을 설명해 주었지만 그는 이 상황을 전혀 이해하지 못하고 있었고 오래지 않아 교회에 나오는 것조차 그만두고 말았다.

경고

누가복음 10장에서 예수님은 72명의 제자들을 각 동네와 각 지역으로 보내어 복음을 전하게 하신다. 예수님께서 말씀하시기를 "만약 찾아간 동네 사람들이 너를 거절하고 네가 전하는 말에 반응을 보이지 않거든 길로 나아가 말하기를 '너희 동네에서 우리 발에 묻은 먼지도 너희에게 떨어버리노라 그러나 하나님의 나라가 가까이 온 줄을 알라'하라"[누가복음 10:10-11]고 하셨다. 물론 웬만해선 그런 말을 하지 않을 것이다. 하지만 당신이 사랑으로 인내하며 할 수 있는 모든 일을 한 후에도 여전히 마음이 돌처럼 굳은 사람이 아무런 반응도 보이지 않을 때, 당신은 '발에 묻은 먼지도 떨어버리노라'라고 말하고 그를 설득하려는 노력을 중단해야 할 것이다. 왜냐하면 그에게 당신은 그저 소음을 내는 꽹과리에 불과하기 때문이다. 그들은 당신이 하고자 하는 말을 받았으나 그것을 원치 않는다는 것이 확실하기 때문이다.

이렇게 한다고 해서 우리가 사랑 없이 정죄만 하는 사람이 되는 것은 아니다. 예수님께서는 자신을 거절한 사마리아인들을 멸하기 위해 '불을 명하여 하늘로부터 내려오길'이라고 말하려 했던 제자들을 꾸짖으셨다[누가복음 9:54-55]. 우리는 여전히 그들의 친구로서 그들을 사랑하고 섬길 것이다. 하지만 그들에게 마지막 경고를 주고 난 후에는 예수님에 대하여 전하는 일을 멈추어야 한다. 경고하고 뒤로 물러서야 할 때를 알기 위해서 우리는 성령이 주시는 분별력이 필요하다. 때때로 이와 같은 강한 경고로 인해 그들의 눈이 열리기도 한다.

조슈아는 자칭 불가지론자로서 우리 교회에 나온 지 1년이 조금 넘은 독신 남성이다. 우리는 조슈아와 같은 사람들이 하나님을 스스로 찾을 수 있도록 적절한 환경을 제공한다. 하지만 그의 진짜 속셈은 여자를 만나는데 있는 듯했다. 몇몇 독신 여성들로부터 조슈아의 공격적이고 도발적인 접근에 대하여 불만이 접수되었고 급기야는 한 여성의 치마를 들어올리는 사건이 발생했다. 그에게 강한 경고가 필요한 때임을 직시하게 되었다.

나는 조슈아에게 그가 우리와 교제하면서 믿음을 찾아가는 시도를 계속하기를 원하지만 만약 여성들에게 지나치게 적극적으로 가까워지려는 시도를 한다거나 성적으로 도발적인 행동을 할 경우에는 더 이상 묵과할 수 없다는 사실을 통보해 주었다. 만일 그가 이 같은 행동을 스스로 중단하면 우리와 함께 믿음 생활을 계속할 수 있지만 그렇지 않을 경우에는 우리 교회에 더 이상 남아있을 수 없게 되는 것이다.

나는 사실 그런 통보를 하면서 조슈아를 보는 것이 이번이 마지막일 수도 있겠다는 생각을 했다. 그런데 놀랍게도 하나님은 그 일을 통하여 조슈아를 강하게 흔들어 깨우셨다. 그는 여성들에게 일일이 사과를 했을 뿐만 아니라 치근덕거리는 일도 중단했다. 바로 그 해에 조슈아는 진지하게 하나님을 구하며 예수님에 대한 믿음을 고백하게 되었다. 조슈아는 신실한 성도로서 그리고 예수님의 제자로서, 중요한 리더 중 한 명이 되었고 8년째 우리 교회를 섬기고 있다.

영생으로의 초대를 지속적으로 거부하는 사람들에게 예수님께서도 그들의 마음의 변화를 촉구하기 위해 강한 말로 책망하셨다. 궁지에 처한 사람들을 사랑하는 마음으로 바라볼 때, 하나님의 성령께서는 강한 경고의 말을 전하도록 우리를 이끄신다. 이것은 그들의 인생을 바꾸기 원하는 소망 중에 생기는 일이다.

종교적으로 굳은 마음에 단호하게 말하라

예수님께서 말씀하신 '나쁜 소식'이라는 언어의 탄환은 죄인들이 아니라 주로 종교적인 사람들을 향해 겨냥되었다. 당신이 예수님의 첫 2년 반 동안의 사역을 연대기 순으로 살펴본다면 그분의 행적을 목격한 제자들의 기록을 접하게 될 것이다. 예수님께서 강한 어조로 공격적인 발언을 하신 경우는 고작 여덟 번에 불과하다. 그 중 여섯 번은 일반인들보다 종교적인 문제에 더 해박한 바리새인이나 다른 종교적인 그룹에 속한 사람들에게 행해졌다는 사실은 시사하는 바가 매우 크다.

예수님께서는 사역의 마지막 해에 도전하고 추궁하는 직설적인 어법을 스물 두 번이나 사용하신 것으로 기록되어 있다. 그 중 절반이 바리새인을 겨냥한 것이다. 다시 말해, 예수님께서 직설적인 화법을 사용하신 것 중 삼분의 이가 마지막 사역하신 해에 사용하신 것인데 사람들이 복음을 듣고 수 년간 예수님을 따라다니며 하나님의 치유와 생명을 주시는 권능을 목격하고도 여전히 강퍅한 마음으로 남아 있었다는 것을 말해준다. 예수님의 직설적인 발언들이 수 년간의 지속적인 초대가 이루어진 이후에 점점 증가되었다. 또한 예수님께서 발언하신 전후 사정과 시점을 놓치지 않도록 주의해야 한다. 그분은 모든 만남 속에서 강경 일변도로 말씀하신 것이 아니다.

예수님께서는 종교 지도자들의 강퍅한 마음을 향해 한치의 주저함도 없이 직설적인 어법으로 말씀하셨다. 그들이야 말로 성경을 알고 하나님을 따른다고 말하던 자들이었기 때문이었다. 그리고 예수님께서 물리적인 힘으로 자신의 뜻을 관철시키신 경우는 딱 두 번에 불과하다. 그분의 사역의 시작과 끝에 성전의 환전상들을 물리적으로 몰아내었던 경우를 말한다. 환전상을 몰아 내는 과정에서 예수님은 바리새인들의 권위주의를 맹렬하게 비난했다.

Chapter 09. 굳은 진흙과 진리의 망치

예수님께서는 주로 종교 지도자들을 대적했는데, 그들은 성경은 열심히 연구했지만 예수님께로 와서 배우기를 거절한 자들이었다. 예수님은 종교지도자들에게 그들이 지키며 살려고 노력하는 모세의 율법이 마지막 날에 그들을 고발하게 될 것이라고 경고했다[요한복음 5:45]. 바리새인들이 옳고 그름의 기술적인 문제에 율법적으로 집착하는 것에 대하여 예수님은 의로운 분노를 품고 있었다. 그들은 정작 상처입고 망가진 사람들에게는 아무런 사랑이나 자비를 보이지 않았기 때문이다. 그들의 마음은 하나님의 마음으로부터 멀리 떠나 있었던 것이다[마가복음 3:1-6; 7:5-8]. 예수님께서는 그들 안에 숨어 있는 교만과 위선이라는 죄를 드러내셨는데 그것들로 인해 그들은 진리에 대하여 눈먼 위선자가 되었던 것이다[마태복음 15:1-20; 요한복음 8-9].

공생애의 끝이 다가올수록 바리새인들의 굳은 마음의 상태는 점점 더 악화되었으며 예수님은 그들을 격하게 몰아 부치셨다. 예수님께서는 그들을 일컬어 '회칠한 무덤'과 같다고 했는데, 그 의미는 겉은 잘 단장되어 있지만 속은 더러운 탐심과 자기 중심적인 욕심으로 가득 차 있다는 책망이었다. 또한 바리새인들이 다른 사람들에게는 감당할 수 없는 짐을 지우고 자기들은 그들을 돕기 위해 손가락 하나도 까딱하지 않는다고 꾸짖으셨다. 예수님은 바리새인들이 하나님을 만나기 원하고 천국에 들어가고자 하는 사람들의 길에 장애물을 세웠으며 하나님께로 돌아오고자 하는 사람들의 면전에서 문을 닫아버렸다고 비난했다. 그들은 또한 교인 한 사람을 얻게 되면 자신들보다 배나 더 지옥 자식으로 만들어 버린다고 했다[마태복음 23].

바리새인들은 예수님이 악한 마귀를 제압하는 권능을 보였을 때, 귀신들렸다고 공격했는데 이에 대하여 예수님께서는 다음과 같은 날카로운 경고의 말씀을 하셨다.

> "내가 너희에게 이르노니 사람이 무슨 무익한 말을 하든지 심판 날에 이에 대하여 심문을 받으리니 네 말로 의롭다 함을 받고 네 말로 정죄함을 받으리라…심판 때에 니느웨 사람들이 일어나 이 세대 사람을 정죄하리니 이는 그들이 요나의 전도를 듣고 회개하였음이거니와 요나보다 더 큰 이가 여기 있으며"
>
> [마태복음 12:36-37, 41]

예수님께서는 이 같은 종교주의에 빠지지 않도록 경계할 것을 제자들에게 당부하셨다. 동일한 원칙이 커뮤니티 봉사나 소그룹 성경공부의 구성, 혹은 크고 작은 교회 모임과 같은 그리스도인 네트워크를 형성할 때도 적용된다. 그곳에서 우리는 양의 옷을 입은 종교주의자 늑대들이 으르렁거리는 것을 보게 된다. 당신은 종교적인 표현을 능숙하게 구사하지만 하나님과의 동행이 없고 성령의 열매가 나타나지 않는 사람들을 만나게 될 수도 있다. 그들은 예수님의 사명과 그리스도인들에게 해를 끼치는 존재이다. 이와 같은 사람들을 만났을 때, 당신은 예수님께서 한 것처럼 치밀하고도 단호한 대화 방식으로 대처해야 한다.

예수의 이름으로 자행한 성폭행

우리 교회의 한 여자 성도에게 있었던 불행한 일에 대하여 소개하고 자 한다. 그녀는 우리 교회에 출석하기 시작하면서 믿음을 갖게 되었는 고 소그룹 모임에 참여하면서 서서히 그 믿음이 성장하게 되었다. 그러 던 중 꽤 신실해 보이는 크리스천 남성을 만나게 되었는데 그 남자는 예 수님과의 친밀함과 자기의 신앙에 대한 자랑을 늘어놓았고 그녀는 그 남 자를 신뢰하게 되었다. 이후 그들은 함께 데이트를 나가는 관계까지 발 전하게 되었다. 남자는 와인과 함께 근사한 저녁 식사를 주문했고 그 이 후에 그녀가 기억하는 것은 남자가 자신의 아파트에서 그녀를 강제로 겁 탈했다는 것뿐이었다.

그녀는 자신이 속한 소그룹의 리더에게 이 같은 사실을 알렸다. 리 더는 마태복음 18장에 기록된 예수님께서 가르치신 본을 따라 남자에게 사실을 추궁했다. 남자는 강제로 행한 일이 아니라 상호 합의에 의한 것 이었음을 주장했다. 여자 성도와 리더는 다음 단계로 우리 교회 소그룹 리더들을 영적으로 목양하는 목회자에게로 이 일을 보고했다. 그들 모 두가 한 번 더 남자에게 사실을 추궁하는 과정에서 그가 타교회로부터 온 성도라는 것을 알게 되었다.

걸작품을 보다

그리고 이 일을 조사하는 과정에서 담당 목회자는 남자가 이전에 다니던 교회에서도 비슷한 사건이 발생했었다는 사실을 알게 되었고 남자가 특정 웹사이트에 연결되어 있다는 사실도 드러났다. 그 웹사이트는 단기간의 기억을 지우는 약과 다른 수면성분의 약을 사용하는 방법 등 여성을 유인하는 기술을 가르쳐주는 대가로 돈을 청구하는 곳이었다.

우리 교회 담당 목회자가 이 같은 사실을 근거로 남자에게 항의하자 그는 우리가 지금까지 경험했던 모든 완고하고 강퍅한 마음의 소유자들이 보여주었던 전형적인 모습으로 반응했다. 그는 우리의 항의에 대해 반박하며 오히려 우리에게 언어 공격을 퍼부었다. "이 일은 당신들하고는 아무런 상관이 없는 일이야. 이제 보니 당신들 교회는 성도를 가려서 받는 교회로군!"라고 말하며 항변했다. 이런 경우에 나는 항상 이렇게 답변한다. "당신은 당신의 부족한 모습 그대로 우리 교회에 나올 수 있습니다. 하지만 당신의 죄가 다른 성도에게 상처를 주게 되고, 또 당신이 책임 있는 성도로서 하나님과 동행하려는 의사가 없다는 것이 확실해진 이상 우리는 당신으로부터 다른 성도들을 보호해야 할 충분한 이유를 가지고 있습니다."라고 말해주었다.

남자는 책임 있는 성도로서 처신하기를 거절했으며 그가 가지고 있는 성적 중독의 문제를 야기하는 내면의 결함을 위한 상담 치료를 거부했으므로 우리는 그가 더 이상 우리 교회의 모임에 참여할 수 없음을 통보했다. 그에게는 자기 내면의 회복을 위한 치료의 단계를 밟아나갈 의지와 의사가 없었던 것이다. 그 후, 피해를 입은 여성 성도가 남자를 정식으로 고발하자 그는 행적을 감추었다.

엄격한 사랑

예수님을 믿는다고 하면서도 비윤리적이고 부도덕한 일을 저지르며 다른 사람들이나 자신에게 해를 입히는 사람들에게 우리는 사랑 안에서 진리를 말해야 한다. 그들이 강퍅한 마음을 버리지 않고 지속적으로 해가 되는 일을 할 때, 우리는 마태복음 18장 15-17절에 기록된 예수님의 가르침대로 따라야 할 것이다. 먼저 사랑 안에서 그들에게 권고하고 권면해야 한다. 그들이 듣고 받아들이면 형제를 얻게 되는 것이다. 만약 거부하면 두세 증인과 함께 가서 사랑 안에서 다시 권고해야 한다. 그들이 여전히 듣지 않으면 이 사실을 교회에 알려야 한다. 교회 차원에서 목회자가 권고했음에도 여전히 마음이 굳은 상태에 머문다면 그들이 회복의 과정을 밟을 마음이 들 때까지 교회를 떠나도록 명해야 할 것이다. 우리가 그들에게 진리의 망치로 강하게 권고하고 그 강도를 더해가는 이유는 죄와 교만으로 인해 그 사람 주위에 형성되어 딱딱하게 굳은 진흙의 표피를 깨부수기 위함이다. 더 나아가 궁극적인 목표는 그 사람이 창조의 원형으로 회복되도록 하는 것이다.

예수님께서 자신을 죽이려고 했던 바리새인들을 강하게 책망하셨을 때에도 그들에게 영생을 주고자 했음을 기억해야 한다. 예수님은 그

걸작품을 보다

들에게 경고하여 이르시기를 "이를 놀랍게 여기지 말라 무덤 속에 있는 자가 다 그의 음성을 들을 때가 오나니 선한 일을 행한 자는 생명의 부활로, 악한 일을 행한 자는 심판의 부활로 나오리라….내가 너희를 아버지께 고발할까 생각하지 말라 너희를 고발하는 이가 있으니 곧 너희가 바라는 자 모세니라"[요한복음 5:28-29, 45]. 예수님께서 이처럼 강한 어조로 말한 것은 우리로 하여금 구원에 이르게 하기 위함이다. "다만 이 말을 하는 것은 너희로 구원을 받게 하려 함이니라"[요한복음 5:34]라고 기록하고 있다.

아내와 자녀들에게 심한 언어 및 신체 폭력을 가하는 남편이 있다는 사실을 발견한 소그룹 모임의 리더가 있었다. 그 리더는 예수님께서 보여주신 예를 따라 진실과 사랑 안에서 강한 말로 그 남편에게 권고의 말을 건넸다. 결국, 남자는 자신에게 문제가 있음을 시인하고 상담을 받게 되었다. 이후 그에게 있던 상처와 쓴 뿌리가 치유되고 회복되었으며 여러 세대에 걸쳐 내려온 가정 폭력의 고리가 끊어지게 되었다.

때때로 사랑은 강하고 엄격해야 한다. 사랑은 사람들이 자기 파괴적이 되고 다른 사람들에게 해를 끼치는 것을 방관하지 않는다. 반면 죄는 항상 파괴적이다. 이 사실을 다음과 같이 설명할 수 있겠다. 물 한 방울이 엄청난 해를 가져올 수는 없다. 내가 당신을 향해 물 한 방울을 던진다 해도 그리 대수는 아닐 것이다. 하지만 한 방울의 물이 다른 한 방울과 만나게 된다고 생각해 보라. 그리고 이 같은 일이 반복적으로 이루어질 때 작은 물 방울이 축적되어 한 나라의 해안도시 인구 전체를 쓸어 버릴 수도 있는 쓰나미를 형성하게 되는 것이다.

우리가 하나님의 말씀과 하나님의 방식을 신뢰하지 않는 것은 '나는 무엇이 최선인지 알아. 내 뜻대로 한다고 해서 사람들에게 해가 가지는 않아'라고 말하는 것과 같다. 그리고 그렇게 말하는 것은 마치 '한 방울의 물이 해가 될 수는 없지'라고 말하는 것과도 같다. 하지만 이는 하나의 작은 죄가 거듭되어 쌓이고 쌓였을 때 불어 닥치는 파괴적인 효과를 과소평가하는 것이다. 그리고 그처럼 누적된 죄는 모든 생명이 소멸될 때까지 지속되고자 하는 동기를 가지게 된다. 아이러니하게도 하나님의 의지를 거절한 그 한 번의 자유 의지를 거꾸로 추적해 보고자 했던 사람은 한 명도 없었다는 점이다.

누군가에게 강하게 말하기 전, 나는 때때로 죄가 자기 폭력적이라는 점을 설명한다. 즉, 생명의 근원이신 하나님을 다른 파괴적인 그 무엇과 맞바꾸려는 시도야 말로 가장 자기 폭력적이라는 것을 말해 준다. 진정한 기쁨을 열광적인 파티와 맞바꾸려는 시도, 자기 희생적인 사랑을 아무하고나 가지는 성적 관계와 맞바꾸려는 시도, 진정한 안전을 더 가지기 위한 끝없는 집착과 맞바꾸려는 시도들이 바로 그것이다. 하나님께서는 사람을 사랑하시기 때문에 인간을 덮고 있는 죄를 미워하신다. 또한 하나님께서는 죄가 마치 쓰나미처럼 한 사람에게서 다른 사람에게로, 한 세대에서 다른 세대에게로 확산되는 것을 싫어하신다.

걸작품을 보다

제자들(우리)을 향한 권면의 말씀

우리가 지금까지 살펴 본 바와 같이 예수님께서는 불신앙을 고집하는 사람들을 향해 진리의 망치를 꺼내 드셨을 뿐만 아니라 마음이 강퍅한 종교인과 정면으로 맞서셨다. 그리고 마지막으로 강한 권면의 말을 건넨 일단의 무리들이 있었는데, 그들은 바로 예수님의 제자가 되기를 자청했던 자들이었다. 예수님이 지상 사역의 마지막 시간을 보내면서 자신을 따르는 제자들과 함께 예루살렘으로 향하는 길을 걷고 있을 때, 그들에게 매우 도전적인 가르침을 주셨다. 우리는 예수님께서 하신 강한 권면의 말씀을 마음에 새겨야 할 것이다

"또 무리에게 이르시되 아무든지 나를 따라오려거든 자기를 부인하고 날마다 제 십자가를 지고 나를 따를 것이니라 누구든지 제 목숨을 구원하고자 하면 잃을 것이요 누구든지 나를 위하여 제 목숨을 잃으면 구원하리라 사람이 만일 온 천하를 얻고도 자기를 잃든지 빼앗기든지 하면 무엇이 유익하리요 누구든지 나와 내 말을 부끄러워하면 인자도 자기와 아버지와 거룩한 천사들의 영광으로 올 때에 그 사람을 부끄러워하리라"

[누가복음 9:23-26]

이것은 매우 급진적인 말씀이 아닐 수 없다. 제자들은 자기의 십자

Chapter 09. 굳은 진흙과 진리의 망치

가를 진다는 말의 의미를 알고 있었다. 그것은 로마 군인들이 자기를 십자가에 매 단다는 의미였다. 예수님께서는 "네가 진정 나를 따르기 원하는가? 진심인가? 진정으로 이 세상을 변화시키고 영원히 지속될 사랑의 운동에 동참하기를 원하는가? 그렇다면 너는 매일 자신에 대하여는 죽고 나를 위한 삶을 살아야 한다. 너는 매일 자아의 죽음을 겪어야 한다."라고 말씀하신다. 이것은 우리가 자신을 바라보는 관점을 바꾸고 우리가 행해야 하는 일들에 대한 우선 순위를 뒤바꾸는 일상 속의 훈련인 것이다.

만약 당신이 다른 사람들의 눈에 '교회 다니는 사람들 중 하나'라고 비춰지는 것이 부끄러워서 예수님에 대하여 전하는 일을 보류하고 있다면 당신은 이렇게 기도해야 한다. "주님, 제가 이 바리새인과 같은 원칙주의로부터 자유로워지게 하여 주시옵소서. 주님은 모든 사람들의 생명의 근원이십니다. 그런 주님을 제가 부끄러워하지 않고 전할 수 있을 만큼 다른 사람들을 사랑하게 하여 주시옵소서!"

이 일이 쉽지 않을 것이라는 것을 이미 예수님께서는 자신을 따르는 사람들에게 경고의 차원에서 말씀하셨다. 예수님을 거부하는 사람들은 당신도 거부할 것이다. 심지어 당신 자신의 가족들조차도 당신을 적으로 대할 것이다. 강퍅한 마음은 사람을 영적인 소경으로 만든다. 그럼에도 우리는 신실하신 주님을 의지하고 모든 것을 하나님께 맡겨야 한다.

걸작품을 보다

거절당하는 것은 당신이 아니다

나는 제이크가 예약한 근사한 레스토랑에서 그와 마주 앉아 있었다. 제이크와 그의 가족이 우리 교회에 출석한 것은 약 1년 정도 되었는데 그들을 집에 초대한 적도 있었다. 또 여러 번 그의 집에 간 적도 있어서 나는 제이크를 친구로 여기고 있었다. 예수님에 대한 믿음을 주제로 그와 나누었던 수 많은 대화들 속에서 나는 예수님이 왜 단순히 훌륭한 스승 이상인지 그리고 하나님께서 제이크와 그의 가족을 향해 어떤 선한 계획을 가지고 계신지에 대하여 충분히 언급하였다. 하지만 그는 여전히 불교와 뉴에이지가 혼합된 자신의 신념에 집착하고 있었는데, 그것은 원래 선이나 악이라는 개념은 존재하지 않으며 우리가 악이라고 생각하는 것도 궁극적으로는 선한 것이라는 생각이었다.

오래지 않아 나는 자신의 죄값을 지불하기 위해 예수님께서 십자가에서 죽으셔야 했다는 믿음을 제이크가 지속적으로 거절하도록 만든 신념에 왜 제이크가 그토록 집착했는지 알게 되었다. 당시 제이크는 마약을 하고 있었고 그의 가정에 머물며 가사일을 하던 스무 살 된 가정부와 추한 일들을 자행하고 있었다.

나는 제이크와 그의 아내 그리고 아이들을 진심으로 아끼고 있었기 때문에 그의 인생이라는 표면 아래에서 부글부글 끓어오르고 있는 파멸과 파괴라는 이름의 폭발 직전의 화산에 대해 생각할 때마다 견딜 수 없는 안타까움을 느꼈다. 당시 나는 예수님께서 하신 말씀을 떠올리게 되

Chapter 09. 굳은 진흙과 진리의 망치

었다. "그 정죄는 이것이니 곧 빛이 세상에 왔으되 사람들이 자기 행위가 악하므로 빛보다 어둠을 더 사랑한 것이니라 악을 행하는 자마다 빛을 미워하여 빛으로 오지 아니하나니 이는 그 행위가 드러날까 함이요"[요한복음 3:19-20]. 제이크가 가진 신념은 그의 완악한 마음 주위를 딱딱한 껍질처럼 둘러싸고 있었는데 이것은 그가 행하고 있었던 악한 행동을 진리의 망치로부터 보호하기 위한 것이었다.

　　제이크는 나의 친구였고 우리 교회에 정기적으로 출석하고 있었기에 나는 사랑으로 그에게 권면하였다. 나는 그가 무슨 일을 하고 있는지 다 알고 있다고 말했다. 그는 나의 지적을 정면으로 부인했고 대수롭지 않게 생각하는 듯했다. 그래서 나는 간음이 다른 가정에 불러일으킨 파멸적인 결과를 내가 목격한 그대로 전하며 그에게 경고와 권고의 말을 건넸다. 제이크가 나의 경고를 그다지 귀담아 듣지 않았기에 나는 더 강하게 경고할 수 밖에 없었다. 하나님께서는 모든 것을 보고 계시며 또 알고 계신다는 말과 함께 언젠가 제이크가 생을 마감할 때, 그를 지으신 창조주 앞에 서게 될 것이고 그의 인생을 결산하는 순간을 맞이하게 될 것이라고 말했다. 그리고 그가 계속 자신의 인생에서 하나님 밀어내기를 고집한다면 하나님께서는 제이크가 행한 악행의 결과를 맞이하게 하실 것이며 그것은 모든 선한 것으로부터의 영구적인 분리를 의미한다고 말해주었다.

　　그것이 내가 제이크와 가졌던 마지막 대화였다. 그는 나와의 관계

걸작품을 보다

를 단절했지만 내가 한 일은 사랑 안에서 정당하다고 생각되었다. 나는 제이크로부터 최소한의 저항을 불러일으킬 방식을 따르지 않았다. 물론 그렇게 했다면 훨씬 쉽고 편리했을 것이다. 나는 그를 사랑하는 마음에서 강한 충고를 해주었는데, 그것은 현재뿐만 아니라 영원에 이르기까지 그에게 초래될 고통으로부터 그를 구조하려는 시도였다. 나는 하나님께서 기억나게 하실 때마다 아직도 제이크를 위해 기도하고 있지만 내가 아는 한 그는 아직도 하나님께 돌아오지 않았다. 당신의 권고를 사람들이 거절하는 것을 보는 것은 쉬운 일이 아니다. 그것은 당신에게 상처가 될 것이다. 그러나 우리가 기억해야 할 것은 그들이 정작 거절하는 것은 우리가 아니라 하나님이라는 사실이다.

대가와 위대한 상급

마가복음 10장은 3년 반의 공생애 이후 예수님께서 예루살렘으로 향하는 길에서 열 두 제자 사이에 누가 더 큰가 하는 문제로 다툼이 있었음을 기록하고 있다. 예수님께서는 자신이 소용돌이 속으로 향하고 있음을 이미 알고 계셨다. 유대 종교지도자들은 예수님을 십자가에 못 박기로 작정하고 있었는데, 여전히 그의 제자들에게 있어서(우리도 그렇지만) 예수님을 따르는 주된 이유는 주님의 도움으로 세상적인 성공에 이르기 위함이었다. 그들은 하나님의 뜻에 참여하기 보다는 하나님께서 자기들의 의지대로 해주시기를 기대했다. 제자들은 스스로가 관심의 대상이요 중요한 인물이 되기 원했으며 그들 자신의 인생이 중심이 되기를 원했다. 물론 그것이 잘못 되었다는 것은 아니다. 스스로의 인생에 관심을 갖는 것은 당연하다. 하지만 예수님께서는 진리의 망치로 '성공주의' 라는 허울 좋은 껍데기를 깨부수려고 하셨다.

"너희 중에 누구든지 크고자 하는 자는 너희를 섬기는 자가 되고 너희 중에 누구든지 으뜸이 되고자 하는 자는 모든 사람의 종이 되어야 하리라 인자가 온 것은 섬김을 받으려 함이 아니라 도리어 섬기려 하고 자기 목숨을 많은 사람의 대속물로 주려 함이니라"[마가복음 10:43-45]. 예수님께서는 제자들이 관심의 대상이 되려 하고 자신들의 인생이 중요하게 여겨지고 싶다는 욕구를 질책하신 것만은 아니었다. 다만 그들은 진리에 대한 인식을 새롭게 가질 필요가 있었던 것이다.

무엇이 위대함에 이르는 길인가? 현실 세계는 위대함에 이르는 길은 '높아지는 것'이라고 말한다. 하지만 예수님께서는 "위대해지고 싶은가! 위대함에 이르는 길은 낮아져서 섬기는 것이다. 즉, 모든 사람의 종이 되는 것이다. 그러면 너는 위대해질 것이다."라고 말씀하신다.

하지만 우리는 예수님께서 하신 말씀을 믿지 않는다. 이 말들을 실제적으로 받아들이기가 너무 어렵기 때문이다. 우리는 예수님을 믿는다고 말한다. 하지만 우리가 예수님 그분을 믿는 것인지 다시 한 번 점검해야 할 필요성이 있다. 왜냐하면 그분이 진실을 말하고 있다고 생각하지 않기 때문이다. 언젠가 하나님의 나라가 온전히 임하게 될 때, 가장

걸작품을 보다

훌륭한 지위에 영원토록 머물 사람들은 다른 사람들을 섬기는 일을 통해 오히려 하나님을 섬기게 된 사람들로서 이들은 예수님과 그분의 메시지에 대해 조금도 주저하지 않은 사람들이 될 것이다.

예루살렘으로 가는 길에서 예수께서는 제자들에게 다음과 같이 말씀하셨다.

> "예수께서 이르시되 내가 진실로 너희에게 이르노니 나와 복음을 위하여 집이나 형제나 자매나 어머니나 아버지나 자식이나 전토를 버린 자는 현세에 있어 집과 형제와 자매와 어머니와 자식과 전토를 백 배나 받되 박해를 겸하여 받고 내세에 영생을 받지 못할 자가 없느니라 그러나 먼저 된 자로서 나중 되고 나중 된 자로서 먼저 될 자가 많으니라" [마가복음 10:29-31]

만약 빌 게이츠가 당신에게 이렇게 말했다고 가정해 보라. "내 왕국에서 종이 되시오. 그 자리는 당신이 현재 누리는 모든 즐거움과 소유를 다 내려 놓고 어떤 칭찬이나 보상도 기대하지 아니하며 남이 주목하지 않는 힘든 일을 하는 자리입니다. 때때로 당신은 아무도 나를 걱정해 주지 않고 아무도 나를 신경 쓰지 않는다고 느낄 것이며 사람들은 종의 신분인 당신을 깔보고 거절하기도 할 것입니다. 하지만 만약 당신이 마이크로 소프트 왕국의 가장 낮은 자리에서 종이 되어 5년을 섬긴다면, 나는 당신을 마이크로 소프트에서 가장 고귀한 지위에 서도록 할 것이오.
당신은 마치 입양된 상속자와도 같이 내 왕국에서 가장 큰 자에게 주어
지는 모든 영광을 누리게 될 것입니다."

이제 이해가 되는가? 정상적으로 사고하는 사람이라면 그 누구도
이와 같은 약속 앞에서 자신을 낮추고 모든 것을 포기한 후에 종의 자리
에 들어가지 않을 사람이 누가 있겠는가? 당신이 실제로 포기하는 것은
아무것도 없다. 사실은 모든 것을 얻기 위한 가장 현명한 선택을 하게 되
는 것이다. 예수님께서는 이것 보다 훨씬 더 크고 위대한 것을 약속하셨
는데 우리는 그것을 믿지 않는 것이다. 우리는 예수님을 믿지 않고 있다
는 말이다!

만약 예수님께서 하신 말씀을 실제로 믿는다면 예수님이 세상 모든
곳에 알려지도록 모든 수단과 방법을 동원해야 할 것이며 그를 사랑하여
섬기는 인생을 살아야 할 것이다. 직장에서 동료들을 섬기고 가정과 이
웃을 위해 봉사하며 사람들을 담대하게 예수님께서 주시는 영생으로 초
대해야 할 것이다. 또한 사람들의 인정을 얻기 위하여 안달하지 않을 것
이며 남에게 주기보다 내가 더 얻기 위하여 나의 모든 생각을 허비해 버
리는 탐심으로부터도 자유롭게 될 것이다.

예수님의 복원 계획이 심지어 그분을 따른다고 말하는 사람들 안에
서 조차 방해 받는 이유가 바로 여기에 있다. 나는 당신에게 자신을 주
님께 드리는 기도를 하도록 권하고 싶다. "하나님, 당신과 다른 사람들

을 섬기는 자리에 서게 해 주시옵소서. 내가 어디에 있든지 내가 가진 모든 것으로 이 일을 하게 하소서. 그들의 육적인 필요뿐만 아니라 그들의 영적인 필요까지도 섬길 수 있도록 하시고 제가 그들을 사랑하고 부끄러움 없이 주님이 주시는 영생으로 그들을 초대할 수 있는 담대함을 주시옵소서."

이와 같은 짧지만 마음이 담긴 기도를 통해 하나님께서는 역사상 가장 위대한 일에 참여할 수 있는 기회를 당신에게 주실 것이다. 그리고 그분은 당신이 희생했던 것보다 훨씬 더 많은 보상을 주실 것이다. *<걸작품을 보다>* 2권에서는 세상에 예수님의 영향력을 흘려 보내기 위하여 당신과 당신의 동료들이 어떻게 협동하고 네트워크를 구성할 수 있는지에 관하여 실제적인 방법들을 다루게 될 것이다.

1. 묵상 포인트

상대에게 강한 권면을 해야 할 때, 당신은 어떤 어려움을 겪는가? 강하게 권면하는 일이 어떻게 상대를 가장 사랑하는 일이 될 수 있는가? 당신에게는 어떤 강한 권면이 필요한가?

2. 실천 포인트

주위에 낙심한 사람이 있는가? 먼저 용기를 주시도록 기도한 후, 그들에게 가서 사랑으로 권면하라. 하나님께서 드러내기 원하시는 걸작품이 바로 당신이라는 사실을 말하고 그분께 반응하도록 격려하라.

걸작품을 보다

부록 1

기독교 용어 풀이

기독교인들이 사용하는 용어 중 어떤 단어들은 대부분의 사람들에게 외국어처럼 생소하거나 문화차이에 의해서 오해를 불러 일으키기도 한다. 그래서 성경에 나오는 이해하기 난해한 단어들이 뜻하는 의미를 재해석할 필요가 있다. 나는 전문적인 신학적 정의를 내리려는 것이 아니라 일반 사람들에게 친숙하지 않은 기독교 용어를 간단 명료하게 설명하려 한다. 왜냐하면 이 중 몇몇 단어는 매우 중요하기 때문이다. 우리가 이러한 용어들을 사용할 때, 사람들이 이해할 수 있도록 잘 풀어서 설명해 줄 수 있어야 한다. 자칫 이러한 용어들은 보이지 않는 장벽을 만들어 낼 수 있기 때문이다.

세례(Baptism): 사람들 앞에서 그리스도와 하나가 되는 것을 말한다. 결혼식이 사람들 앞에서 부부로서 하나가 됨을 선언하는 것인 것처럼, 세례는 하나님과 하나가 됨을 사람들 앞에서 선언하는 예식이다.

거듭남(Born again): 하나님에 의해 영적으로 살아나는 것을 말한다.

그리스도인 또는 크리스천(Christian): 안타깝게도 이 단어는 많은 오해를 불러 일으켜온 단어이다.

그래서 나는 다음과 같이 정의 내렸다. 그리스도를 따르는 사람, 이 말이 의미하듯 예수님의 삶을 따르는 사람들을 말한다. 이것이 크리스천의 진정한 의미이다. 교회에 나가면서도 예수님의 삶을 따르지 않는 사람들이 있다. 우리는 그 사람들을 그냥 '교회 다니는 사람'(Church goer)라고 한다.

제자(Disciple): 예수 그리스도를 따르는 사람. 예수님이 말씀 하신 삶 을 사는 사람.

제자도(Discipleship): 예수님 걸어 가신 삶을 배움으로 영적으로 성장하는 것을 말한다. 예수님을 진정으로 따르려고 예수님의 삶을 배우는 학생이 되는 것.

복음주의 또는 복음전도(Evangelism): 나는 개인적으로 '복음주의' 또는 '복음전도'라는 말을 더 이상 사용하지 않는다. 이 말이 우리 사회에 좋지 않은 영향을 미쳐왔기 때문이다. 대신 이렇게 말한다. '사람들의 영적인 필요와 물리적인 필요를 공급하고 섬기는 것' 또는 '사람들이 믿음을 찾도록 도와 주는 일'. 복음주의의 문자적으로 '좋은 소식을 선포하는 것'이라는 의미를 가지고 있다.

걸작품을 보다

믿음(Faith, Belief): 나는 믿음(faith)이라는 말을 신뢰(trust)라는 단어와 같은 뜻을 지녔다고 말하고 싶다. 이 단어들은 '관계'(relationship)가 이루어질 때 사용하는 단어이다. 당신이 누군가와 결혼을 한다는 것은 서로의 믿음에 의거한 것이며, 누군가와 서로 신뢰한다는 것은 당신의 맹세나 언약 또는 서약을 충실히 이행하는 것을 의미한다.

하나님께서 말씀하셨다 또는 주님의 음성을 들었다(God told me" or "I heard a word from the Lord): 나는 오늘날에도 하나님께서 우리를 이끄시고 계신다는 것을 확신한다. 그리스도인들이 '하나님께서 말씀하셨다' 또는 '주님의 음성을 들었다'라는 말을 하면, 불신자들은 환청을 듣는다고 생각할 수도 있다. 이럴 경우, 나는 '하나님께서 어떤 일을 하시는 것 같은 느낌이 든다'라고 하거나 또는 '확신하건대 이러한 생각이 드는 것은 하나님께서 나를 인도하고 계시다는 것을 의미합니다'라고 말한다.

복음(Gospel): 예수님에 대한 이야기. 하나님과 함께하는 인생에 대한 기쁜(좋은) 소식.

은혜(Grace): 하나님께서 거저 주시는 호의. 하나님은 당신 편에 서 계신다.

할렐루야(Hallelujah): 여호와(하나님)을 찬양, 찬미하다. 여호와(하나님)을 자랑하다. 요즘은 이 말을 불신자들이 진실되어 보이지 않는 사람들을 비웃거나 조롱할 때 농담처럼 사용되기도 한다.

거룩(Holy): 하나님의 목적을 위하여 따로 구별되어진 것.

의롭게되다(Justified): 하나님께서 우리의 모든 과거, 현재, 미래의 빚(죄)를 지불하셨다.

잃어버린자(Lost): 예수 그리스도를 따르지(믿지) 않는 사람, 하나님을 따르지 않는 사람.

선교 여행(Mission trip): 나는 이 말을 섬김 여행(serving trip, global serving trip)이라고 명명하는 것을 더 좋아한다.

구원 (구속)받다(Redeemed): 하나님께서 가장 비싼 값(예수님의 죽음)으로 우리를 되사신 것을 말한다.

회개(Repent): 과거의 나의 잘못, 죄 즉 하나님을 법(십계명)을 떠나 있었던 것을 하나님께 아뢰고 용서를 비는 것. 나의 의지와 방식으로부터 돌아서서 하나님의 방식을 따라가는 것.

성화되다(Sanctified): 하나님께서 우리와 함께 동행하심으로 하나님께서 의도하신 모습의 사람으로 되는 것을 말함.

걸작품을 보다

부록 2

예정 그리고 자유의지

성경 전반에 걸쳐 우리는 하나님의 주권적인 예견과 예정의 실재와 우리에게 있는 자유의지의 실재 사이에 드러나는 갈등을 발견하게 된다. 당신이 이와 같은 긴장과 갈등 구도를 수용하지 못할 경우에 당신은 자유로운 선택(하나님의 의지와 방식에 역행 혹은 순응)을 하는 개인이나 공동체와의 교류가 발생했을 때 신학의 빈곤이 초래될 뿐만 아니라 파괴적인 관행도 피할 수 없게 된다. 하나님은 절대 주권자이시며 그분의 뜻은 모든 것을 물리치고 성취될 것이다. 그러나 사람들이 그분의 뜻과 반대되는 선택을 한다 할지라도 허락하시며 그 선택을 사용하신다. 왜냐하면 하나님의 원대한 뜻 안에 모든 것이 제자리를 찾게 되기 때문이다. 아래의 표는 하나님의 예정과 우리의 자유의지에 대한 성경구절을 기록해 둔 것이다.

그렇다면 우리는 이러한 역설을 어떻게 이해할 것인가? 성경 전반에 걸쳐 나오는 이 역설을 우리로서는 감히 이해할 수 없다. 다만 하나님의 마음에서만 풀어지고 해결되는 미스터리이다. 휴 로스는 한정적인 우리의 3차원적 공간과 1차원적 시간으로 하나님의 계시를 바라보는 것 자체가 잘못된 것이라고 말한다. 시간은 순차적이다. 다시 말해, 시간은 시간표에 따라 한 방향으로만 움직인다. 예를 들면, 당신이 한 시간

후에 무슨 일을 하게 될지 정확한 예측을 하고 있을 경우에 당신에게는 선택의 여지가 없다고 말할 수 있다. 달리 말하면, 이미 결정된 일에 대하여 당신은 자유 의지를 발휘할 수 없다는 것을 의미한다. 그러나 당신이 혹시 다른 길을 선택하기로 하는 경우가 생긴다면 한 시간 후 당신에게 어떤 상황이 벌어질지 확실히 알 수 없게 되는 것이다. 이것이 바로 우리가 경험하는 1차원적인 시간의 틀이다. 하지만 당신이 2차원적인 시간의 틀 속에 존재한다면 모든 상황은 달라진다!

만약 하나님께서 2차원적인 시간의 틀 속에 존재하시거나(우리가 알고 있듯이 시간을 따라서 흐르는 것이 아니고 시간이라는 평면 위를 무한대로 확장하실 수 있는), 또는 3차원적인 시간의 틀 속에 존재하신다면, 예정과 자유의지가 같이 공존할 수 있다는 역설이 논리적으로 가능한 것이 된다. "3차원이라는 시간의 영역 혹은 그것과 동등한 개념은(진정한 자유의지를 허용하는) 사람의 선택이라는 행위를 유지하면서도 하나님으로 하여금 모든 사람의 모든 행동을 사전에 정할 수 있도록 하는 것이다."

남아메리카에서부터 아프리카까지 적도를 따라 시간의 흐름이 이어지는 지구본을 떠올려 보자. 하나님께서는 가로로(위도) 흐르는 시간 속에서 우리의 모든 순간들을 경험하실 수 있는데, 그것은 동시에 북극까지 도달하는 세로의(경도) 시간 위에 놓여진 것이다(이 원리가 바로 하나님께서 동시에 드려지는 20억 인구의 기도를 들으실 수 있는 이유이다. 우리의 기도가 적도를 따라 가로로 흐르는 매 순간 하나님께서는 또 다른 차원에서 세로의 시간

걸작품을 보다

축을 따라 흐르는 매 순간의 경험으로 지경을 확장하실 수 있는 것이다). 3차원적인 시간의 공간 안에서, 하나님은 북극의 한 시간 점에서 모두 하나로 합해지는 세로의 시간축의 매 순간을 느끼시고 경험하시게 된다. 이 '집합성'은 하나님의 시간 안에서 그분이 우주의 역사와 개인의 인생을 통하여 어떤 사건에 영향을 미칠 수 있다는 사실을 암시한다.

예정과 자유의지를 발견할 수 있는 성경구절

예정(P), 자유의지(F), 예정과 자유의지 모두(P&F)

창세기 13:11(F)	이사야 55:6-1(P&F)	고린도전서 4:7(P)
출애굽기 9:16(P)	이사야 56:4(F)	고린도전서 6:19-20(P&F)
출애굽기 33:19(P)	이사야 61:10-62:2(P)	고린도후서 3:4-6(P)
출애굽기 34:24(P)	예레미야 1:4-10(P)	고린도전서 13:9(P)
신명기 10:15(P)	예레미야 8:4-12(F)	갈라디아서 1:1(P)
신명기 30:19(F)	예레미야 17:5-10(P&F)	에베소서 1:4-5(P)
여호수아 11:20(P)	에스겔 18:1-32(F)	에베소서 1:11(P)
여호수아 24:14-27(F)	다니엘 4:4-37(P)	에베소서 2:10(P)
사사기 5:8(F)	호세아 4:4-9(F)	빌립보서 2:12-13(P&F)
사사기 21:25(F)	호세아 5:3-7(P&F)	데살로니가후서 2:7-12(P&F)
열왕기상 12:15(P)	호세아 11:4(P)	데살로니가후서 2:13-15(P&F)
역대하 6:3-6(P)	요엘 2:32(P&F)	데살로니가후서 3:3(P)
욥기 1:21-22(P&F)	마태복음 10:22(P&F)	디모데전서 6:19(F)
욥기 7:15(F)	마태복음 10:28-30(P)	디모데후서 1:9(P)
욥기 9:1-35(P&F)	마태복음 11:25(P)	디모데후서 1:12(P&F)
욥기 23:10-16(P&F)	마태복음 21:21-22(F)	디모데후서 2:19-26(P&F)
욥기 34:4(F)	마태복음 24:24-25(P)	디도서 1:1-3(P)
욥기 36:2(F)	마태복음 24:36(P)	디도서 2:11-14(P)

예정(P), 자유의지(F), 예정과 자유의지 모두(P&F)

욥기 38:36(P&F)	마가복음 13:20-22(P)	히브리서 3:4(P)
시편 14:1-3(F)	누가복음 8:10(P)	히브리서 3:12-14(F)
시편 25:12(P&F)	누가복음 10:42 (F)	히브리서 4:11(F)
시편 31:15(P)	누가복음 12:4-5(P)	히브리서 6:4-12(F)
시편 32:5-11(P&F)	누가복음 18:27(P)	히브리서 6:17-19(P&F)
시편 33:8-22(P&F)	누가복음 22:21-22(P&F)	히브리서 10:14(P)
시편 58:3(P)	누가복음 22:31-34(P)	히브리서 10:35(P&F)
시편 110:1-7(P)	요한복음 6:44-65(P&F)	히브리서 11:25(F)
시편 115:3(P)	요한복음 7:17(F)	히브리서 13:21(P)
시편 119:30(F)	요한복음 8:31-47(P&F)	야고보서 1:13-25(P&F)
시편 119:173(F)	요한복음 10:26-29(P&F)	야고보서 4:7(F)
잠언 1:29-30(F)	요한복음 15:5(P)	야고보서 4:13-17(P)
잠언 8:10-19(F)	요한복음 15:16(P)	베드로전서 1:4-5(P)
잠언 16:4(P)	요한복음 17:6(P&F)	베드로전서 1:15-16(P&F)
잠언 16:9(P&F)	사도행전 2:21(F)	베드로전서 2:21(F)
잠언 21:1(P)	사도행전 4:28(P)	베드로전서 5:5-10(P&F)
잠언 21:3(F)	사도행전 13:48(P&F)	베드로후서 1:10(P&F)
전도서 3:10-17(P&F)	사도행전 17:24-28(P&F)	요한일서 2:5-6(F)
전도서 9:1(P)	로마서 4:11(P)	요한일서 3:9(P)
이사야 1:29(F)	로마서 8:19-33(P)	요한일서 4:7-19(P&F)
이사야 7:15-16(F)	로마서 9:10-26(P)	요한일서 5:18-20(P)
이사야 40:20(F)	로마서 10:12-18(P&F)	유다서 1-4(P&F)
이사야 40:23(P)	로마서 11:7-8(P)	요한계시록 13:8-10(P)
이사야 41:24(P)	로마서 11:25-12:2(P&F)	요한계시록 20:11-15(F)
이사야 46:10(P)	고린도전서 1:2(P)	요한계시록 22:11-17(F)
이사야 55:3(F)	고린도전서 1:26-29(P)	

걸작품을 보다

예수님의 눈으로 바라보기
SEEING THROUGH THE EYES OF JESUS

"걸작품을 보다"

초판발행 2015년 6월 30일

지은이   존 버크
옮긴이   데이비드 여

펴낸이, 디자인   레이첼 박
편 집   데이비드 여

펴낸곳   도서출판 세상의 빛
등록번호   제 379-2012-000032
주   소   경기도 성남시 수정구 시민로192
팩   스   031 759 0723

책값은 뒤표지에 있습니다.
ISBN   979-11-952737-2-0   03200

Printed in Korea